平原区绿色公路路基研究与实践

马凤槐　杨广庆　尉红彬　蔡永利 ◎ 编著

中国建材工业出版社

图书在版编目（CIP）数据

平原区绿色公路路基研究与实践/马凤槐等编著. --北京：中国建材工业出版社，2022.9

ISBN 978-7-5160-3562-7

Ⅰ.①平… Ⅱ.①马… Ⅲ.①华北平原－高速公路－公路路基－研究 Ⅳ.①U418.5

中国版本图书馆CIP数据核字（2022）第148866号

内 容 提 要

本书针对平原区高速公路绿色路基工程建设，从以下方面做了研究：高速公路节约用地技术、高速公路降低路基高度措施、路基边坡绿色防护技术、基于生态优先的高速公路互通区绿化技术、路基施工能耗及碳排放分析与评价研究、路基绿色施工及绿色施工评价指标体系等。全书结构体系合理，研究内容丰富、实用性强。

本书可供从事公路路基、铁路路基、岩土工程、水利水电工程等专业的科技人员以及高等院校相关专业的师生使用。

平原区绿色公路路基研究与实践

Pingyuanqu Lüse Gonglu Luji Yanjiu yu Shijian

马凤槐　杨广庆　尉红彬　蔡永利　编著

出版发行：中国建材工业出版社

地　　址：北京市海淀区三里河路11号

邮　　编：100831

经　　销：全国各地新华书店

印　　刷：北京雁林吉兆印刷有限公司

开　　本：710mm×1000mm　1/16

印　　张：11

字　　数：200千字

版　　次：2022年9月第1版

印　　次：2022年9月第1次

定　　价：58.00元

本社网址：www.jccbs.com，微信公众号：zgjcgycbs

请选用正版图书，采购、销售盗版图书属违法行为

举报信箱：zhangjie@tiantailaw.com　　举报电话：（010）57811389

本书如有印装质量问题，由我社市场营销部负责调换，联系电话：（010）57811387

前言

交通运输部办公厅印发的《关于实施绿色公路建设的指导意见》明确了绿色公路的发展思路、建设目标和主要任务。绿色公路建设以工程质量、安全、耐久、服务为根本，以控制资源占用、减少能源消耗、降低污染排放、保护生态环境、提升服务水平为具体抓手，全面提升公路工程建设水平。目前关于绿色公路路基的相关研究较少，尚没有形成相应的设计、施工及评价体系。本书结合津石高速公路保定段工程，根据项目所处环境和工程地质特点，为减少路基占地和避免影响环境、提高资源节约和生态保护水平，进行平原区绿色公路路基建设现状调研，总结现有技术的优势与不足，围绕平原区绿色公路路基工程建设与评价技术进行了探索与分析。全书结构体系合理，研究内容丰富，具有较强的实用性。

本书共9章。第1章介绍了绿色公路建设的研究背景及意义、国内外研究现状与主要研究内容，第2章为高速公路节约用地技术方法研究，第3章为高速公路路基最小高度及降低路基高度措施研究，第4章为平原区高速公路路基边坡绿色防护技术研究，第5章为基于生态优先的高速公路互通区绿化技术研究，第6章为高速公路路基施工能耗及碳排放分析与评价研究，第7章为平原区高速公路路基绿色施工技术研究，第8章为平原区高速公路路基绿色施工评价指标体系研究，第9章给出了研究结论。

本书由马凤槐、杨广庆、尉红彬、蔡永利编著，全书由马凤槐、杨广庆统稿。具体分工如下：第1章由马凤槐、杨广庆编写，第2章由蔡永利、王瑞华编写，第3章由尉红彬、崔适龙、兰大磊编写，第4章由杨广庆、马光、于曦瑶编写，第5章由马凤槐、范优甲、周彤编写，第6章由尉红彬、陈杰、张明伟编写，第7章由蔡永利、边龙彪、胡兰强编写，第8章由熊保林、李保栓编写，第9章由马凤槐、杨广庆编写。

限于时间和编者水平，书中遗漏及不足之处在所难免，敬请广大读者批评、指正。

编著者

2022年6月

目　录

1 绪　论

1.1 研究背景及意义

高速公路的建设在促进区域经济发展的同时，也容易导致公路沿线及周边生态环境的破坏和自然景观的失调。因此，绿色高速公路建设引起了各方面的关注，并且从质量、生态、景观、安全等方面提出了更高要求。2016 年 7 月，交通运输部印发了《关于实施绿色公路建设的指导意见》，明确了绿色公路的发展思路和建设目标，提出了“统筹资源利用，实现节约集约”“加强生态保护，注重自然和谐”“着眼周期成本，强化建养并重”等五大任务，决定开展“零弃方、少借方”、改扩建工程绿色升级、绿色服务区建设、拓展公路旅游功能等五个专项行动，推动公路建设发展转型升级。

绿色公路是指在公路的全生命周期内，以创新、协调、绿色、开放、共享为发展理念，最大限度地有效利用资源、降低能源消耗、减少污染排放、保护生态环境，注重公路建设、运营、管理品质提升与运行效率提高，为人们提供安全、舒适、便捷、美观的行车环境，与自然和谐共生的公路。绿色公路应该具有全生命周期、全要素、全方位的“三全”基本特征。①全生命周期：绿色公路建设应体现在其建设、运营、养护、重建等全生命周期各阶段。②全要素：绿色公路应涵盖可持续发展的社会、经济、环境三大方面要素，整合为八个方面的内涵，即节能减排、资源节约、生态友好、景观优美、安全耐久、高效智慧、服务多元、协调发展。③全方位：绿色公路除了主体工程建设和维护全面运用绿色理念与技术外，还要为绿色运输、安全运营创造必要条件。

绿色公路建设要以质量优良为前提，以资源节约、生态环保、节能高效、服务提升为主要特征，同时强调可持续发展、统筹协调、创新驱动、因地制宜的基本原则。然而，目前关于绿色公路的相关理论大多是针对单一方面，尚没有形成完整的建设理论、技术和评价体系。因此，本研究结合津石高速公路保定段工程，根据华北平原地区所处环境和工程地质特点，为减少占地和环境影响、提高资源节约和生态保护水平，进行华北平原绿色公路建设现状调研，总结现有技术的优势与不足，围绕平原区绿色公路路基工程建设，对绿色高速公路节约用地、高速公路降低路基高度措施、路基边坡绿色防护技术、基于生态优先的高速公路互通区绿化技术、路基施工能耗与碳排放分析与评价、路基绿色施工技术及绿色施工评价指标体系等进行系统研究。

本研究成果对保证高速公路路基工程质量，以及保护生态环境、减少污染排放、实现社会经济和生态环境的可持续发展均具有重要意义，可为类似平原区绿色公路路基建设提供借鉴，为相关技术规范的修订提供科学依据。同时，成果的应用和推广，能够最大限度地降低能源消耗和环境破坏，实现人与自然和谐相处，提升科技工作对交通发展的支撑水平和贡献率，对我国经济的发展具有很好的推动作用，社会意义重大。

1.2 国内外研究现状

随着我国社会经济的不断发展，高速公路总里程逐年上升，截至 2021 年年末，全国高速公路总里程已达到 16.81 万千米，高速公路对 20 万以上人口城市的覆盖率超过 98%。汽车数量的快速增长、出行质量的提高和日益增长的人口流动性，给中国公路运输带来新的压力和挑战，尤其对我国的高速公路有更高的要求。交通是兴国之要、强国之基。党的十九届五中全会和国家“十四五”规划纲要都对加快建设交通强国做出了部署，把交通的发展从过去追求速度和规模向着更加注重质量和效益转变。因此，高速公路的修建，需要在当前的社会环境要求下进一步朝着提高效率和质量的方向发展。我国公路建设规模宏大、发展迅速，且公路等级不断提高，对绿色公路建设的要求也随之提高。

推进绿色公路建设是时代的呼唤。公路工程建设过程中，在追求效率、品质、工程耐久性的同时，环境保护问题也已经上升到一个很重要的层面。关于“绿色公路”的概念，多年来学界并没有统一的定义，但大体包括生态、安全、便捷、美观、节能等方面。《关于实施绿色公路建设的指导意见》进一步明确，绿色公路建设要以质量优良为前提，以资源节约、生态环保、节能高效、服务提升为主要特征，同时强调了可持续发展、统筹协调、创新驱动、因地制宜的基本原则。

1.2.1 绿色公路建设技术现状

20 世纪 30 ~40 年代，美国、德国、日本等国家开始对公路景观设计进行理论和实践研究。20 世纪 80 年代后期，美国首先开始注意景观生态问题，经过相关研究，在公路生态建设上有所成就，高速公路的生态研究有了更多的支持和研究空间。20 世纪 90 年代，随着科技突飞猛进，“3S”技术，即地理信息系统（GIS）、遥感（RS）、全球定位系统（GPS）得到了很大的发展，技术更加完善，研究者也有了更好的研究条件，能更加深入地进行研究，从而对于公路建设对生态环境的影响了解得也更彻底，进一步提升了道路生态学深入景观学的程度。1994 年，丹麦首先把道路景观设计作为研究项目进行相关的研究，还把其作为一种战略目标，详细地制订了一系列的相关方案，使公路绿化向着更加美观、和谐的方向快速发展。一些发达国家在此期间颁布了一些规定，如美国的《公路美化规定》、日本的《公路绿化技术基准》、苏联的《公路建筑和景观设计规范》等。这些国外的公路绿化建设管理的经验技术十分值得我们借鉴和学习。

20 世纪 80 年代，我国开始进行公路绿化建设，由于受当时经济水平的限制，绿化仅仅采用单一的草本植物，且绿化仅局限于边坡。这种绿化方式达不到良好的景观效果，且不能永久性地使生态恢复。20 世纪 90 年代，交通部制定了《公路环境保护设计规范》等一系列行业标准之后，各个领域的学者对公路绿化开始重视，公路绿化的研究进入快速发展的时期，绿化工作逐渐得到完善。

伴随着公路绿化的研究，交通运输部相继发布了《公路工程技术标准》《公路路基设计规范》《公路路基施工技术规范》《公路养护技术规范》《公路环境保护设计规范》等行业标准，同时各级地方政府也在公路绿化方面做出积极响应。目前国内研究多集中在公路建设对生态环境影响、公路建设对环境影响、公路建设的生态恢复以及公路生态管理等方面。

绿色公路的建设要点一般体现在以下几个方面：

（1）基于低碳化路网规划的绿色公路交通体系

① 基于可持续发展的绿色公路路网规划

可持续发展理论是经过多年的发展实践所提出的一种全新的发展思路。可持续发展理论强调经济建设与环境保护的协调进行，考虑人类发展的持续性，力求清洁生产、节约能源、减少废物排放、保护物种多样性以及生态系统完整性等。传统的高速公路设计和建设往往只注重交通效果和经济效益而忽略对生态保护的要求。绿色公路的理论则要求交通建设、经济效益和生态保护的协调统一，追求经济效益和环境效益的最大化。

② 基于节能环保的绿色公路交通体系

绿色公路交通体系坚持公路交通建设和节能环保并重，牢固树立“以人为本、节约资源、和谐发展、环境友好”的理念，牢固树立生态文明观念，将公路交通节能环保的各项要求自觉融入公路交通各项工作中，以现代科学技术为基础，以加速公路路域环境整治和绿化为手段，建立起完备的公路生态保障体系，使节能环保措施全面落实到位，努力实现公路建设对环境影响的减量化，以最低的环境代价，实现公路交通又好又快发展。

（2）基于节能环保的绿色公路建设体系

① 基于低碳节能环保的绿色公路可行性论证

绿色公路建设，就是在节能环保理念的指导下，综合运用各种绿色技术与环保措施，在公路决策、设计、施工、运营、管理的全生命周期里都能达到经济效益、环境效益的和谐可持续发展。绿色公路不仅是对环境舒适度的改善，而且将降低能源成本，实现环境保护最大化和资源配置最优化。

② 基于绿色公路指标体系的公路设计体系

公路项目设计阶段的科学性会对整个公路项目影响环境的程度产生决定性作用，而在绿色公路项目建设过程中，就要坚持环保选线的原则，调查线路走廊的详细情况，对公路占地情况、相关环境敏感点分布等进行全面了解，设计出多个方案以供选择。选择的设计方案要尽可能不占用农田、居民区、学校等噪声敏感点，还要采取措施避开环境保护区及生态敏感区等；施工过程中尽可能减少借土、弃土用地，尽量保持土石方挖填平衡，降低对土地资源的占用，将公路建设过程中对环境的负面影响控制在最小范围内。

③ 基于环保节能的工法及建设模式

在公路项目建设过程中，施工阶段对生态环境的污染与破坏最为严重，因此施工组织阶段也是建设绿色公路的重要控制环节。施工过程中要遵循“最大限度保护、最小程度破坏、最大限度恢复”的原则，能不占用就避开、能不破坏就保持。此外，还要提高公路项目的施工质量，通过提高其性能来延长使用寿命，最大限度减少浪费。施工过程中，采取严格的环境管理措施，利用先进技术减少水土流失，对工业废水进行处理后再排放，防止生活污水、施工废水等对公路沿线地表水及地下水等水体造成污染；采取措施减少施工扬尘、机械噪声等对居民生活环境的污染；注意相关环保工程的施工要同步进行，包括绿化景观工程、噪声防治工程、污水处理工程、防治水土流失工程等，保证公路项目的环境效益。

（3）基于节能环保的绿色公路运营管理办法

① 基于节能环保的运营管理体系

绿色公路要求公路在运营管理过程中“安全高效、持续发展”，通过加强养护管理，消除安全隐患，不断提高公路的运输能力和使用质量。开展公路运营过程中环境质量监测、环保工程使用效果检查、生态恢复情况调查，发现问题及时解决，减少公路建设对沿线环境和居民的不利影响，使公路逐渐融入沿线自然环境，实现和谐统一。

② 基于安全及应急的公路服务体系

杜绝重大责任事故、减少一般责任事故，维护司乘人员的人身安全、财物安全、车辆和随车货物的安全。贯彻以“预防为主、防治结合”的方针。根据积累的技术经济资料进行科学分析，做出决策予以防范，消除导致公路损坏的因素，增强设施的耐久性，提高抗御灾害的能力，保持高速公路快速、安全和行车舒适。

③ 科学的管理体系及管理制度

绿色公路运营管理是利用已建成的公路为其公路使用者提供优质、公平的服务，以满足公路使用者各种需求而进行的一系列活动。优质、公平的服务是指为每一位绿色公路使用者提供高速、安全的通行条件，完善的信息服务，以及休息、餐饮等其他服务。

目前，我国在绿色公路建设方面存在的主要不足之处在于：绿色公路建设目标不够明确、绿化规划不够合理、绿色公路建设评价研究缺乏、建设技术应用与研究不够等，因此非常需要对绿色公路建设技术进行总结，以便于对绿色公路的建设提供指导。

1.2.2 绿色公路评价体系现状

随着我国公路建设的蓬勃发展，公路在带来诸多正面效应的同时，也给社会、生态和环境等带来了负面效应，而且负面效应越发显著，因此建设一种可以减弱负面效应，并且与生态环境协调的具有可持续发展前景的绿色公路已经成为必然趋势。然而绿色公路作为一种新型公路，其发展必然是一个逐步完善的过程，在其快速发展的同时，如何对绿色公路进行有效评价，以引导绿色公路朝着健康、有序的方向发展，已逐渐成为指导绿色公路建设的重点和难点。因此，在正确理解绿色公路建设的基础上，构建绿色公路综合评价指标体系，并对绿色公路进行综合评价，对绿色公路的建设具有推动作用，能使绿色公路的发展更加有据可依。因而，基于可持续发展理念的绿色公路评价研究具有重要的理论价值和现实意义。

国外对于绿色建筑的评价研究起步较早。英国建筑研究所在 1990 年研发了绿色建筑评估体系——BREEAM（Building Research Establishment Environmental Assessment Method），它的问世标志着世界上第一个绿色建筑评估系统的诞生。该体系不断发展成熟以及在实际工程中的成功应用，使其在许多国家和地区得到了发展、改进和推广，如加拿大的 BREEAM 绿色评估体系、新西兰的绿色住宅计划。美国绿色建筑协会研发了能源与环境设计领袖（Leadership in Energy and Environmental，LEED），它是以建筑物的全生命周期观点来探讨建筑物整体所体现的绿色建筑评估系统。1998 年，加拿大、美国、英国、法国等国联合研究确立了合理评价建筑物能量及环境特性的方法体系——GBTool。2001 年，日本研发了 CASBEE（Comprehensive Assessment System for Building Environmental Efficiency），它是从可持续发展的观点来改进原有环境性能的评价体系。尽管具有各自特点的绿色建筑评价体系被研发出来，但由于受到一些因素的限制，这些评价体系的广泛发展应用受到了制约。限制因素主要包括：第一，没有考虑到不同层次间评价体系的沟通；第二，关于地方性特征的问题，评价体系在设计时没有予以考虑，例如，虽然许多国家在使用 BREEAM 或者其衍生版本，但是 BREEAM 在初始设计时没有考虑到在使用该体系时所存在的国家和地区间的差异，因为不可能根据各地方的特点制定出适应各地的不同版本；第三，所有这些评价系统的评估对象都是绿色建筑，公路作为线性构筑物，具有路线距离长、覆盖地面范围广和往来车辆较多等特点，若将这些评价体系用于公路绿色评价，则需要进一步的修正和完善改进。

我国的绿色建筑研究是在近二十年发展起来的。有关部门组织科研院校从建筑节约能源和减少污染方面出发，于 2003 年出版了《绿色奥运建筑评估体系》第 1 版，该评估体系根据我国建设项目实施的特点，按照建设项目过程控制的方法，把评估体系分为四个阶段，即规划阶段、设计阶段、施工阶段和运行维护阶段。根据每个阶段的具体特点制定相应的评估体系，通过对各个阶段各影响因素进行控制和评价，保证绿色建筑的最终实现。近年来，我国颁布实施了《绿色建筑评价标准》（GB/T 50378—2019）和《绿色建筑标识管理办法》，使我国绿色建筑评估体系得到进一步完善。

绿色公路属于绿色建筑中的一类，绿色公路评价研究涉及多学科、多领域的知识，是发展绿色公路的技术支撑，我国绿色公路的评价研究相对于其他国家起步较晚。谭羽非结合高速公路施工的特点，将灰色系统理论应用到高速公路绿色施工评价中，丰富了绿色施工评价在高速公路领域的应用。陈冬以高速公路绿色施工管理为研究的切入点，构建了一个三层次的高速公路绿色施工管理评价指标体系，在综合评价方法的选择上，则采用层次分析法，并结合具体的案例进行了验证。苏洁将热力学熵理论应用于高速公路工程绿色施工评价中，基于公路绿色施工的理论基础，通过分析公路施工系统熵、负熵和总熵，建立了公路施工系统熵模型，最后以实例分析验证了模型的有效性。黄裕婕等人在分析了国内外对于绿色公路评价研究的基础上，提出了绿色公路定量研究的内容，建立了绿色公路综合评价指标体系和计算模型。

1.3 依托工程概况

津石高速公路保定段是国家 2013—2030 年公路网规划中的 G0211 联络线，连接直辖市天津和省会城市石家庄，同时在京港澳高速和京沪高速之间新增一条东西向连接的高速通道，并连通唐津、石太两条高速公路，对完善国家高速公路网的结构，充分发挥路网资源的总体效益具有重要意义。津石高速公路保定段是国家高速公路网的重要组成部分，也是京津冀核心区域相互联系的一条重要高速干线，对促进京津冀一体化进程、调整区域产业结构、优化区域经济布局起着至关重要的作用。

项目位于东经 115°10′～116°45′、北纬 38°15′～38°47′，行政区划属河北省廊坊市大城县、文安县，沧州市任丘市和保定市高阳县、蠡县、博野县、安国市管辖。

项目起于河北省与天津市交界处的子牙河，在大城县北经大城县工业园区预留走廊带，向西跨廊沧高速后进入文安县境内，继续向西跨任文干渠后，在任丘市北分别跨京九铁路、G106 京广线、大广高速，经马棚淀蓄滞洪区东堤后进入高阳县境内，分别跨越潴龙河、孝义河、马棚淀蓄滞洪区西堤后在高阳北跨保沧高速，后进入蠡县境内，经蠡县西、博野东与 G337 河龙线、朔黄铁路相交，在安国南与 G230 安新线相交，跨小清河、大沙河后与津石高速公路石家庄段相接。

路线全长 171.177km，主线采用双向六车道高速公路标准建设，路基宽度 33.5m，设计速度均为 120km/h。设特大桥 9181m/5 座，大桥 7023m/24 座，中桥 909m/13 座；互通式立交 16 座，分离式立交 42 座（不含互通区）；服务区 4 处，停车区 1 处，主线收费站 1 处，匝道收费站 12 处，养护工区 4 处，监控通信分中心 1 处。

1.4 主要研究内容

（1）高速公路节约用地技术方法研究

系统分析高速公路规划立项阶段、可行性研究阶段、设计阶段、施工阶段高速公路建设用地政策、导向性和技术性控制技术与方法，探讨高速公路建设与土地开发整理复垦结合技术。

（2）高速公路路基最小高度及降低路基高度措施研究

分析降低路基高度的意义，研究路基最小高度的确定方法，分析高速公路路基高度影响因素，探讨降低路基高度的技术措施。

（3）平原区高速公路路基边坡绿色防护技术研究

分析路基边坡冲刷机理，研究高速公路路基边坡绿色植被防护机制，分析高速公路路基边坡绿色防护形式，提出津石高速公路保定段路基边坡防护设计应用技术。

（4）基于生态优先的高速公路互通区绿化技术研究

分析高速公路互通区绿化及其意义，提出高速公路互通区绿化设计要求，制定高速公路互通区绿化设计原则，研究高速公路互通区绿化设计方法，提出津石高速公路保定段互通区绿化设计技术。

（5）高速公路路基施工能耗及碳排放分析与评价研究

研究全生命周期公路路基碳评价，分析路基工程能源消耗和碳排放计算方法，分析路基施工要素碳排放因子，提出路基工程建设期能耗与碳排放计算方法，计算津石高速公路保定段路基建设期能耗及碳排放量，提出影响公路路基建设期能耗及碳排放的因素，分析碳排放约束下路基工程施工机械合理配置技术。

（6）平原区高速公路路基绿色施工技术研究

分析绿色施工的内涵与原则，分析公路路基绿色施工框架及影响因素，制定公路路基绿色施工控制对策，提出公路路基工程绿色施工要点，研究路基防护绿色施工技术。

（7）平原区高速公路路基绿色施工评价指标体系研究

分析高速公路路基绿色施工评价的目的与作用，确定高速公路路基绿色施工评价体系的构建原则与方法，构建高速公路路基绿色施工评价指标体系。

2 高速公路节约用地技术方法研究

交通运输部行业标准《公路环境保护设计规范》（JTG B04—2010）针对公路建设与土地利用关系，提出：

（1）公路选线应全面调查沿线土地利用情况，按不同种类分别统计，遵照节约用地的原则，结合当地基本农田保护区及国土规划，进行充分比选，确定路线位置。

（2）公路用地应少占耕地、果园，多利用荒坡、荒地等。

（3）取土设计，应结合土地利用规划选择取土场位置及其取土方式。当采用集中取土方式时，宜结合平整土地选取较高地势的土丘取土，或结合河道整治选取滩槽取土；当采用宽挖浅取方式时，应保留表土回填复耕。

（4）农田地区的路基应尽可能降低其高度，并宜设置支挡结构，减少占地。

（5）施工临时用地应结合公路永久用地统筹安排。占用耕地的施工临时用地，工程竣工后应尽快清场复垦。

高速公路建设应始终贯彻节地的理念，从工程建设的每一个环节上严格把关，尽量减少对土地的占用。与高速公路建设用地相关的因素包括取土场选址、国土部门参与、政府规划、线路选址、取土场综合开发、弃土场位置、复垦、路基高度、桥梁比例、边沟、碎落台、挡墙、互通式立交间距、中央隔离带、通道、天桥等交叉、互通式立交形式、沿线设施、路基填料、施工便道临时用地等。

从全生命周期角度考虑，高速公路建设规划立项、设计、施工及运营各阶段对土地占用的数量和规模不同，其中对占地影响最大的是规划立项阶段和设计阶段。规划立项阶段确定高速公路建设规模和设计标准，对占地影响最大，是高速公路项目建设用地控制的重点；设计阶段确定路线比选、路基高度、路线穿过方式等，对占地影响也较大；施工及管养阶段的影响相对较小。

基于对高速公路用地特征的分析，本章以平原区高速公路土地节约集约利用的思想为指导，提出高速公路建设节约用地的对策与方法，为高速公路建设合理、集约、高效利用土地提供参考。

2.1 规划立项阶段节地技术

高速公路规划立项阶段确定高速公路的建设规模和占地情况，影响高速公路占地的主要考虑因素是车道数（建设规模）、现有路网状况以及未来路网规划等。

规划立项阶段规划科学合理与否，直接决定公路规模、施工难度及土地资源占用情况。在充分调研基础上，分析项目所在区域的战略地位、经济社会发展规划、土地规划管理政策、项目功能定位、现有路网状况、综合运输体系及交通量预测等，最后确定公路通行能力、车道数量、服务水平及公路建设用地规模。在该阶段，应结合调查研究和分析论证，充分分析立项的必要性，最大限度地减少新增公路建设用地。

项目确定立项后的用地水平主要由公路服务水平决定。行车速度和车道数量的明确能确定路基断面形式和标准宽度，继而确定高速公路的占地规模。

2.2 可行性研究阶段节地技术

项目可行性研究阶段是高速公路建设节约用地的关键阶段之一。路线走廊方案是影响公路节约用地的最主要因素。确定公路线位后，整体的路线规模和结构物数量基本确定，相继的公路占地基数也基本确定，以后只能是局部优化和调整。路线走廊方案的确定既要考虑技术因素，也要考虑地方规划、自然人文景观保护以及地方政府决策等非技术因素。

高速公路路线设计及选择时，应本着少占耕地、果园，多利用荒坡、荒地、滩涂等荒芜土地的原则。高速公路建设不可避免会占用部分耕地，而这些耕地大部分将被永久占用，即使是建设过程中的临时用地，在建设完工后也很难恢复。因此，路线设计应关注对土地尤其是耕地资源的影响。当确定路线控制节点后，应尽量避开高产良田，尽量选择荒地或低产田通过，最大限度地节约耕地良田。不考虑非技术因素，在路线方案比选过程中，节约用地的主要措施可以考虑以下两个方面：

① 确定合理的路线走廊带和主要控制点。首先，应在加强区域地质调查和现场地质形态观察的基础上进行地质选线，尽量避免因地质问题带来的设计变更而增加的对土地资源的浪费。其次，加强对土地利用现状的研究，尽量避让基本农田区，并应尽量不占高产田、经济作物田或穿过经济林园等，尽量减少高速公路建设对耕地的占用。再次，加强 GIS 等技术对路线方案的应用研究。最后，在增加工程量不大的情况下，选择最大限度节约土地保护耕地的方案，充分利用荒坡地、废弃地、劣质地等，同时避免基本农田的条块分割。

② 在满足公路功能的前提下，确定合理的建设规模和技术标准，以减少占用耕地。在互通式立交满足功能、运营安全的前提下，尽量选择布局紧凑、指标合理、规模小的形式，最大限度地节约土地资源。

2.3　工程设计阶段节地技术

项目可行性研究阶段确定高速公路的建设规模、技术标准和线路走向后，在设计阶段应结合桥梁、互通式立交等大型结构物和规模，合理选用技术标准，不断优化路线平纵面线形。在满足高速公路安全和交通功能的前提下，基于节地考虑，应尽量选择低、中指标。影响设计阶段占地的主要因素有线路平纵断面、路基横断面、降低路基高度、桥梁比例、互通式立交、沿线设施等几部分。

2.3.1　线路平纵断面设计

线路平纵断面线形方案直接关系着桥梁、互通式立交等大型结构物的选址及其规模，这些结构对占地数量具有较大影响。线路平纵断面线形设计应根据有关技术标准、规范，结合桥梁、互通式立交等大型结构物的选址和规模，合理选用技术指标，进行详细的比选优化，以减少占地。

在进行纵坡设计时应根据各个控制点高程，合理选择坡度和坡长。在大中桥引桥部分不宜采用长纵坡，在满足纵坡标准的情况下，尽量减少坡长；当平曲线与竖曲线组合时，在保证平竖曲线配合协调的情况下，应及时进行坡度变换，设置适当数量的变坡点。

2.3.2　路基横断面设计

路基断面形式应适应地形特点灵活设计。硬路肩、土路肩、边坡坡率应根据其功能综合考虑确定，用地严格受限时可尽量减小边沟等，排水沟应根据排水需要确定设计尺寸。下文根据高速公路路基横断面各要素与高速公路用地宽度的关系，探讨高速公路建设节约用地的方法。

① 在农田区高路堤段，可采用增设挡墙或内移挡墙、收缩坡脚，从而减少用地面积和工程造价。

各类支挡结构的应用是有效用地的措施之一，应结合工程造价、环境保护等因素综合比选确定。一是维持标准路基横断面路基宽度不变，用路肩式挡土墙或加筋土边坡进行收坡，以达到减少公路占地面积的目的；二是维持原传统的路基标准横断面中的路堤式挡土墙、水沟、边坡比均不变，仅将挡土墙内移，并在路肩位置加设挡墙，且用其代替路缘石、拦水带，以达到节省公路用地的目的。

② 改进边沟的布置形式，可以减少占用土地面积。为了减少征地宽度，可

以根据计算的汇排水流量合理采用矩形边沟。

③ 通过减少《公路工程技术标准》(JTG B01—2014)中公路外用地的宽度，减少征用土地的宽度，从而节约土地。

2.3.3 降低路基高度

路基高度作为公路设计的一项重要指标，对公路的质量、安全、造价、环保等方面有着重要的影响。路基高度过大，会增加工程规模、难度和造价，又需要占用大量的土地资源，且增加路基高度会造成水土流失。因此，选取合适的路基高度，可以节省宝贵的土地资源，保护有限的耕地。公路路基高度对占用土地数量有明显影响，以双向四车道 28.0m 宽路堤为例，每千米路基填土高度降低 1.0m，用地面积可以减少约 10%，路基填料可减少约 50.0%。

降低路基高度的技术措施包括：统筹考虑高速公路与地方道路网的总体设计、优化线路平纵面线形设计、与被交叉道路合理交叉、选用能降低桥梁建筑高度的桥型方案、设置路基垫层等，详见第 4 章。

2.3.4 控制桥梁比例

由于单位千米桥梁占地面积远远小于路基占地面积，在造价控制范围内，以桥代路是节约土地资源的重要方法。

当路堤较高时，在工程造价控制范围内，采用以桥代路是节约土地资源的最好方法。桥梁的征地一般采用投影面积，而路基征地通常受路基填土高度影响，征地范围包括两侧边沟和绿化带等。以双向四车道高速公路填土路堤边坡 1∶1.5 的坡率为例，当路堤高度大于 8.0m 时，高速公路路堤占地面积将是桥梁占地面积的 2.0 倍。一般在平原区，当路堤填土高度超过 8.0m 时，应综合考虑桥梁方案。

桥梁设计节约用地的措施体现在：

① 城镇桥位选择要有利于城镇规划和总体布局的需要，充分考虑征地拆迁费用和人民群众的切身利益，尽量少拆迁、少占耕地。

② 在充分调查研究、核定合理的通航等级、水位和净空标准基础上，确定经济合理的桥型方案和桥梁长度。

③ 桥梁、路堤方案选择应综合考虑工程造价、占地、环保等因素。

④ 大力推进桥梁标准化及通用图应用，在确保桥梁结构安全前提下，降低桥梁高度。

2.3.5 互通式立交设计

互通式立交通常由跨越构造物、正线、匝道、出入口、变速车道、辅助车道、匝道道口、绿化地带、集散车道等组成，收费立交还包括收费站、收费广场和服务设施等。由于互通式立交工程规模大、占用土地多，应加强方案比选。在基本确定的互通范围内布设方案中，在确保主交通流向顺捷的前提下，根据场址区实际情况，应将占用耕地作为一项重要的方案比选指标。

互通式立交的用地范围一般是指各交汇道路变速车道渐变段顶点以内所包含的正线、跨越构造物、匝道和绿化带等形成的区域。互通式立交节约用地应考虑两个方面：一是尽可能减少直接占用土地数量；二是尽量减少对土地的条块分割。有的土地虽然未被直接占用，但被几条匝道切割成不规则的多个分块，农业灌溉及机械化耕作均很困难，实际成为利用率不高的劣质地。互通式立交匝道封闭圈内土地的综合利用与开发比较困难，一般应将其作为公路景观设计用地全部征用。因此，为减少互通式立交占地并降低互通式立交绿化费用，互通式立交平面布置时应尽可能压缩互通式立交匝道（含主线和被交叉道路）封闭范围内的圈地面积。

基于互通式立交的占地规模和特点，互通式立交节约用地可从三个方面进行考虑：①互通式立交形式比选；②互通式立交间距；③互通式立交细部设计。

（1）互通式立交形式比选

互通式立交的形式多样，但构成互通式立交的基本要素为主线、被交叉公路、匝道和公路交叉肢数，其基本形式主要包括苜蓿叶形、菱形、定向形、喇叭形和环形等。

① 综合考虑相交公路的等级、立交位置地形、地物、用地条件、交通量等因素，合理、灵活选择立交形式。

② 高速公路与二级公路相交时，宜采用喇叭形立交。

③ 高速公路与一级公路相交时，可采用双喇叭形立交。

④ 两条高速公路相交时，宜采用混合式立交或直连式立交。部分交通量较小（单车道能满足要求）的左转匝道可采用设计速度低的半直连式匝道，甚至环形匝道，避免高指标带来大量占地。

⑤ 宜考虑高速公路近期与远期规划情况，合理设置，减少占地面积。

（2）互通式立交间距

合适的互通式立交间距是影响区域内高速公路网建设用地的重要因素。一般情况下，互通式立交间距如下：

① 在特大城市环线，互通式立交间距一般应控制在2.5～5.0km。

② 在平原区，互通式立交平均间距一般应控制在9～15km。

③ 在大城市附近、主要工业区附近，互通式立交平均间距一般应控制在5～10km。

④ 在山岭重丘区，互通式立交平均间距一般应控制在12～25km。

⑤ 在互通式立交间距较小时，可以采取复合式互通式立交，以减少征地数量。

（3）互通式立交细部设计

在选定基本立交形式后，还可以利用细部设计减少占地数量：

① 对于定向匝道，在满足交通量、车道通行的情况下，不宜采用过大指标，可采用环形曲线连接；跨公路、铁路处采用建筑高度低的桥型，降低纵坡，降低桥头填土高度，减少路基放坡占地，也减少取土场占地。

② 减少立交匝道之间的间距，相邻匝道之间可填平，中间设置排水沟，可以减少相邻匝道之间为满足各自放坡及排水沟占地的距离，合二为一，减少占地，降低规模。

③ 根据地质情况可对匝道采用挡土墙，减少放坡占地。

④ 匝道外侧边沟可以做成矩形，减少占地。

⑤ 收费站、管理中心、养护工区等设在互通式立交占地区内，减少占地。

⑥ 立交区内的空地可以填平，减少主线弃土占地。

⑦ 施工期间的临时占地可以设置在立交区内，减少占地。

2.3.6 沿线设施设计

高速公路沿线设施通常包括以下几部分：收费站、监控通信及养护设施、服务设施、高速公路系统公安交通管理设施。

（1）收费设施节约用地

收费站包括主线收费站和匝道收费站，由收费站设施、收费卡门（收费岛、匝道附近收费室、收费遮棚）、收费广场等构成。

一般将收费站合并到互通式立交中，可以实现节约用地，且不影响公路交通收费。

（2）服务设施节约用地

高速公路沿线的服务设施分为高速公路服务区和停车区。

（3）监控通信及养护设施节约用地

监控通信设施通常包括监控通信中心、分中心、通信所等三级机构。养护设施主要包括养护工区和道班房。

（4）高速公路系统公安交通管理设施节约用地

高速公路系统公安交通管理设施主要包括高速公路公安交通指挥中心、公路公安检查站等。

2.4 施工建设阶段节地技术

施工建设阶段是高速公路建设过程中实现节约集约用地的重要阶段之一。在这个阶段，可以通过更具体、技术性更强的各种措施减少高速公路建设中的占地面积。在施工建设时期，根据当地实际情况，可以对已完成的路线设计方案进行适当的修改，采取各种措施，在满足高速公路建设技术要求的同时实现对当地土地资源的节约集约利用。

2.4.1 路基填筑材料比选和优化

通常在工程开工前，充分调查附近经济运距内比较经济的筑路材料。可以将粉煤灰、钢渣、煤矸石、建筑垃圾等作为路基填料使用。

2.4.2 土源土场的合理选择

取土场设计应严格执行我国的“以防为主、防治结合、全面规划、合理布局、综合治理”的环境保护方针，从土地资源的合理利用出发，着重考虑工程造价的节省、土方工程质量的要求以及工程进度的条件。

取土场根据土源与主线的位置关系，通常分为沿线取土和线外集中取土。在高速公路路基填筑过程中，取土场布置应在考虑土质符合填筑路基技术要求的前提下，实现节约土地资源，主要包括以下方面：

（1）沿线取土场

在考虑经济运距的前提下，尽可能纵向调配土方实现沿线取土。不同标段内，通过业主协调，实现经济运距内的土方纵向调配。取土场的设置，要以深挖窄取、少占农田、有利排水和有利农业灌溉为基本原则。路基取土场的设置应统一规划、合理布局，使之与周围的景观协调一致，并具有平整的底部。取土场底应设纵横向坡度和完整的排水系统，纵向坡度不宜小于0.2%，横向坡度宜为2%～3%，并向外侧倾斜。当取土场场底宽度大于6m时，可做成向中间倾斜的双向横坡，并在中部设置底宽0.4m的纵向排水沟。当取土场场底纵坡大于0.5%时，可不设排水沟。取土场出水口应与路基排水系统衔接。取土场的边坡视土质情况而定，不宜陡于1∶1，靠路基一侧不宜陡于1∶1.5。在填方路基设置路侧取土场，当路基边缘与取土场场底的高差不大于2m时，应设置宽度不小于3m的护坡道。护坡道应平整密实，并做成1%～2%向外倾斜的横坡。

在地面横坡小于1∶10的平坦地区，如果用土量较少，可以在沿线两侧设置取土场，并结合路基排水和农田灌溉。路旁取土场深度约1.0m或稍大一些，宽度依用土数量和当地条件而定。当地面横坡坡度陡于1∶10时，路侧取土场最好设在地势较高的一侧，可以起到截水的作用，对路基稳定有利，但在高填土处或用平地机施工时，也可设在两侧。当取土深度较小时，有利于复垦还田。平坦地面填方路段的沿线取土场，常与路基排水设计综合考虑，使之起到边沟的排水作用。兼作排水的取土场，其深度应与桥涵进出口标高相配合。桥头引道两侧不宜设置取土场，特殊情况下可在下游一侧设置取土场，但应留有宽度不小于4m的护坡道。河滩上的取土场，要距河流中水位边界10m以外，并与调治结构物的位置相适应。此类取土场要求水流畅通，不得长期积水危及路基或构造物的稳定。当农业或养路需要利用取土场作蓄水池时，可适当加大取土深度，但不得影响路基稳定。

（2）线外大型取土场的设置

线外集中取土，取土场的选址尽可能利用荒山、荒坡、岗地等，还应考虑与农业、养殖业、水利工程等结合。高速公路线外大型取土场，其土质应符合填筑路基的技术要求，同时应与当地政府联系协调，考虑在路基以外利用荒坡、高地取土的可能性，确定取土范围的深度，力求少占农田、果园，并能兼顾农田改造、水利、开挖鱼塘藕池和环境保护等。另外，还要考虑土方运输的经济合理。高速公路取土场分布范围以路线两侧3km为宜。

对于集中取土的大型取土场，必须进行钻探，钻探深度应超过设计挖深1～1.5m，并做钻孔平面布置图和钻孔剖面图，进行物理、力学性能试验，确定是否符合填土要求。当决定采用时，应确定取土场土质的工程等级和成分，对取土场用作填料的土要求进行天然含水量、天然密实度、相对密度、液塑限、颗粒分析、击实、加州承载比（CBR）试验。

在土质变化有明显分层的情况下，采用垂直取土法，使得不同土质的土充分混合，以改善局部土质差的状况。当土源不足时，可用工程性质较差的填料，如过湿土，可在取土场开采后进行临时堆积、摊开翻拌晾晒，促使土中水分蒸发，或在过湿土中掺入生石灰等外掺剂拌和均匀，以改善土体的路用性能；若邻近取土场的塑性指数相差甚远，或同一取土场中不同部位塑性指数相差较远，可将不同性质的土运往同一地点充分拌和，以达到改善土质的目的。取土场边缘开挖后应具有一定边坡坡度，以防取土后土体坍塌，也有利于挖掘机运输土方的上下。

对于线外集中取土场的合理设计，应注意保证纵横向坡度合适，并且排水系统完善，基本要求是纵坡坡度不小于0.2%、横坡坡度在2%～3%。根据场地宽度不同采用向外倾斜或向中间倾斜，并考虑是否增设排水沟。另外，注意控制边坡坡率和护坡道是否采用向外倾斜。

2.4.3 弃土渣场的合理选择

对不能用于路堤填筑的路堑弃方和隧道弃渣，应以少占良田、尽量减少植被破坏及诱发新的地质灾害、不影响路基稳定、不破坏生态环境为前提。弃土、渣场的设置原则有以下几点：

① 在部分沟底纵坡较平缓、汇水量较小的天然沟谷地段进行集中弃土。

② 在稳定和环保的前提下，能保证排水畅通，应采用桥改路方案，以消化部分土方。

③ 在平缓且不受激流冲刷的河道上弃土，应做好边坡冲刷防护，保证不堵塞河道和水土流失。

④ 在平缓且经济效益低的山坡上设置弃土场，做好弃土场的防护和排水工作，避免形成新的不良地质灾害源及水土流失。

2.4.4 临时用地的合理选择

临时用地主要指除取、弃土场之外的其他临时用地，主要包括工程建设施工设置的临时搅拌站、预制场、材料堆放场、施工便道和其他临时工棚用地，在工程建设过程中架设的地上线路、铺设的地下管线和其他地下工程所需临时用地。临时用地的合理选择通常包括以下几方面：

① 施工便道。根据条件选择，结合附近道路，特别是在农田地带，减少对耕地的征用和工程成本。施工便道尽量控制在满足车辆通行的范围内，最好能控制在征地红线以内。

② 临时搅拌站等。选址注意尽量选择废弃地，可以结合附近废旧鱼塘等其他工程。特别要考虑工程完工后场地的使用。

③ 临时工棚。最好选择在公路沿线已开发建设地区，方便交通和减少对土地的征用。可以结合具体情况，选择是否租用当地百姓用房等。

④ 施工阶段的临时用地应尽量减少对耕地造成的污染和水土流失，注意环境保护。

2.5 高速公路建设与土地开发整理复垦结合技术

高速公路建设中的土地开发整理复垦计划应和公路设计施工同步进行。在公路设计阶段，应根据公路沿线地区的土壤自然条件、区域经济发展的长远规划及国土利用规划，从总体上考虑社会、经济和环境的发展，制订符合公路沿线地区经济和社会发展要求的土地开发整理复垦计划、措施，指出复垦地利用方向，这样可在公路施工阶段有计划地实现同步作业，从而节约劳动力，提高作业效率，缩短工程周期，改善环境状况，能尽早地开发新的可利用土地资源，恢复被破坏土地的生产效益。

2.5.1 高速公路建设与土地开发

土地开发是指通过采取工程、生物和技术等措施，使各种未利用土地资源，如荒山、荒地、荒滩、荒水等，投入经营与利用；或使土地利用由一种利用状态改为另一种利用状态的活动，如将低效利用的建设用地或农地开发为高效的城市建设用地。

土地开发实际上是为了给合理而有效地利用土地创造必要条件而进行的经济、技术投入过程，其结果是可利用土地面积的增加和土地利用条件的改善，以及土地利用率和产出率的提高。我国是一个人多地少、土地资源相对短缺的国家，随着社会经济的发展，大量农用地不断地被各项建设事业占用，人地矛盾越来越突出，因而必须通过广泛筹集资金，加大对土地开发的经济技术投入力度，使有限的土地后备资源得以开发，使土地利用条件得以改善，挖掘土地潜力，提高土地利用率，扩大土地利用空间与利用深度，以满足社会经济发展对土地不断增长的需求。由于科学技术的不断进步，经济条件和其他因素的不断演化，资源开发的深度和广度是不断发展的，资源利用程度也不断提高，这均属于土地开发。

高速公路建设过程中的土地开发主要集中在荒地、滩涂等未利用土地。在高速公路路线设计前期，就需要将沿线土地开发计划考虑在内。对需要进行开发的土地要进行土地利用方向的分析，确定开发规模、地点、时间，考虑到周边的社会经济状况及适合的土地资源，以农林牧渔为中心进行开发，使土地尽量得到最大效用。

在土地开发的过程中，有时可以将高速公路建设与水利工程相结合。公路工程需要大量挖废土地，而水利工程却需要大量压废土地，在有条件的时候，可使两者互相结合，挖河筑路或利用附近水利工程弃土筑路，使其互利互惠相得益彰。

2.5.2 高速公路建设与土地整理

土地整理是指在一定区域内，按照土地利用规划或城市规划所确定的目标和用途，采取行政、经济、法律和工程技术手段，对土地利用状况进行综合整治、调整改造，以提高土地利用率和产出率，改善生产、生活条件和生态环境的过程。既包括了对现有已利用土地的整理，以提高其利用的集约度；也包括了未利用地开发和废弃地的复垦，以增加耕地总量。从地域上来看可涵盖城市和农村，实质是调整土地关系并合理组织土地利用。

高速公路的设计建设中，在高速公路途经地区，对道路两旁较差的地质状况进行改造。例如灌溉不到位、地质条件不好的滩涂、水域、荒草地，这些地虽然是可以利用的，但是由于受到地质、环境条件的限制存在一定的局限性。高速公路通过这些地方的时候，可以利用高速公路的便利，对这些地区的灌溉进行改造，使其得到合理的利用。

高速公路经过山区时，在取土填挖方的地段，可以将部分不用的土填在山谷之间，这样更是增加了耕地数量。同时高速公路采取的是全封闭、全立交、大部分都是高路堤形式，长线路段的附近若是有高田，可以采用大面积下沉，使高田变低田或改旱地为水田，挖而不废。表层含有腐殖质的土可先推置一旁，待取土完毕后再复还，以保持改用后的地力。若线路所经地段为低田，没有条件大面积下沉，或附近无弃土可利用，则可深挖取土，造成鱼塘，以渔代农。

高速公路设计建设过程中，应尽量集约节约占用土地，在条件允许的情况下，在土地整理过程中，宜填则填，宜挖则挖，做到少占或不占好田，扩大耕地面积。移去不良土质变良田，除去土丘旱地为水浇地，弃土填沟变荒地为可耕地。宜渔则渔，宜农则农，宜林则林，改盐碱地、低凹地为鱼塘。

2.5.3 高速公路建设与土地复垦

土地复垦是指在生产过程中，对因挖损、塌陷、压占等造成破坏的土地，采取整治措施使其恢复到可供利用状态的活动。各种人为造成土地破坏和废弃的都属于土地复垦范围，各种污染、自然灾害造成破坏、废弃的土地以及村庄四旁坑、洼、塘、废弃宅基地等也属于土地复垦范围。

公路建设中的土地复垦是指将因修建公路破坏的土地因地制宜地恢复到所期望状态的行动和过程，这是一项长期而复杂的工作，贯穿公路建设的全过程，主要目标是重新建立永久稳定的景观地形，这种地形在美学和环境上能与未被破坏的土地相协调，而且使遭破坏土地的用途能最有效地促进其所在的生态系统的稳定和生产力的发展。在公路建设的每一阶段，如果不重视土地复垦工作，那么会影响复垦的质量和效果，并且也会使复垦的周期加长、加重水土流失和环境污染。因此把土地复垦工作纳入公路建设中，使其成为公路建设的一个重要组成部分十分必要。

由于高速公路建设自身的特点，高速公路建设中需要复垦的区域有中央分隔带、土路肩、上下边坡、立交区、取土场地、弃土场地以及临时设施占地等一切遭到破坏的土地。

高速公路建设过程中的土地复垦需要遵循以下原则：

（1）要从实际出发，因地制宜。本着“宜农则农、宜林则林、宜木则木、宜建则建”的原则，科学合理地确定其用途，将被破坏的土地恢复利用。高速公路的设计尽量做到少占或不占良田，从路线通过区域的性质出发，合理地结合区域经济、地形条件来设计。高速公路的设计应做到争取靠河岸布线，利用公路的防护措施，兼做保护农田的作用，这样既做到了修建公路的作用，也起到了保护农田免遭毁坏的作用。

（2）高速公路的设计要做到，局部利益服从整体利益，近期利益服从长远利益。

（3）高速公路所涉及的土地复垦和设计要统一规划，做到切实可行，合理安排，并结合设计建设情况，分期实施。

（4）高速公路引起的土地复垦规划要在土地利用总体规划的控制和指导下

进行，并与区域的规划相协调，做到地区建设布局合理化，有利生产、方便生活、美化环境，促进生态良性循环。

在高速公路建设中，土地复垦的实施一般有以下几个步骤：

（1）表土剥离

根据公路设计在施工中对可能要压占和破坏的地方进行土地资源的采集、堆存，为避免表土采集工作过分超前而加剧水土流失和环境破坏，在采集过程中应根据公路的施工进度有计划地进行；按土壤的自然构成通常取表土的采集厚度为0.5m，将采集的表土按照复垦计划和公路施工计划优选出合适的表土堆存点进行暂时存贮以待后用。一般用公路建设中的推土机和卡车即能完成。

（2）场地的平整

随着公路建设的不断延伸，在已建成的路段，对已拆除临时设施的场地及废弃的取土场和弃土场进行必要的回填、压实、加固、整平等作业后，把已采集的表土均匀地铺设在准备好的场地上，通常表土的铺设厚度取0.3～0.5m，这样可保证复垦地今后能进一步复垦利用。

（3）复垦土地的利用

根据复垦计划中所确定的临时用地复垦利用方向，按不同要求对复垦地进行不同处理以便进一步利用。对农、林、牧复垦来讲，这一步工作主要是要对复垦地进行改良、熟化，择优品种进行绿化及利用，如种粮、植草、栽树等。对水利和建筑复垦来讲，主要是对复垦地的基底做好压实、加固等处理以免造成二次污染和破坏。

高速公路建设中的土地开发、整理、复垦是一项长期而复杂的工作，贯穿公路建设的全过程。其主要目标是能最有效地促进所在的生态系统的稳定和生产力的发展。在公路建设的每一阶段都应重视土地开发、整理、复垦等土地利用相关工作，并将其纳入公路建设中，使工程的周期缩短，使土地质量不降反升，减少水土流失和环境污染。

2.6 本章小结

① 高速公路节约用地应从规划立项、可行性研究、设计和施工阶段进行统筹规划，从全生命周期角度进行考虑。

② 高速公路工程设计阶段的节地技术主要包括线路平纵断面、路基横断面、路堤高度、控制桥梁比例、互通式立交、沿线设施等的优化设计与控制。

③ 高速公路施工建设阶段的节地技术应加强路基填筑材料比选和优化、土源土场的合理选择、弃土渣场的合理选择、临时用地的合理选择等。

④ 高速公路建设应注重与土地开发、整理、复垦相结合。

3 高速公路路基最小高度及降低路基高度措施研究

本章结合现行规范，分析了路基最小高度的确定方法，研究了高速公路内部因素和外部因素对高速公路路基高度的影响，探讨了降低路基高度的相关技术措施。

3.1 降低路基高度的意义

降低路基高度具有节约土地、降低工程规模、节省工程投资、路侧安全性好以及与自然、人文景观协调的优点，同时也是缓解公路建设与环境、资源约束作用之间矛盾的有效途径。降低路基高度的意义主要体现在：

（1）减少路基土方量，节约土地。为保证行车速度，高速公路线形要求高，并且全立交封闭运行，无论是公路本身占地还是路基土石方挖掘都会造成对土地资源的占用。特别是高填方路基施工，对土地的需求较大。在施工设计时采取一定措施降低路基高度，减少路基土方量，节约土地资源。

（2）减少投资，节约成本。在高速公路的宽度和长度确定后，施工过程的路基填、挖高度是工程投资成本控制的关键。降低路基高度，能减少施工工程量，可以节约整个工程的投资成本，同时可以在一定程度上减少工期，加快工程进度。

（3）最大限度地减少对环境的破坏。无论是填高路基时的土方施工还是施工后的超高路基都会对周边自然环境及地质地理环境造成较大负面影响，合理降低高速公路路基高度能将这类影响降至最低。

（4）低路基能有效提升边坡稳定性，保障行车的安全性和舒适性。由于高速公路沿途周边环境复杂，路基高度可能受到被交公路、公路桥梁以及坡长、坡率等的影响，特别是在软土土质条件下，降低路基高度能减少路基沉降值并缩短路基的固结稳定期，满足行车的安全性和舒适性。

3.2 路基最小高度的确定方法

公路低路基应有合理的高度。若路堤过低，低路基长期受水的剧烈影响，路基强度低，在汽车荷载作用下，将产生较大的塑性变形，导致路基路面破坏。低路基设计应综合考虑环境因素（水、冰冻）和汽车荷载对路基土长期性能的作用影响，在满足公路功能需求和路基性能要求的前提下，合理确定低路基高度，使工程造价、对社会经济环境的影响等方面达到综合平衡。

3.2.1 确定路基最小高度的原则

（1）根据高速公路所在地区气候特征、水文地质、土质特性及汽车荷载，充分考虑路基土在强度与变形方面的要求。

（2）综合考虑地表水、地下水、毛细水、盐分、温度等对路基性能的影响，保证中湿状态路基临界高度。

（3）充分考虑防洪、通航的要求。

（4）在满足立交桥、通道的净空要求的前提下，可采用主线下穿被交道路的方案，以降低路基高度和造价。

3.2.2 确定路基工作区深度

在确定路基工作区深度时，一般基于 J. Boussinesg 修正公式，将汽车荷载产生的动应力转换为静应力计算确定。

未考虑路面材料影响的路基工作区深度按式（3-1）确定：

$$h_{wd,a} = \sqrt[3]{\frac{KnP}{\gamma}} \tag{3-1}$$

式中 $h_{wd,a}$——未考虑路面材料影响的路基工作区深度（m）；

P——作用在路基上的车轮荷载（kN）；

n——系数，$n = 1/10 \sim 1/5$；

γ——路基土的重度（kN/m^3）；

K——应力系数，$K = \frac{3}{2\pi}$。

考虑路面厚度和材料刚度的影响时，路基工作区深度按式（3-2）、式（3-3）确定：

$$h_{wd} = h_{wd,a} - h_e + h_p \tag{3-2}$$

$$h_{wd} = h_{wd,a} - \sum h_{pi} \sqrt[2.5]{\frac{E_{pi}}{E_0}} + h_p \tag{3-3}$$

式中 h_{wd}——考虑路面材料影响的路基工作区深度（m）；

h_e——换算为路基土层厚度的当量厚度（m）；

h_p——路面结构层总厚度（m）；

h_{pi}——路面各结构层的厚度（m）；

E_{pi}——路面各结构层抗压回弹模量（MPa）；

E_0——路基填土的抗压回弹模量（MPa）。

按照《公路工程技术标准》（JTG B01—2014）规定的汽车荷载计算，未考虑路面材料影响的路基工作区深度为2.69m，考虑路面材料影响的路基工作区深度，按高速公路半刚性基层沥青路面典型结构厚度78cm计算，行车荷载作用的动应力影响深度仅至上路床部位，与国内室内外测试结果相比较，说明按照考虑路面的厚度和材料刚度影响的J. Boussinesg修正公式所得的路基工作区深度过小。

根据国内相关工程的实测结果，并采用考虑路基路面协调作用的动力计算分析，可知路基工作区深度为1.5~2.5m。

3.2.3 确定中湿状态路基临界高度

路基中湿状态的判别应符合下列规定：

应对路基工作区上部、中部、底部的路基土分别采集代表性土样，进行含水率、塑限、液限试验，计算路基土的稠度，并对不同层位的稠度值进行统计，计算平均稠度。根据路基工作区土的平均稠度，并考虑地表水、地下水的影响，按表3-1确定路基的干湿类型。路基中湿状态判别标准见表3-1。

表3-1 路基中湿状态判别标准

土质类型	中湿状态	一般特征
细粒土质砂	$1.00 \leqslant \omega_c < 1.20$	路基上部处于地下水或地表积水影响的过渡带区内； 路基填土高度 $h_2 < h_0 \leqslant h_1$
黏质土	$0.95 \leqslant \omega_c < 1.10$	
粉质土	$0.90 \leqslant \omega_c < 1.05$	

注：h_0为在不利季节路床顶面距地下水或地表积水水位的高度；h_1为中湿状态路基临界高度；h_2为干燥状态路基临界高度。

遵循满足路基长期性能要求和节约土地的设计原则，其临界高度参考值见表3-2。路基最小高度不宜小于路基处于中湿状态的临界高度。

表3-2 路基中湿状态的临界高度参考值 （单位：m）

自然区划		临界高度								
		细粒土质砂			黏质土			粉质土		
		地下水	地表长期积水	地表临时积水	地下水	地表长期积水	地表临时积水	地下水	地表长期积水	地表临时积水
Ⅱ	$Ⅱ_1$				2.2			3.0		
	$Ⅱ_2$				2.0			2.6		
	$Ⅱ_3$	1.3~1.6			1.8			2.2		
	$Ⅱ_4$				1.9~2.1			2.1~2.3		
	$Ⅱ_5$	0.7~1.1			1.6~2.0			1.8~2.3		

续表

自然区划		临界高度								
		细粒土质砂			黏质土			粉质土		
		地下水	地表长期积水	地表临时积水	地下水	地表长期积水	地表临时积水	地下水	地表长期积水	地表临时积水
Ⅲ	Ⅲ$_1$									
	Ⅲ$_2$	1.1~1.3			1.7~2.2	1.3~1.7	0.9~1.3	1.9~2.4	1.0~1.9	1.0~1.4
	Ⅲ$_3$	1.1~1.3			1.6~2.1	1.2~1.6	0.9~1.2	1.8~2.3	1.4~1.8	1.0~1.4
	Ⅲ$_4$							1.7~2.4		
Ⅳ	Ⅳ$_1$				1.2~1.3			1.3~1.4		
	Ⅳ$_2$				1.1~1.2			1.2~1.3		
	Ⅳ$_3$				1.1~1.2	0.5~0.6		1.2~1.3	0.6~0.7	
	Ⅳ$_4$	0.7~0.8			1.0~1.2					
	Ⅳ$_5$				1.3~1.4	0.6~0.7		1.3~1.5		
	Ⅳ$_6$	0.7~0.8			1.3~1.5	0.5~0.6		1.5~1.6		
	Ⅳ$_7$		0.7~0.8		1.4~1.5	0.7~0.8				
Ⅴ	Ⅴ$_1$	1.1~1.3	0.9~1.1	0.6~0.9	1.6~2.0	1.2~1.6		1.7~2.2	1.3~1.7	0.9~1.3
	Ⅴ$_2$				0.9~1.1			1.4~1.6		
	Ⅴ$_3$				0.8~1.0			1.3~1.5		
Ⅵ	Ⅵ$_1$	(1.7)	(1.4)	0.3	(1.9)	(1.7)	0.5	(2.0)	(1.8)	0.7
	Ⅵ$_2$	1.1~1.4	0.9~1.1	0.76~0.9	1.65~2.2	1.2~1.65	1.0	1.85~2.3	1.4~1.85	1.1~1.4
	Ⅵ$_3$	(1.7)	(1.5)	0.9	(2.0)	(1.7)	(0.6)	(2.1)	(1.8)	(0.7)
	Ⅵ$_4$	(1.8)	(1.5)		2.0	(1.7)	0.6	(2.2)	1.9	0.8
Ⅶ	Ⅶ$_1$	(1.9)	(1.6)	(0.4)	(1.9)	(1.6)	(0.5)	(2.0)	1.8	0.6
	Ⅶ$_2$				(1.9)	1.4	0.4	(2.1)	(1.6)	0.4
	Ⅶ$_3$	1.2~1.5	0.9~1.2	0.7~0.9	1.75~2.3	1.3~1.75	0.75~1.3	2.0~2.4	(1.6~2.0)	1.0~1.6
	Ⅶ$_4$	(1.6)	(1.4)		(1.6)	(1.4)		(1.8)	(1.6)	
	Ⅶ$_5$	(2.4)	(2.0)	(1.1)	(2.6)	2.0	(1.1)	(2.2)	(2.2)	(1.3)
	Ⅶ$_6$				2.4	2.0	(0.8)	(2.5)	2.1	1.1

注：1. 表中的临界高度是指路床顶面至各水位的高度（m）。
2. Ⅵ、Ⅶ区有下划线者，表示实测资料较少，有括号者表示没有实测资料，根据规律推算。
3. Ⅲ$_2$、Ⅲ$_3$、Ⅵ$_2$、Ⅶ$_3$是甘肃省 1984 年所提的建议值，其他地区仅供参考。
4. 缺少资料的Ⅱ级区可论证地参考相邻Ⅱ级区数值，并应积极调研积累本地区的资料。

3.2.4 确定路基最小高度的方法

长期以来，设计中将路床处于中湿状态的临界高度作为路基最小填土高度，路基高度与强度设计没有与汽车荷载挂钩，没有考虑在汽车荷载作用下的路基变形问题。当路基填土高度较大或汽车荷载较小时，汽车荷载对路基和地基土的作用影响尚不显著。但对于低路基来说，尤其是重型、特重交通公路的低路基，在汽车荷载作用下，路基将产生较大的塑性变形，并加剧软土地基的沉降变形，导致路基路面产生早期的变形破坏。因此，确定路基最小填土高度时，在考虑路床所处的水文状况的同时，必须要考虑汽车荷载作用下的路基工作区深度。季节性冰冻地区，冻融循环作用对路基路面长期性能影响较大。设计中将路床处于中湿状态的临界高度作为路基最小填土高度，尚未充分考虑道路冻深和冻结水上升高度对路基的影响。

综合考虑设计洪水位、中湿状态路基临界高度、路基工作区深度、道路冻结深度的影响，确定路基最小高度可按照式（3-4）进行：

$$H_{\min} = \mathrm{Max}\{(h_{sw}+h_0)+h_w+h_{bw}+\Delta h, h_l+h_p, h_{wd}+h_p, h_f+h_p\} \tag{3-4}$$

式中　$H_{\min}$——路基最小填土高度（m）；

h_{sw}——设计洪水位（m）；

h_0——地面高程（m）；

h_w——波浪侵袭高（m）；

h_{bw}——壅水高度（m）；

Δh——安全高度（m）；

h_l——中湿状态路基临界高度（m）；

h_p——路面厚度（m）；

h_{wd}——路基工作区深度（m）；

h_f——季冻区道路冻结深度（m）。

综合以上影响因素，选择同时满足以上要求的最低路基高度，即可认定为合理路基高度。

3.3　影响路基高度的因素分析

公路路基是路面的基础，承受路基本体填土自重和路面质量，以及由路面传递而来的行车荷载。路基面宽度、边坡坡率和填土高度是路基设计三要素。路基面宽度取决于公路技术等级；路基边坡坡率取决于工程地质、水文地质条件、填土类型以及边坡稳定性和横断面经济性等因素；路基填土高度主要取决于纵坡设计及地形，其作为路基设计的一个重要因素，设计的优劣与否，不仅影响路基质量，还影响经济效益和社会环境效益。因此，在路基高度设计中必须考虑各种因素的影响，综合分析确定。

路堤高度是公路设计中一项综合技术经济指标，它直接影响公路的使用功能、质量、工程造价和占地面积。影响平原地区高速公路路基高度的因素很多，主要包含道路总体线形（平、纵、竖），路基、桥涵、交叉工程相互影响与协调设计技术等内部因素以及地方道路网，农田水利，地形地貌，水文、气候与地质条件，被交道路状况，周围村镇建设与规划等外部因素。因此，必须妥善处理好高速公路建设与当地社会经济发展的关系、高速公路建设与农田水利建设的关系以及高速公路网与地方道路网的衔接配合。通过综合研究分析，做好总体规划与项目总体设计，优化路线平纵面设计，认真进行方案比选论证，合理确定高速公路与被交道路的立体交叉、通道、辅道的总体布局，以及公路总体建设规模，因地制宜采用低路基高速公路建设方案，才能达到节约资源、保护环境、促进公路建设与自然相和谐的目的。

3.3.1 内部因素分析

路基平均填挖高度虽然受到诸多因素的影响，但可以通过平、纵面的综合协调设计，适当降低平、纵面设计的几何指标来降低路基平均填挖高度，以减少路基土石方量、节约占地，保证路基边坡稳定，最大限度地减少对环境的破坏，节省工程投资。但该做法的前提是要保护采用指标的连续性和均衡性，对公路服务质量影响不大。但采用平、纵面综合协调设计来降低路基平均填挖高度也会受到诸多因素的影响。

（1）道路总体线形

路基填土高度设计实质上是路线纵坡设计，而纵坡设计要符合现行《公路路线设计规范》（JTG D20—2017）中关于最大纵坡、最小纵坡、坡长限制、平均纵坡限制等的各项要求，这些指标对高速公路路基高度有较大的影响。

纵坡设计的主要目标是在较高的纵向指标和最经济的土石方工程量两者之间找出最佳组合。在路线纵坡设计时，应充分结合地形、地貌、地质、地物、水文气象及环境等条件进行合理设计，把公路平、纵、横三要素有机结合起来，使线形直捷，并与地形、地物相适应，与周围人文、环境相协调。连续、均衡的平面线形应与纵坡密切配合，实现路基横断面经济合理。

① 路线平面设计。高速公路的平面线形与路基纵坡密切相关，线路平面设计要与路基横断面密切配合，不能随意截弯取直增大纵坡的起伏，也要避免过于追求坡度的顺直，随意弯曲平面线形，增加道路的长度，造成投资成本的增加。同时，平面线形也与横断面相关，要切实注意横断面的经济合理性以及填挖的方便。

② 合理设置纵坡长度。当高速公路纵坡较小，工程量不大时，纵坡长度可适当大些，可取 700 ~ 900m；当纵坡稍大，工程量可能增加时，纵坡长度可减少至 300 ~ 600m。资料显示，在高速公路上，司机目光集中在 300 ~ 600m。因此，

纵坡长度采用300～600m较为适宜。

③ 合理解决平竖曲线的关系。在公路纵坡变更处应设置竖曲线。竖曲线最小半径主要考虑汽车在纵坡变更处行驶时，为缓和冲击和保证视距而确定；最小竖曲线长度按3s设计速度行程长度确定，不宜过短，否则给驾驶员在纵面上急促折曲的感觉，影响行车的舒适性。在地面纵坡变化大，路线平曲线较长地段，在满足行车舒适性和保证视距的条件下，可通过设置多个变坡点来降低路基高度，减少工程造价。

（2）路基、桥涵、交叉工程相互影响与协调设计

结合低路基特点，分析道路纵断面线形的设计过程，不难得出控制公路路基平均填土高度的主要因素有路基最小填土高度、路基最大填土高度、下穿式横向通道结构物的分布密度、与设计车速相匹配的路线纵断面线形指标等。若为了少占耕地，则必须设法减少路基填方量，由此相应地降低公路路基平均填土高度。若道路全线均按路基最小填土高度控制，填方量是最少的。但实际情况由于受行车安全等多种条件的约束，按路基最小填土高度控制的路段长度仅占全线里程很小的一部分，如图3-1所示。

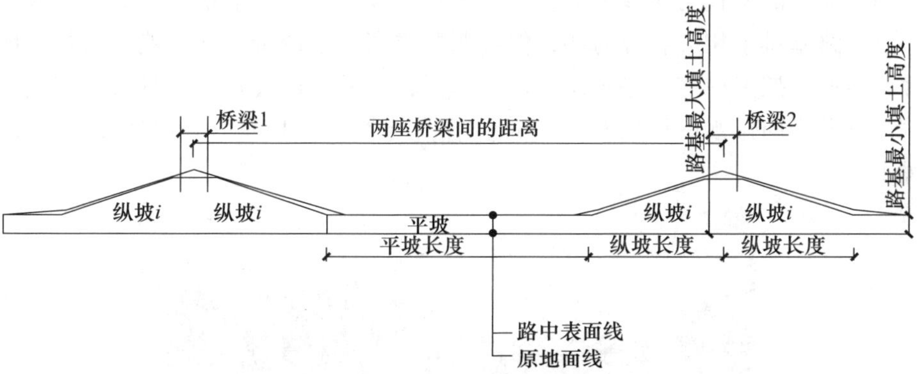

图3-1　影响路基高度的主要因素

3.3.2　外部因素分析

（1）地形地貌

公路沿线的地形地貌不仅影响路线的选定，同时也影响路基的设计。平原区地势平坦，但农作物种植集中，取土困难，适宜于降低路基高度。但由于路基纵横向排水困难，地表易积水，积水后易浸泡路基边坡坡脚。因而，路基需要保持一定的最小填土高度，并设置一定的排水设施。

（2）地质条件

当平原区高速公路沿线的地质条件为软土、软弱土、湿陷性黄土、盐渍土等

不良地质条件时，需要填筑一定高度的路基来保证路基的强度、稳定性和耐久性。

水文条件包括公路沿线地表水的排泄、有无地表积水和积水时期的长短、河岸的淤积情况等。水文地质条件包括地下水位高低、地下水移动的规律等。这些因素都会影响路基稳定性和耐久性，并且在不同的路基高度下影响的程度也有所不同。

（3）气候条件

气候条件如气温、降雨、冻结深度等都会影响高速公路沿线的地面水和地下水状况，继而对路基工程产生一定的影响。

（4）被交路通道、立交等构造物净空

高速公路是全封闭、全立交的，与其相交的乡村道路都要改为通道或天桥，提供横向交通。通道的数量与净空以及通道与天桥形式的选择对高速公路路基高度有很大的影响。高速公路与其他各级公路交叉，应尽量采用立交，互通式立交处的高速公路路基高度必须保证，而分离交叉可采用上跨或下穿两种方式，这将直接影响路基填土高度。

横向通道的设置对路基填土设计高度影响较大。通道下挖少一些，路基设计高一点，路基排水相应会容易些，但会明显提高工程造价，并可能降低行车的安全性；通道下挖多一些，路基设计高度降低，工程造价会降低，且行车安全性相对较高，但横向排水的困难程度增加，容易导致通道积水（图 3-2），影响沿线居民出行。

图 3-2　通道下挖过大引起的积水

互通式立交处高速公路路基高度的制约因素很多，一经确定必须保证。但是互通式立交在一条高速公路中的数量不会太多，其影响范围只在局部。通道在高速公路中的数量很多，其设置密度与路线经过地区的村镇密集程度、社会经济发展程度、人们的出行习惯、当地路网规划等因素直接相关。通道的密度大，意味着高速公路纵坡设计时可以选择的余地少，对路基高度的影响比较大。通道处的技术指标，如通道的等级和净空、通道是否下挖低于地面等，受相交道路等级、功能等影响，同时还与设计者考虑到通道今后的改造而预留的净空有关。

（5）地方路网、行政区划

对横穿通道起决定性影响的就是地方路网和行政区划。要减少通道的影响就需要对地方路网进行合理的规划与调整，尽可能使下穿通道既不影响当地群众的出行，又不影响高速公路路基高度。

3.4 降低路基高度的技术措施研究

3.4.1 统筹考虑高速公路与地方道路网的总体设计

要实现低路基建设目标，最突出的问题是如何处理好高速公路与地方道路的关系，以及如何解决高速公路两侧居民横向通行的问题。应遵循既方便居民出行，又避免居民反复穿越高速公路的原则，合理调整地方道路网布局，尽可能减少横向通道的数量，是降低路基填土高度的十分有效的技术措施。

（1）分离式立交与通道的总体布局设计

根据高速公路与被交道路的关系、被交道路的功能与等级及其在路网中的作用，进行分离式立交与通道的总体布局设计，遵循既方便居民出行，又避免居民反复穿越高速公路的原则，调整地方道路网布局。

（2）地方道路合并

对地方道路网较为密集的路段，尤其是当同一村庄附近有多条乡村道路时，可以采用保证主要道路、合并次要道路的办法，适当合并临近的地方道路。

（3）地方道路改移

结合实际情况，可以将地方道路就近改移至适合的地点后再进行高速公路跨越，减少纵断面高程控制点数量。

（4）合并、调整地方道路的路段，设置辅道工程或利用桥涵作通道

根据农村路网的特点，适当归并与调整沿线横向穿越道路和配套建设沿线辅道（图3-3），有利于实现现有路网的纵向沟通，带动和促进沿线经济发展和城镇化建设，提高农业机械化耕作水平。以低路基高速公路建设为契机，合理归并调整横向道路，适当提高横向道路的技术等级，对促进地方道路网的改造、改善地方交通具有重要的意义。

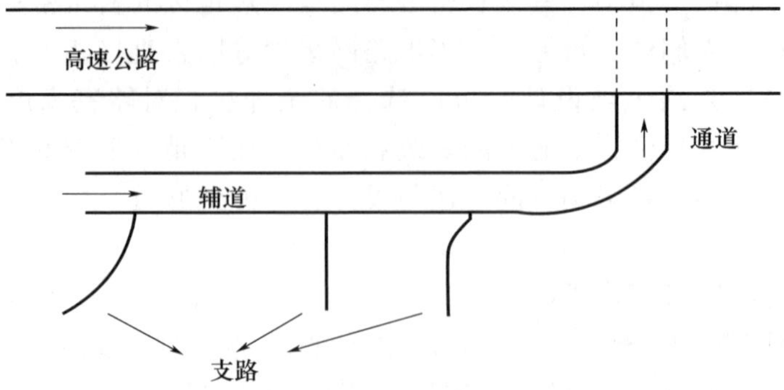

图 3-3　相邻支路共设通道示意图

辅道宜设置在高速公路两侧 200m 范围内，并根据地方道路网分布及居民出行的需要确定辅道设置形式。辅道的设置可以和高速公路施工便道一并考虑。

当合并、调整的地方道路的路段附近有桥涵等构筑物时，可通过改移农村线路，利用附近桥涵作通道。即可加大桥涵孔径或另加一孔，中间排水，两侧用作通道，还可将大中桥的边孔用作通道使用。

3.4.2　优化路线平纵面线形设计

（1）路线纵断面设计宜采用曲线定线法，先确定控制点的凸形竖曲线，再定纵坡既坡长。

（2）应根据各控制点的高程，合理选用纵坡坡度与坡长，在满足《公路工程技术标准》（JTG B01—2014）规定的最小坡长的前提下，低路基坡长宜为 300～600m，最小纵坡坡度不应小于 0.3%。大中桥两端引道设计不宜采用长纵坡，桥上纵坡坡度以 2%～3% 为宜。

（3）在保证平纵曲线配合协调的情况下，本着降低路基高度、减少工程造价的原则，因地制宜设置边坡点，线形组合设计应符合《公路路线设计规范》（JTG D20—2017）的相关规定。

（4）必要时可适当放宽视觉半径要求，按《公路路线设计规范》（JTG D20—2017）的规定，采用一般值选取纵断边境，有效减少坡长，通过增加变坡点的个数满足构造物的设置要求。

3.4.3　与被交道路合理交叉

（1）合理选择交叉方式

为有效解决通道积水问题，可采用下挖式通道，降低通道底面高程；邻河设置的通道，可将跨河桥的边孔兼作通道；与涵洞相近的通道，可采用通道兼涵的形式将两者合并，减少通道和涵洞的数量。

从国内已建低路基高速公路的情况看，每千米平均通道数为 1 ~ 2 道，上跨高速公路的分离式立交的设置间距为 2 ~ 4km。上跨高速公路的分离式立交与下穿高速公路的通道布设应交错布置，大小孔径的通道应合理搭配。地方道路上跨高速公路时，最大纵坡坡度不宜超过 3%，城镇范围内控制在 2.5% 以内，凸形竖曲线可采用极限指标，以缩小跨线桥长度。被交等级公路、汽车与机耕通道宜上跨高速公路，人行通道宜下穿高速公路，基本上能满足当地居民出行的需求，也为农村机械化发展提供了空间。

（2）通道不下挖，在地面线位置（图 3-4）

一般路线纵断面设计采用直线定线法，即先确定纵坡，再用竖曲线连接。为了降低路基高度，可采用曲线定线法。也就是先固定通道位置，然后将该处路线设计为凸形竖曲线，再充分考虑路基高度和平纵断面线形的结合，用适当的纵坡将相邻竖曲线圆顺地连接。

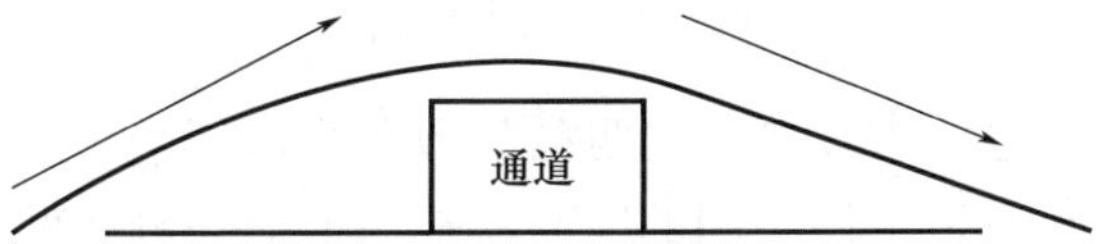

图 3-4　高速公路上跨通道横断面

（3）通道下挖，在地面线以下

在地形地貌等条件具备的情形下，可考虑下挖式通道。下挖式通道既减少了地面上跨通道的数量，又避免了高路基施工。

但下挖式通道易产生积水，不利于当地居民出行，应优先采用自流排水方式。通道两端出入口处道路纵坡宜设置凸形竖曲线，以减少下挖式通道的汇水量。通道不能自流排水时，对通道的出入口进行反坡设计，并在通道底部设计渗井或蒸发池，或在通道四周设置拦水带，引导水流集中并排出通道。同时还要在通道设置台阶，避免积水影响通道的通行。

（4）下挖通道防排水方案

首先要考虑对下挖通道上游方向的地表水的拦截和引排，以减少下挖通道内地表水的流入，这时应考虑在下挖段的两端设置泄水口和截水沟等设施。下挖段路肩的横向坡度应较大。下挖段位于洞口内的边沟宜采用顶盖带槽孔混凝土板的过水面积较大的矩形断面形式。集水井设置于通道内的最低处，并通过布设的地下排水管将积水引排到附近的水沟内。在无法排出水位较高区域汇集于下挖段内的表面水的情况下，设置泵站利用水泵将积水排出，按照扬程要求和排水量选择水泵的型号，若下挖通道的作用比较重要，则至少应有 2 台水泵配置于泵站中。

应对下挖通道内的汇水面积进行严格的控制，以避免在降雨过程中因积水而中断交通。

① 设置泄水口和截水沟等设施于通道的两端，以对上游方向的地表水进行拦截和引排，减少通道内地表水的进入。

② 将反坡设置于两端引道起点之外，以避免通道内流入引道之外的地表水。在上跨构造物洞口内，下挖通道的最小纵坡坡度不宜低于0.15%～0.30%，应尽可能地在下挖通道的洞口之外布置通道的最低点。反坡的设置如图3-5所示。

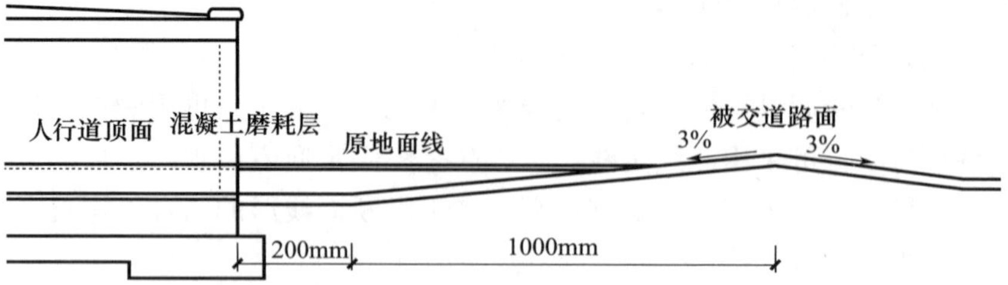

图3-5　反坡的设置

③ 根据通道的重要等级，“三墙两洞”方案可以用于Ⅰ类或Ⅱ类通道，该方案就是对人行道和车行道采用不同的净高；在通道的一侧或两侧设置人行台阶的方法适用于等级为Ⅱ类或Ⅲ类的通道（图3-6）。

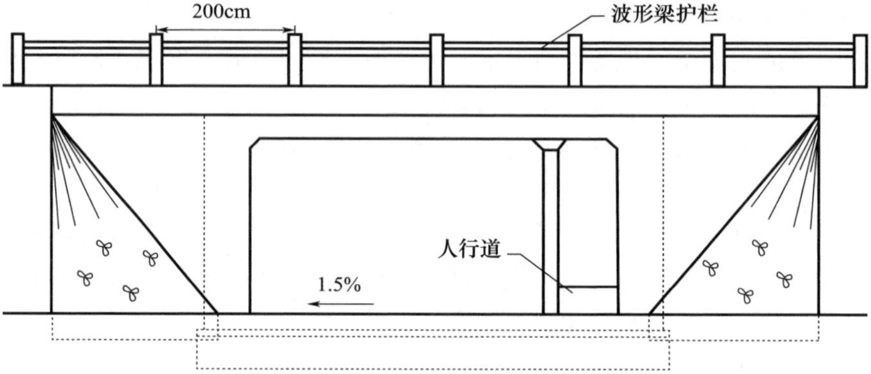

图3-6　“三墙两洞”防排水方案

④ 如果有良好的渗水性土层位于通道路基的下层，那么就可以设置集水井，使积水流入集水井中，再通过PVC（聚氯乙烯）排水管排到渗井中，最后经蒸发和下渗排出积水，这里的集水井也可起到沉淀池的作用，充满杂物的积水经集水井的沉淀后排入渗井中可以有效地避免淤堵（图3-7）。图3-8给出了集水井连接渗井的排水大样图。

⑤ 将雨篷搭建在引道两侧以防止雨水降落在引道上进入通道内部，在显著降低工程量的情况下可以使用该方法。

渗井应深入透水层，根据通道内地下水位高低及汇水量通过计算确定渗井的尺寸。渗井位置的确定原则为不影响路基稳定，可以在集水井和渗井之间增设沉井以调整排水管的角度，避免斜排水管的出现。

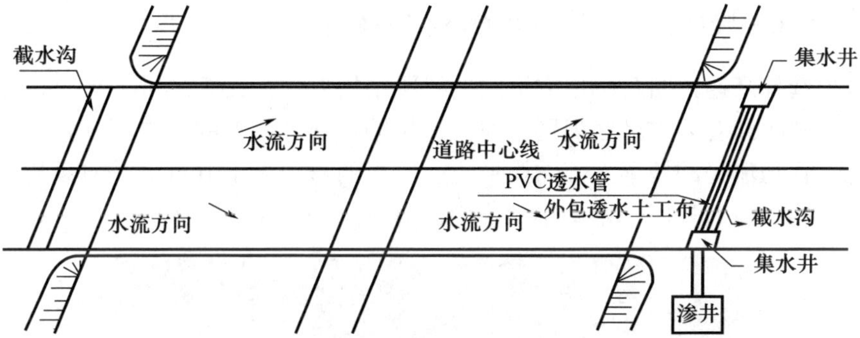

图 3-7　渗井排水平面图

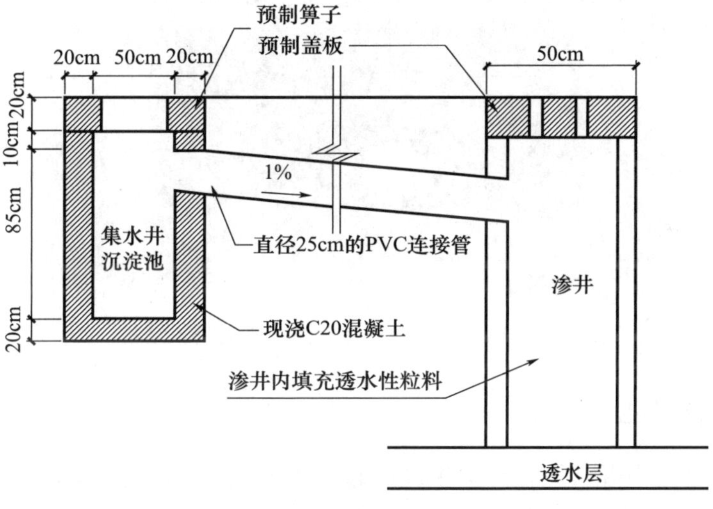

图 3-8　集水井连接渗井的排水大样图

（5）下挖通道排水设施的构造与布置

由引道流入的雨水形成了通道内大部分的地面水。要对汇水面积进行严格的控制以避免在降雨过程中通道内因积水而造成交通的中断。以下为常用的防排水措施：将排水沟和泄水口设置于通道的两端，对上游方向的地表水进行拦截和排出，以减少通道内地表水的侵入；将反坡设置于通道两端引道起点之外的道路，以避免通道内流入引道之外的地表水。上述任何一种防排水措施被采用时，引道两侧的挡水墙都必须高于周围地面。

可采用集中方式（自流式排水或水泵排水）将通道中少量的地下渗水和降雨积水予以排出，无论采用哪种集中排水的方式，集水井和排水管均应设置于通道中。由集水井和排水管聚集的地面水需经排水总管（明渠）排出，由于排水总管具有较大的排水压力，其排水能力不应小于通道范围内地面水设计流量的1.5倍。

3.4.4 选用能降低桥梁建筑高度的桥型方案

合理选择高速公路跨越地方道路的桥梁结构形式，在满足桥下被交道路的建筑限界、视距和对前方公路识别、通视、桥梁景观等要求的前提下，宜采用建筑高度低、轻巧流畅的桥梁上部结构形式。当板的跨径大于16m时，宜采用预应力混凝土结构。通道采用密排T梁预应力混凝土结构如图3-9所示。

图3-9 通道采用密排T梁预应力混凝土结构

3.4.5 设置路基垫层

（1）当路基中湿状态临界填土高度超过1.5m时，可在路基底部设置防排水垫层，减小毛细水上升高度，降低路基临界填土高度。

（2）根据地基土层分布特点和物理力学性质、汽车荷载和路基工作区深度，结合路面结构组合、路堤填料强度和刚度设计要求，应进行垫层设计计算，满足路基承载力、沉降与稳定的要求。

（3）当垫层设置在原地面以下时，垫层厚度不宜小于0.5m，垫层范围为路堤坡脚外延1～2m。

（4）垫层材料宜选用中粗砂、砂砾、碎石，当砂砾材料缺乏时，可采用石灰土或水泥稳定土。必要时，可增设土工格栅或土工格室加筋层，以提高垫层的整体刚度，减少不均匀沉降变形。

3.5 本章小结

（1）路基最小高度应在考虑高速公路所在地区气候特征、水文地质、土质特性及汽车荷载，综合考虑地表水、地下水、毛细水、盐分、温度等对路基性能的影响，充分考虑防洪、通航的要求，在满足立交桥、通道的净空要求的前提下，结合设计洪水位、中湿状态路基临界高度、路基工作区深度、道路冻结深度的影响合理确定路基最小高度。

（2）影响路基高度的主要因素包括道路总体线形（平、纵、竖），路基、桥涵、交叉工程相互影响与协调设计技术等内部因素以及地方道路网，农田水利，地形地貌，水文、气候与地质条件，被交道路状况，周围村镇建设与规划等外部因素。

（3）从统筹考虑高速公路与地方道路网的总体设计、优化路线平纵面线形设计、与被交道路合理交叉、选用能降低桥梁建筑高度的桥型方案、设置路基垫层等几方面提出了降低路基高度的相关技术措施。

4 平原区高速公路路基边坡绿色防护技术研究

本章分析了路基边坡冲刷侵蚀机理，研究了高速公路路基边坡绿色植被防护机制，总结了高速公路路基边坡绿色防护形式及河北省公路路基边坡防护类型区划，进行了平原区津石高速公路保定段路基边坡防护及路侧行道树绿化的设计。

4.1 路基边坡冲刷机理

路基工程的耐久性除了与地基条件、路堤本体压实质量有关外，还与路基边坡质量有很大关系。一般来说，路基边坡主要有两种破坏类型：一种是路基本身的稳定性不够导致边坡发生变形而最终失稳，形成整体或局部滑坡破坏，另一种是路基稳定性满足要求，但由于边坡坡面常年暴露于自然环境中，承受着各种自然条件的影响，特别是在雨水的入渗和冲刷作用下，由于水流对边坡的侵蚀、浸润，边坡土体颗粒之间抗剪能力降低，造成边坡表面土体流失，如图 4-1 所示。

图 4-1　高速公路粉砂土路基边坡冲刷

土体边坡受雨水侵蚀冲刷的过程是一个整体性和综合性作用的系统过程。其作用机理体现在土体的分解和土粒的搬移，首先，主要是通过降落在土层表面的具有一定能量的降雨与地表土发生非弹性碰撞，使土原状结构受到破坏后，消除并降低土之间的黏结作用，最终使土颗粒发生分散，处于“孤立”或“半孤立”状态。当土的入渗能力小于降雨的供水能力之后，坡面即产生径流，通过径流的冲刷侵蚀，不但可以将坡面上已经处于“孤立”及“半孤立”状态的土颗粒搬运输出坡面，同时也可将本身径流侵蚀作用所侵蚀掉的部分土粒搬运输出坡面。随着降雨的继续，坡面上径流不断增大，侵蚀效果越来越显著；同时由于汇流以及径流集中作用，坡面径流最终都将输入沟道，并在沟道径流通过的两壁以及沟道内也产生侵蚀，从而最终在坡面上形成大范围的冲刷现象。

4.1.1 路基边坡冲刷过程土体水蚀分析

降雨条件下高速公路路基边坡冲刷破坏过程可分为土体分散、搬运和沉积三个环节。当降雨强度超过土体地表入渗强度后，在坡面上会形成薄层漫流，在较微弱的漫流冲刷下，由于坡面不平整性以及抗侵蚀的不均匀性，径流在顺坡向下流动的过程中必然会发生汇集，形成水深渐大、流速渐增的股流。径流在坡面上引起的冲刷也分为面状侵蚀、细沟侵蚀、浅沟侵蚀和切沟侵蚀等。坡面侵蚀过程中，降雨和径流提供了侵蚀作用的动力，其结果是水土流失、边坡遭到破坏。

土体侵蚀过程是雨水和地表径流引起的土体颗粒分散、搬运和沉积的过程。基于土体颗粒间的物理和化学结合力作用，土体一般呈胶结状态。细沟侵蚀是坡面径流汇集成股流，在沿坡面下泄过程中分散、分离及输移土体的水力过程，其动力来源于雨滴溅击，而决定细沟侵蚀的主要因素是坡面上的降雨侵蚀力、土体可蚀性、坡面坡率和坡面上的防护措施等，即细沟侵蚀取决于水流的分散能力和搬运能力。因此，细沟下切的可能性主要取决于细沟的坡度、土体结构、土体性状以及细沟内的流量和泥沙浓度。径流的作用之一就是对坡面上被雨滴溅击或水流切应力分离出来的孤立土粒进行搬运，搬运能力的大小除与径流能量有关之外，还与径流量密切相关。

在天然降雨条件下，雨滴溅击力、径流切应力和侵蚀阻力在坡面上共同作用，作用于坡面上的侵蚀动力为雨滴溅击力、径流切应力，其能量主要用于消耗破坏土体黏聚力、输移土粒或土块和摩擦生热，剩余一部分能量被出口处径流带出。土体侵蚀过程从雨滴引起的颗粒分散到细沟间坡面侵蚀，到细沟侵蚀和切沟侵蚀，再到泥沙搬运，最后至泥沙沉积，是一系列复杂的坡面泥沙动力学过程，是侵蚀动力与侵蚀阻力在坡面上土颗粒或其集合体之间相互消长的复合作用过程。因此，造成边坡冲刷破坏的主要作用过程为细沟侵蚀和切沟侵蚀，尤其是对于公路边坡而言，由于边坡的坡度较陡，径流的重力作用显著增强。

4.1.2 路基边坡冲刷过程细沟侵蚀机理

细沟侵蚀在坡面径流侵蚀中占有很重要的地位。当坡面侵蚀由面状侵蚀发展为细沟侵蚀后，侵蚀量会成倍甚至数十倍增大；当径流速度很大时，切沟侵蚀与细沟侵蚀在机理上相似。

径流水力要素主要包括径流深、径流速度、水力半径、过水断面的水力几何形态、阻力系数等。根据经典水力学的曼宁（Manning）公式，径流速度可以表达为水力半径和水面能坡的函数，见式（4-1）：

$$V = \frac{1}{n} J^{\frac{1}{2}} R^{\frac{2}{3}} \tag{4-1}$$

式中 V——径流速度（m/s）；

J——$J = \tan\theta$，水面坡能，θ 为坡面的坡度（°）；

R——侵蚀沟断面的水力半径（m）；

n——糙率系数。

细沟流水力半径可以用式（4-2）估算：

$$R = CA^{\frac{1}{2}} \tag{4-2}$$

式中 C——与侵蚀沟断面形态有关的参数；

A——细沟流的过水断面面积（m^2）。

考虑到流量计算公式 $Q = AV$，可得径流量和水面坡能的表达式（4-3）：

$$V = \frac{C^{0.5}}{n^{0.75}} Q^{0.25} J^{0.375} \tag{4-3}$$

则，水力半径

$$R = n^{0.375} C^{0.75} Q^{0.375} J^{-0.1875} \tag{4-4}$$

在计算径流深 h 时，考虑到细沟中径流深一般只有几厘米，可将细沟过水断面当作矩形来等效处理，以 B 表示细沟的等效宽度，根据流量公式，有：

$$Bh = A = \frac{Q}{V} \tag{4-5}$$

则，径流深

$$h = \frac{Q}{VB} = \frac{n^{0.75}}{BC^{0.5}} Q^{0.775} J^{-0.375} \tag{4-6}$$

细沟径流深可近似以水力半径代替，则可进一步得到：

$$h = \left(\frac{n}{B}\right)^{0.6} Q^{0.6} J^{-0.3} \tag{4-7}$$

可见，侵蚀细沟中各水力要素都为径流量和水面能坡的表达式。其中糙率系数是反映坡面细沟对水流阻滞作用的重要参数，其大小不仅与粒径等土体性质有关，而且在很大程度上取决于细沟的形态特征和水流强度。因此，水流阻力主要来自三个方面：土颗粒本身对水流的阻碍作用、沟槽形态对水流的阻碍作用以及水流结构的影响作用。在发生侵蚀过程中，以上三种作用均与水流强度关系很大，而水流流量和坡面坡率对水流强度影响很大，因此，在细沟侵蚀过程中，水流阻力必然与水流流量和坡面坡率密切相关。坡面水流阻力不仅受边坡坡面条件的影响，还受水流作用后坡面侵蚀形态的影响，因为在相同的水流条件下，坡面坡率的陡缓对侵蚀形态会有很大的影响。

4.2 高速公路路基边坡绿色植被防护机制

4.2.1 降低坡面水土流失

绿色植被是防止水土流失最活跃的因素。植被具有涵养水源、减少水土流失、固土护坡、改善环境等其他工程措施所不具备的作用，是控制侵蚀和增强斜坡稳定性的重要手段。

（1）拦截雨滴

降雨雨滴把冲击能量传递给地表土壤，致使土粒飞溅，引起地表薄层径流紊动等现象被称为击溅侵蚀。雨滴从高空落下，以一定的质量和加速度撞击地表土壤而做功，导致土壤结构遭到破坏。

有植物覆盖的边坡，地面处于植物枝叶的多层覆盖之下，具有一定的弹性和张开角度的植物枝叶可以起到缓冲作用。当雨滴下落与其碰撞后会被分散成若干小雨滴，会有效降低雨滴的动能。雨滴在被分散和消力后，一部分直接降落到坡面；另一部分被植物茎叶截留，重新蒸发到大气中，部分会由于失去平衡而滴落或经由树枝、树干辗转落到坡面。若坡面上有积累的枯枝落叶，落在枯枝落叶上的雨滴会往复串流于其间，最后才与土面接触，然后渐渐渗入土中。

若不考虑空气阻力的作用，质量为 m 的雨滴从距地表 H 的高空落下，地表无植被覆盖时，雨滴的动能为$E_1=mgH$。若植被层覆盖在地表，且与地表距离为 h，则雨滴在下落时遇到植被层后动能被削减，速度迅速降为零，同时整个雨滴被分散，形成 n 个质量相等的小雨滴向地表降落，每个小雨滴在到达地表时的动能为$E_2=mg/n$。

对于草本覆盖层，可认为其与地表的距离 $h=0$，那么雨滴在到达地表时的动能$E_2=0$，即雨滴在接触草本覆盖层后，对土壤的溅蚀可完全被消除。

（2）调节地表径流

降雨开始后，一部分雨水被植物茎叶截留，另一部分被土壤吸收后进入土壤形成地下水。有植被保护的坡面通常有一层枯枝落叶层，可以增加对降雨的吸纳，提高土壤的渗透能力，同时增大地面糙度，减缓径流的流速。随着降雨量的增加，降雨超过了耗损量时，会在低洼的地方存蓄，推迟坡面径流的产生。

随着降雨量持续增加超过耗损能力后便开始产生地表径流。分散的地表径流可分为两个阶段，一是坡面漫流阶段，二是全面漫流阶段。漫流开始时，许多细小水流时分时合，流速缓慢；若降雨强度增加，漫流逐步扩散，当涉及全部受雨面时，即进入全面漫流阶段。坡面的草本植物丛状生长，能有效地阻断、分散水流，此外，阻挡作用的存在，使径流路径改变，由直流变成绕流。从而减缓流速，降低了对土体的侵蚀。

4.2.2 植物根系与土的相互作用机理

（1）草本植物根-土相互作用的力学模型

图4-2为草本植物单根对土体的加筋加固模型，图4-2（a）表示根的延伸方向与土体的剪切面正交的状态，图4-2（b）表示根的延伸方向与土体的剪切面斜交的状态。

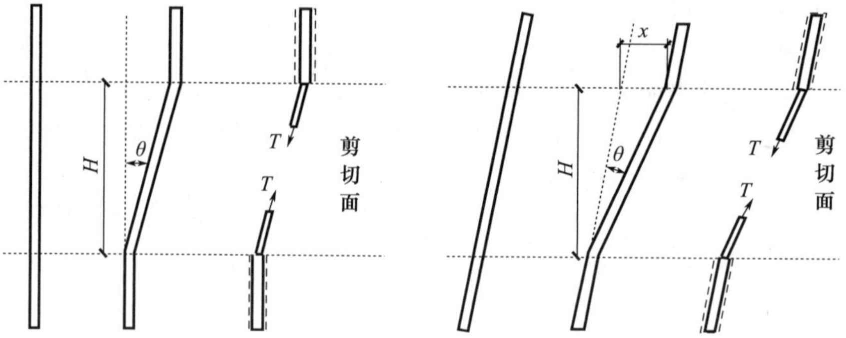

(a) 正交状态　　(b) 斜交状态

图4-2　草本植物单根与土体的加筋加固模型

假设根的表面有足够的摩擦力和约束力使根不至于被拉出，则当土中发生剪切变形时，根的错动位移会使根内产生拉力 T。T 沿剪切面切线方向的分力可直接抵抗剪切变形，T 沿法线方向的分力可增加剪切面上的正应力。根据图4-2易推导出下式：

剪切面与根系正交时：

$$\tau_R = \frac{T}{\alpha}\sin\theta + \frac{T}{\alpha}\cos(90° - \psi)\tan\varphi \tag{4-8}$$

剪切面与根系斜交时：

$$\tau_R = \frac{T}{\alpha}\sin(90° - \psi) + \frac{T}{\alpha}\cos(90° - \psi)\tan\varphi \tag{4-9}$$

$$\psi = \tan^{-1}\left[\frac{1}{k + (\tan^{-1} i)^{-1}}\right] \tag{4-10}$$

式中 τ_R——在根的加筋作用下所在土体的抗剪强度（MPa）；

T——单根的抗拉力（N）；

θ——剪切变形角（°）；

φ——土体内摩擦角（°）；

i——根的延伸方向与剪切面的初始夹角（°）；

k——剪切变形比，$k=\frac{x}{H}$。

若面积为A的土体内有m个根，根的抗拉力分别为T_1，T_2，…，T_m，剪切变形角分别为θ_1，θ_2，…，θ_m，根的延伸方向与剪切面的初始夹角分别为i_1，i_2，…，i_m，剪切变形比分别为k_1，k_2，…，k_m，则

当剪切面与根系正交时：

$$\tau_R=\frac{\sum_{j=1}^{m}T_j\sin\theta_j}{A}+\frac{\sum_{j=1}^{m}T_j\cos\theta_j}{A}\tan\varphi \tag{4-11}$$

当剪切面与根系斜交时：

$$\tau_R=\frac{\sum_{j=1}^{m}T_j\sin(90°-\psi_j)}{A}+\frac{\sum_{j=1}^{m}T_j\cos(90°-\psi_j)}{A}\tan\varphi \tag{4-12}$$

$$\psi_j=\tan^{-1}\left[\frac{1}{k_j+(\tan^{-1}i_j)^{-1}}\right]\ (j=1,\ 2,\ \cdots,\ m) \tag{4-13}$$

若在面积为A的土体内，共有m个根（其中包含n个正交根，$m-n$个斜交根），根的抗拉力分别为T_1，T_2，…，T_m，正交根的剪切变形角分别为θ_1，θ_2，…，θ_n，斜交根的延伸方向与剪切的初始夹角分别为i_{n+1}，i_{n+2}，…，i_m，剪切变形比分别为k_{n+1}，k_{n+2}，…，k_m，则由于根系的加筋加固作用增加的土体抗剪强度为：

$$\tau_R=\frac{\sum_{j=1}^{m}T_j\sin\theta_j}{A}+\frac{\sum_{j=1}^{m}T_j\cos\theta_j}{A}\tan\varphi+\frac{\sum_{j=n+1}^{m}T_j\sin(90°-\psi_j)}{A}+\frac{\sum_{j=n+1}^{m}T_j\cos(90°-\psi_j)}{A}\tan\varphi \tag{4-14}$$

$$\psi_j=\tan^{-1}\left[\frac{1}{k_j+(\tan^{-1}i_j)^{-1}}\right]\ (j=n+1,\ n+2,\ \cdots,\ m)$$

其中，φ可由土的直剪试验获得；m，n和i_j可通过不同的含根系土体纵剖面获得；θ_j和k_j可由野外根系直剪试验求得；T_j可由根的试验室抗拉试验确定。

基于上述分析，在草本植物根系加筋加固作用下，土体的抗剪强度为：

$\tau=c+\sigma\tan\varphi+\tau_R$

$$= \left[c + \frac{\sum_{j=1}^{m} T_j \sin\theta_j}{A} + \frac{\sum_{j=n+1}^{m} T_j \sin(90^\circ - \psi_j)}{A}\right] + \left[\sigma + \frac{\sum_{j=1}^{m} T_j \cos\theta_j}{A} + \frac{\sum_{j=n+1}^{m} T_j \cos(90^\circ - \psi_j)}{A}\right]\tan\varphi$$

(4-15)

可见，由于土中根系的存在，一方面增加了土体的黏聚力，另一方面约束了土体的侧向膨胀，两方面共同作用提高了土体的抗剪强度，提高了边坡的稳定系数。

（2）有无根系边坡表层土体抗剪强度试验研究

为验证草本植物防护对路基边坡的加筋加固效果，进行含根土的抗剪强度试验。利用环刀直接在含有根系的土层取样。利用直接剪切仪，对土样进行有根土、无根土的抗剪强度对比试验和同级荷载不同含根量时的抗剪强度对比试验。

粉土有无根系边坡表层土体抗剪强度试验结果如图 4-3 所示，黏土有无根系边坡表层土体抗剪强度试验结果如图 4-4 所示。

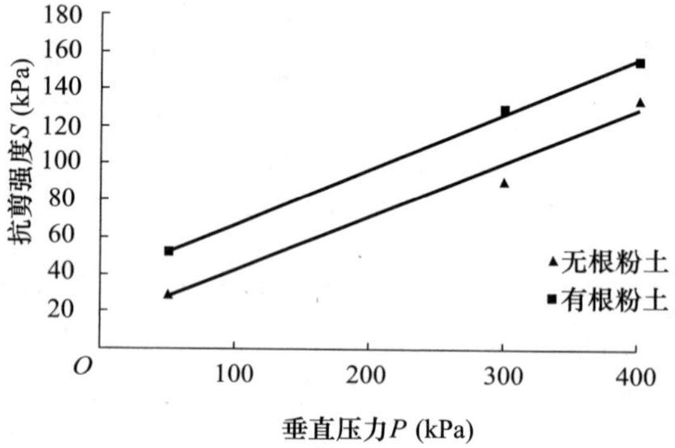

图 4-3　粉土有无根系边坡表层土体抗剪强度比较

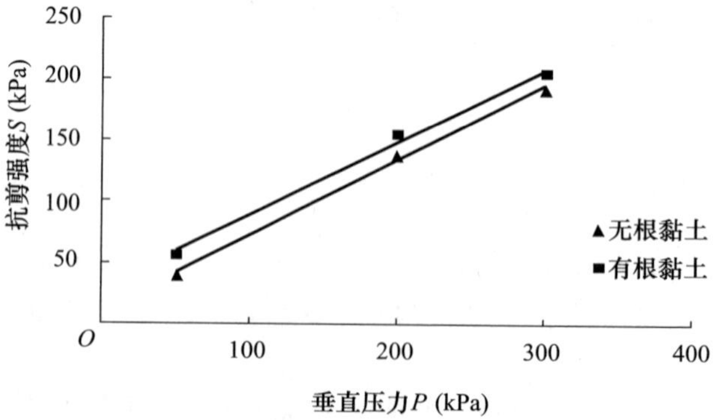

图 4-4　黏土有无根系边坡表层土体抗剪强度比较

从图中可以看出，有根系边坡表层土体的抗剪强度明显大于无根系边坡表层土体的抗剪强度。试验结果有力证明了植物根系对坡面浅层有明显的加筋加固作用。

植被的根系使土体在根系的延伸范围内得以形成整体。根系在土中分布的密度自地表向下逐渐减小。在根系盘结范围内，边坡土体已是由土和草根组成的复合材料。因此，在考虑边坡浅层土体强度时，应以土-根复合材料的强度作为依据，可以按加筋土原理分析有草根土的应力状态，即把土中草根的分布视为加筋材料分布，且为多维加筋，这种加筋为土层提供了附加“黏聚力”Δc，其大小与草根密度、强度和土的颗粒性质有关。它使原土体的抗剪强度线向上推移了一个距离Δc；这使得有根系土体的抗剪强度大大提高。

抗剪强度是内摩擦力和黏聚力之和，植被的根系，特别是根系在土层中向四周和纵深生长、穿插，盘根错节，根系使土颗粒牢固地联结在一起，形成一个牢固的空间整体。在深10～50cm的范围内边坡是由土和植物根系组成的复合材料，类似加筋土的性质。根据加筋土原理，土中加筋使土体强度提高。土和植物根系组成“加筋土”，其强度同样也提高了。故土体的抗剪强度能较好地反映其稳定性。

应当说明的是，实际上有根系加筋土的C_r值要比试验测量值大得多，取土样时，由于草根盘结，十分困难，而且在做试验制作试样时，会对一些根系进行切除，所以实际的C_r要大得多。这对边坡表层的加固是非常有利的。

可见，植物根系是通过提高土体的黏聚力，增强了土体的抗剪强度，而土体的内摩擦角变化不明显。因此，植被对边坡的防护作用是很大的，对防止坡面土质的溜坍是很有效的，是一种边坡防护的理想措施和方法。

（3）同级荷载不同含根量的抗剪强度比较

随着单位土体中根的数量（或根的体积、根土面积比）的增加，土体的抗剪强度随之提高。现以粉土为例，验证在荷载相同的情况下，含根量增加时抗剪强度的变化规律。有根系边坡表层土体剪应力与根系质量的曲线如图4-5～图4-8所示。

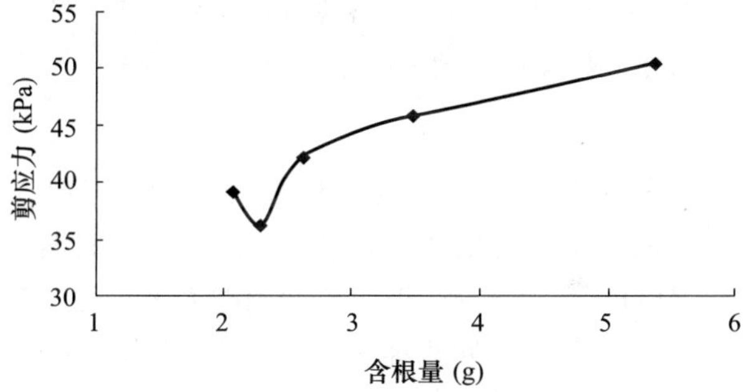

图4-5　50kPa时不同含根量的剪应力对比

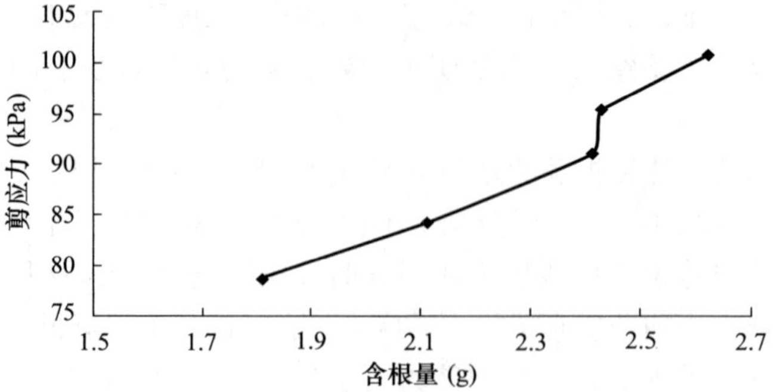

图 4-6　100kPa 时不同含根量的剪应力对比

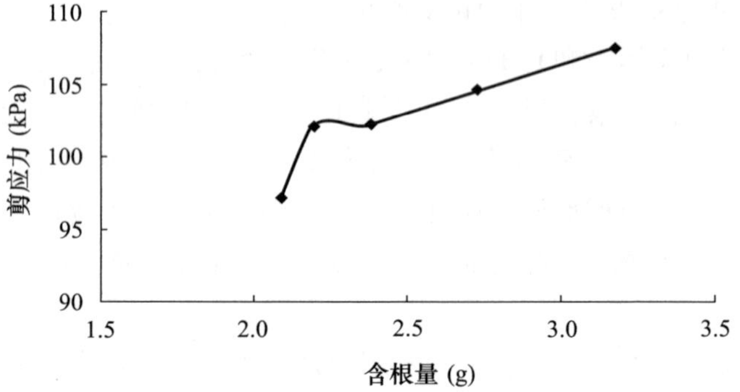

图 4-7　200kPa 时不同含根量的剪应力对比

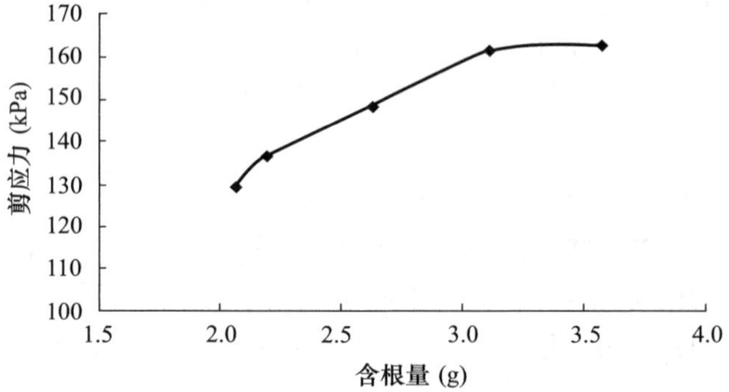

图 4-8　300kPa 时不同含根量的剪应力对比

由试验结果可知：

① 边坡之所以被冲刷破坏，其根本原因是边坡土体抗剪强度的下降。因此，边坡防护的方法之一就是提高土体的抗剪强度，而土体的抗剪强度是与土中的根系含量密切相关的，土中的根系含量与边坡的抗冲刷能力之间必然存在着重要联系。

② 土体黏聚力对边坡浅层抗冲刷能力有较大的影响。黏聚力越大，边坡浅层抗冲刷能力就越强。土体的黏聚力和根系含量是呈正相关的，因此根系含量越大，边坡浅层抗冲刷能力就越强。

③ 土体冲刷过程的复杂性决定了土体抗冲刷能力的复杂性，土体抗冲刷能力不是某一单一的因子所能决定的，根系含量只是其中一个影响因子。

④ 根据同级荷载不同含根量的剪应力对比试验发现，随着含根量的增大，抗剪强度增大，两者呈正相关关系。

⑤ 影响根系质量的因素主要有以下三种。

根系的生长密度：当根系的生长密度比较大时，即植被在生长良好的状态下，其错综复杂的根系对整个土体的结构性起着重要固持作用，在根系的膨压作用下，根系与土体产生轴向压力，使根系与表层土体紧密黏合在一起，而根系分叉越多，其结构越复杂，根系与上体接触的表面积越大，根系与上体间的摩擦阻力也越大，根系的固土能力就越强。

根系的直径大小：草本植物的根系主要是须根通过网络土体，对其上坡位的土体有牵拉作用，对其下坡位的土体有垂直于坡面方向的压力作用，从而可以阻止表层土体的滑移。须根还有吸附土体的作用，能改善土体的容重、团聚度等，增强土体的抗侵蚀能力。根系的这种固土能力与植被类型、年龄、土壤特性都有关系。一般来说，年龄越大的同一类型植被，其根系越发达，即其直径越大，固土能力越强，土体颗粒间的黏结程度也就越好。

根系的长度：在生长条件良好的情况下，根系越长，分叉越多，其抗剪强度越大，径级越高，表面积越大，则根与土体间的摩擦阻力也就越大。

所以随着根系质量的增加，减少或抑制表层土体整体移动无疑具有不可低估的作用。

4.2.3　基于加筋加固效应的根系复合土微观力学模型

将土壤-根系复合体视为一种特殊的复合材料，并用复合材料的细观力学理论研究分析该“复合材料”的弹性常数和基本强度。

当将土壤-根系复合体视为一种特殊的复合材料时，视土壤为基体，根系为增强相，并假设根系与土壤联结紧密。另外，在研究工作中，只考虑根系与土壤正交的情况，而对它们斜交的情况不予考虑。

（1）土壤-根系复合体的力学等效模型

按照广义胡克定律方程，其应力应变关系可以表示如下：

$$\begin{Bmatrix} \varepsilon_x \\ \varepsilon_y \\ \varepsilon_z \\ \gamma_{yz} \\ \gamma_{zx} \\ \gamma_{xy} \end{Bmatrix} = \begin{bmatrix} S_{11} & S_{12} & S_{13} & S_{14} & S_{15} & S_{16} \\ S_{21} & S_{22} & S_{23} & S_{24} & S_{25} & S_{26} \\ S_{31} & S_{32} & S_{33} & S_{34} & S_{35} & S_{36} \\ S_{41} & S_{42} & S_{43} & S_{44} & S_{45} & S_{46} \\ S_{51} & S_{52} & S_{53} & S_{54} & S_{55} & S_{56} \\ S_{61} & S_{62} & S_{63} & S_{64} & S_{65} & S_{66} \end{bmatrix} \begin{Bmatrix} \sigma_x \\ \sigma_y \\ \sigma_z \\ \tau_{yz} \\ \tau_{zx} \\ \tau_{xy} \end{Bmatrix} \tag{4-16}$$

式中，$\{\sigma\}$，$\{\varepsilon\}$ 为应力、应变列阵；$[S]$ 为柔度矩阵，S_{ij}（i，$j=1$，2，…，6）是一类表征弹性体弹性折形的系数，即柔度系数。

取坐标方向为弹性主方向，则土壤-根系复合体为正交异性弹性体，即正应变不引起剪应变，剪应变不引起线应变；反之亦然。则其应力应变关系可以表示为：

$$\begin{Bmatrix}\varepsilon_x\\ \varepsilon_y\\ \varepsilon_z\\ \gamma_{yz}\\ \gamma_{zx}\\ \gamma_{xy}\end{Bmatrix}=\begin{bmatrix}S_{11}&S_{12}&S_{13}&0&0&0\\ S_{21}&S_{22}&S_{23}&0&0&0\\ S_{31}&S_{32}&S_{33}&0&0&0\\ 0&0&0&S_{44}&0&0\\ 0&0&0&0&S_{55}&0\\ 0&0&0&0&0&S_{66}\end{bmatrix}\begin{Bmatrix}\sigma_x\\ \sigma_y\\ \sigma_z\\ \tau_{yz}\\ \tau_{zx}\\ \tau_{xy}\end{Bmatrix} \tag{4-17}$$

若用工程常数弹性模量、泊松比和剪切模量代替式中的柔度系数，则有：

$$\begin{Bmatrix}\sigma_x\\ \sigma_y\\ \sigma_z\\ \gamma_{yz}\\ \gamma_{zx}\\ \gamma_{xy}\end{Bmatrix}=\begin{bmatrix}\frac{1}{E_x}&-\frac{\upsilon_{yx}}{E_y}&-\frac{\upsilon_{zx}}{E_z}&0&0&0\\ -\frac{\upsilon_{xy}}{E_x}&\frac{1}{E_y}&-\frac{\upsilon_{zy}}{E_z}&0&0&0\\ -\frac{\upsilon_{xz}}{E_x}&-\frac{\upsilon_{yz}}{E_y}&\frac{1}{E_z}&0&0&0\\ 0&0&0&\frac{1}{G_{yz}}&0&0\\ 0&0&0&0&\frac{1}{G_{zx}}&0\\ 0&0&0&0&0&\frac{1}{G_{xy}}\end{bmatrix}\begin{Bmatrix}\sigma_x\\ \sigma_y\\ \sigma_z\\ \gamma_{yz}\\ \gamma_{zx}\\ \gamma_{xy}\end{Bmatrix} \tag{4-18}$$

式中　E_x，E_y，E_z——沿弹性主方向 x，y，z 的弹性模量（Pa）；

υ_{xy}——x 方向伸、缩时决定 y 方向缩、伸的泊松比；

υ_{yx}——y 方向伸、缩时决定 x 方向缩、伸的泊松比，其余类推；

G_{yz}，G_{zx}，G_{xy}——决定 y 和 z、z 和 x、x 和 y 方向之间夹角变化的剪切模量（Pa）。

上式可以看作是土体-根系复合体的正交异性体的弹性力学模型，由马克斯韦尔定理可知弹性模量与泊松比有如下关系：

$$E_x\upsilon_{yx}=E_y\upsilon_{xy} \tag{4-19}$$

$$E_y\upsilon_{zy}=E_z\upsilon_{yz} \tag{4-20}$$

$$E_z\upsilon_{xz}=E_x\upsilon_{zx} \tag{4-21}$$

（2）确定弹性常数的分析模型的建立

在研究分析土壤-根系复合体的弹性常数过程中，虽然将其视为一种复合材料，但同时细观力学也将其视为结构，这样就需要建立一种分析模型。分析模型有两项共同的要求：组分的体积含量比必须与所代表的材料的相应体积含量比相同；模型尺度不妨碍模拟材料的力学响应。

建立土壤-根系复合体矩形分析模型时，将根系的圆形截面视为正方形截面，并取1/4单元（包括1/4根系截面）进行研究，如图4-9（a）、图4-9（b）所示。

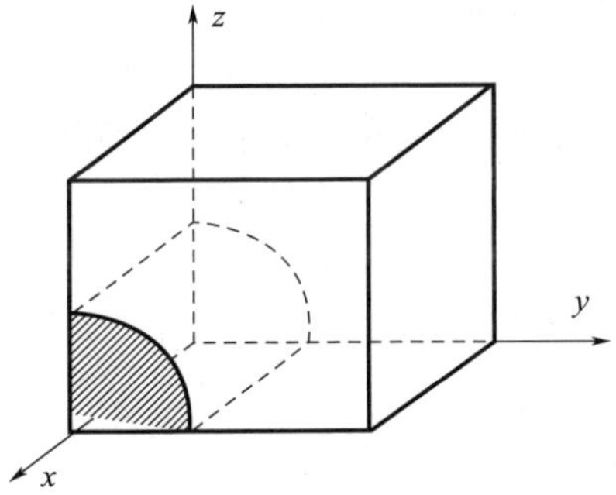

(a) 原始模型

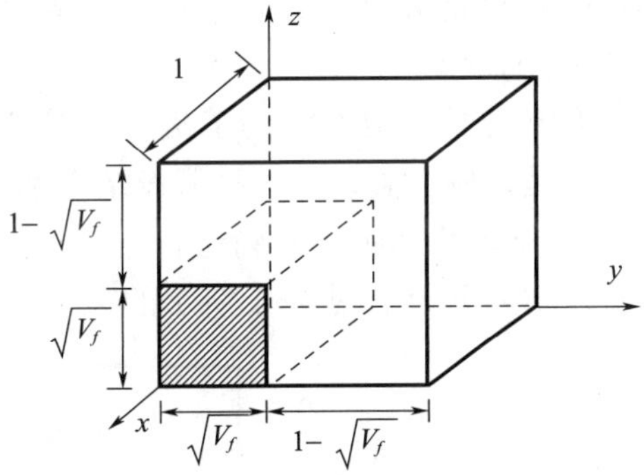

(b) 矩阵分析模型

图4-9　土壤-根系复合体矩形分析模型

（3）工程常数的确定

① E_x 的确定。

假设土壤与根系有相同的纵向应变，且不计泊松比的影响，设单元仅受单向应力σ_x 作用。模型划分如图4-10所示。

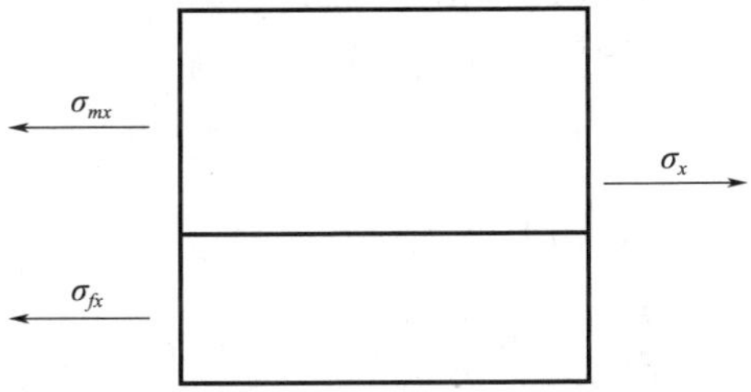

图4-10　单元仅受单向应力σ_x 作用的模型划分

由力的静力相当条件、变形协调条件及材料的物理关系得到如下方程组：

$$\left.\begin{array}{c}\sigma_x=\sigma_{mx}(1-V_f)+\sigma_{fx}V_f\\ \varepsilon_x=\varepsilon_{mx}=\varepsilon_{fx}\\ \varepsilon_x=\dfrac{\sigma_x}{E_x},\ \varepsilon_{mx}=\dfrac{\sigma_{mx}}{E_m},\ \varepsilon_{fx}=\dfrac{\sigma_{fx}}{E_f}\end{array}\right\}\tag{4-22}$$

整理后得到：

$$E_x=E_m(1-V_f)+E_fV_f\tag{4-23}$$

上面两式中，V_f，$1-V_f$ 分别为增强相（根系）、基体（土壤）的体积分数；σ_{mx}，σ_{fx}，ε_{mx}，ε_{fx} 分别为土壤和根系受应力 σ_1 作用时所受的应力和应力作用下的应变；E_x，E_m，E_f 分别为复合体、土壤、根系的弹性模量。

由上式可知，当根系弹性模量 E_f 大于土壤弹性模量 E_m 时，根系体积分数 V_f 越大，复合体的纵向弹性模量 E_x 越大，反之亦然，即两者呈正相关；当根系弹性模量 E_f 小于土壤弹性模量 E_m 时，两者则呈负相关。

② E_y 的确定。

E_y 的确定比较复杂，为了进一步简化分析，采用两种假设：一是等应力假设，另一是等应变假设。两种假设结果不同。

a. 等应力假设时 E_y 的确定。

将模型划分为如图 4-11 所示的 a，b，c 三部分。

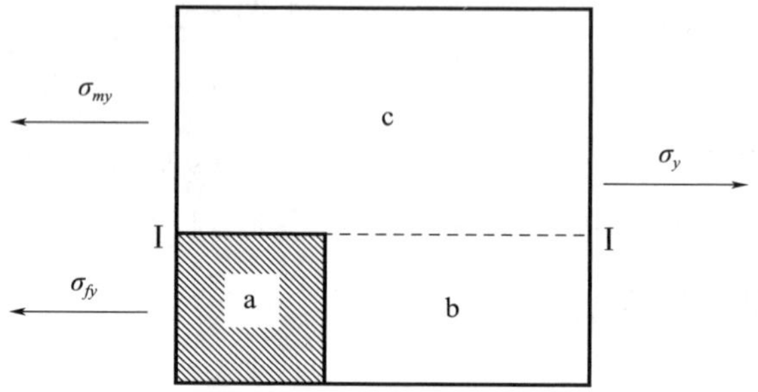

图 4-11　等应力假设模型划分

应力假设是：假定 a，b 区具有相同的横向微观应力。该假设保留 Ⅰ-Ⅰ 面上存在应变不相容。静力相当条件、几何、物理方程：

$$\left.\begin{aligned}&\sigma_y=\sigma_{my}\left(1-\sqrt{V_f}\right)+\sigma_{fy}\sqrt{V_f}\\&\varepsilon_y=\varepsilon_a\sqrt{V_f}+\varepsilon_b\left(1-\sqrt{V_f}\right)=\varepsilon_c\\&\varepsilon_y=\frac{\sigma_y}{E_y},\ \varepsilon_a=\frac{\sigma_{fy}}{E_f},\ \varepsilon_b=\frac{\sigma_{fy}}{E_m},\ \varepsilon_c=\frac{\sigma_{my}}{E_m}\end{aligned}\right\}\tag{4-24}$$

整理后得到：

$$E_y=\left[1+\frac{V_f\left(1-\dfrac{E_m}{E_f}\right)}{1-\sqrt{V_f}\left(1-\dfrac{E_m}{E_f}\right)}\right]E_m\tag{4-25}$$

显然，当根系弹性模量 E_f 大于土壤弹性模量 E_y 时，复合体的横向弹性模量 E_y 与根系的体积分数 V_f 也呈正相关。

b. 等应变假设时 E_y 的确定。

将模型划分为如图 4-12 所示的 a，b，c 三部分。

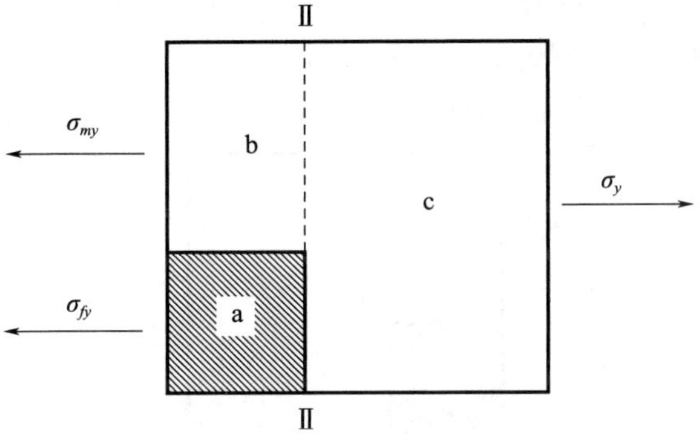

图 4-12 应变假设模型划分

等应变假设是：假定 a，b 区具有相同的横向微观应变。该假设保留Ⅱ-Ⅱ面上存在应力不相容。根据静力相当条件、几何、物理方程，建立如下方程组：

$$\left.\begin{aligned} &\sigma_y=\sigma_{my}\left(1-\sqrt{V_f}\right)+\sigma_{fy}\sqrt{V_f} \\ &\varepsilon_a=\varepsilon_b \\ &\varepsilon_y=\varepsilon_a\sqrt{V_f}+\varepsilon_c\left(1-\sqrt{V_f}\right) \\ &\varepsilon_y=\frac{\sigma_y}{E_y},\ \varepsilon_a=\frac{\sigma_{fy}}{E_f},\ \varepsilon_b=\frac{\sigma_{my}}{E_m},\ \varepsilon_c=\frac{\sigma_y}{E_m} \end{aligned}\right\} \tag{4-26}$$

整理后得到：

$$E_y=\left[1+\frac{V_f\left(1-\dfrac{E_f}{E_m}\right)}{1-\sqrt{V_f}\left(1-\sqrt{V_f}\right)\left(1-\dfrac{E_f}{E_m}\right)}\right]E_m \tag{4-27}$$

显然，复合体的横向弹性模量E_y与根系的体积分数V_f也呈正相关。

③ E_z 的确定。

由于假设根系、土壤均为各向同性，根据对称性可知，E_z 与E_y 可用相同公式表示。也可用等应力、等应变假设求取，原理与求取E_y 相同，不再赘述。

a. 等应力假设。

$$E_z=\left[1+\frac{V_f\left(1-\dfrac{E_m}{E_f}\right)}{1-\sqrt{V_f}\left(1-\dfrac{E_m}{E_f}\right)}\right]E_m \tag{4-28}$$

b. 等应变假设。

$$E_z=\left[1+\frac{V_f\left(1-\dfrac{E_f}{E_m}\right)}{1-\sqrt{V_f}\left(1-\sqrt{V_f}\right)\left(1-\dfrac{E_f}{E_m}\right)}\right]E_m \tag{4-29}$$

④ γ_{xz}，γ_{zx}，γ_{xy}，γ_{yx}的确定。

采用两种假设分别求解γ_{xz}，γ_{zx}，γ_{xy}，γ_{yx}。

a. 假设σ_x 作用时，单元只有应变ε_z，无应变ε_y。应力状态如图 4-13 所示。

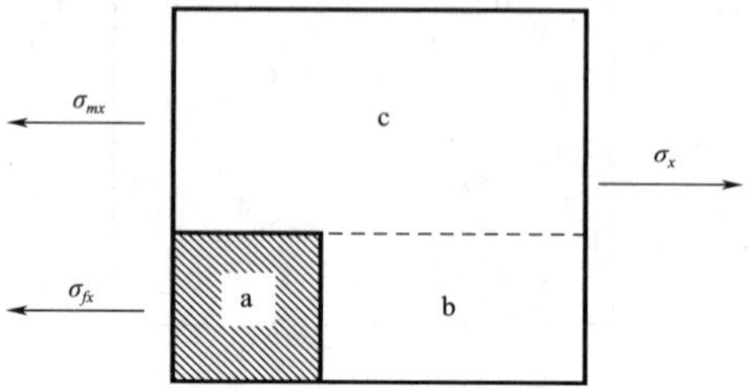

图 4-13　假设无应变ε_y 的应力状态

由图 4-13 可知，a，b 区间的总纵向应变$\varepsilon_{a,b}$为：

$$\varepsilon_{a,b} = \upsilon_f \varepsilon_x \sqrt{V_f} + \upsilon_m \varepsilon_x (1 - \sqrt{V_f}) \tag{4-30}$$

c 区间的总纵向应变ε_c 为

$$\varepsilon_c = \upsilon_m \varepsilon_x \tag{4-31}$$

取$\varepsilon_{a,b}$，ε_c 的带权平均值作为单元的纵向总应变ε_z，且分别将$\varepsilon_{a,b}$带权$\sqrt{V_f}$、ε_c 带权$1 - \sqrt{V_f}$，则：

$$\begin{aligned}\varepsilon_z &= \sqrt{V_f}\varepsilon_{1,2} + (1 - \sqrt{V_f})\ \varepsilon_3 \\ &= \sqrt{V_f}[\upsilon_f \varepsilon_x \sqrt{V_f} + \upsilon_m \varepsilon_x (1 - \sqrt{V_f})] + (1 - \sqrt{V_f})\ \upsilon_m \varepsilon_x\end{aligned} \tag{4-32}$$

根据泊松比的定义有：

$$\upsilon_{xz} = -\frac{\varepsilon_z}{\varepsilon_x} = \upsilon_f V_f + \upsilon_m (1 - V_f) \tag{4-33}$$

根据马克斯韦尔定理：

$$\upsilon_{zx} = \upsilon_{xz}\frac{E_z}{E_x} \tag{4-34}$$

b. 假设σ_x 作用时，单元只有应变ε_y，无应变ε_z。应力状态如图 4-14 所示。

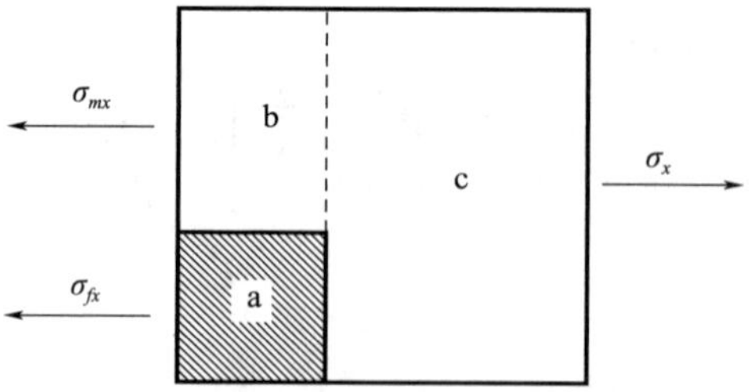

图 4-14　假设无应变ε_z 的应力状态

图中应力、应变状态与图 4-13 假设相同，也有：

$$\upsilon_{xy} = \upsilon_{xz} = \upsilon_f V_f + \upsilon_m (1 - V_f) \tag{4-35}$$

根据马克斯韦尔定理：

$$\upsilon_{yx} = \upsilon_{xy}\frac{E_y}{E_x} \tag{4-36}$$

⑤ υ_{yz}的确定。

假设单元受σ_y 作用，只有应变ε_x，而无应变ε_z，其应力应变状态如图 4-14 所示。则：

$$\varepsilon_z = \upsilon_f\,\varepsilon_y\sqrt{V_f} + \upsilon_m\,\varepsilon_y\left(1-\sqrt{V_f}\right) \tag{4-37}$$

根据泊松比的定义有：

$$\upsilon_{yz} = \upsilon_f\sqrt{V_f} + \upsilon_m\left(1-\sqrt{V_f}\right) \tag{4-38}$$

由上两式得：

$$\upsilon_{yz} = \upsilon_{zy} = \upsilon_f\sqrt{V_f} + \upsilon_m\left(1-\sqrt{V_f}\right) \tag{4-39}$$

⑥ G_{xy}的确定。

G_{xy}的确定仍然采用两种假设：等应力假设和等应变假设。

a. 等应力假设。

将模型划分为如图 4-15 所示的三个部分。

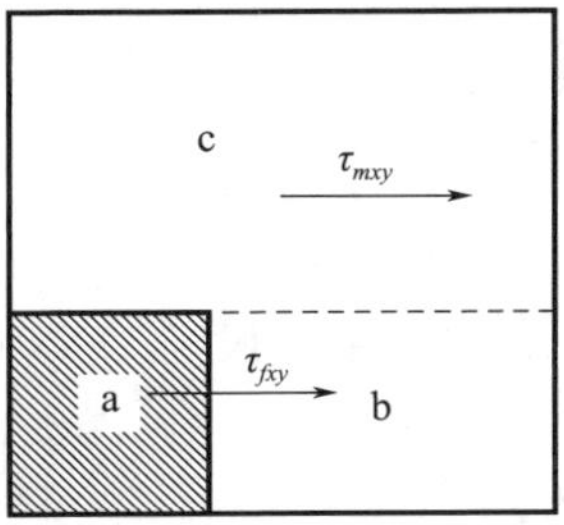

图 4-15　等应力假设模型划分

等应力假设是：假定 a，b 区具有相同的横向微观剪应力。该假设保留 aa 面上存在剪应变不相容。根据静力相当条件、几何、物理方程，建立如下方程组：

$$\left.\begin{aligned}
&\tau_{xy} = \tau_{mxy}\left(1-\sqrt{V_f}\right) + \tau_{fxy}\sqrt{V_f}\\
&\upsilon_{xy} = \upsilon_a\sqrt{V_f} + \upsilon_b\left(1-\sqrt{V_f}\right) = \upsilon_c\\
&\upsilon_{xy} = \frac{\tau_{xy}}{G_{xy}},\ \upsilon_a = \frac{\tau_{fxy}}{G_f},\ \upsilon_b = \frac{\tau_{fxy}}{G_m},\ \upsilon_c = \frac{\tau_{mxy}}{G_m}
\end{aligned}\right\} \tag{4-40}$$

整理后得到：

$$G_{xy} = \left[1 + \frac{V_f\left(1-\dfrac{G_m}{G_f}\right)}{1-\sqrt{V_f}\left(1-\dfrac{G_m}{G_f}\right)}\right]G_m \tag{4-41}$$

b. 等应变假设。

将模型划分为如图 4-16 所示的三个部分。

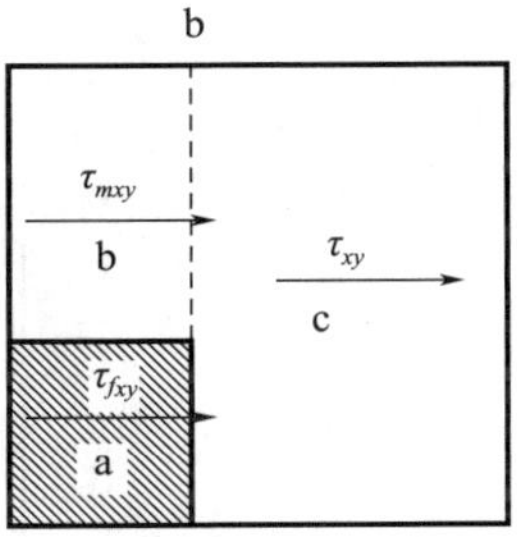

图 4-16　等应变假设模型划分

等应变假设是：假定 a，b 区具有相同的横向微观剪应变。该假设保留 bb 面上存在剪应力不相容。根据静力相当条件、几何、物理方程，建立如下方程组：

$$\left.\begin{aligned}\tau_{xy}&=\tau_{mxy}\ (1-\sqrt{V_f})\ +\tau_{fxy}\sqrt{V_f}\\ \upsilon_{xy}&=\upsilon_a\sqrt{V_f}+\upsilon_c\ (1-\sqrt{V_f})\\ \upsilon_{xy}&=\frac{\tau_{xy}}{G_{xy}},\ \upsilon_a=\frac{\tau_{fxy}}{G_f},\ \upsilon_b=\frac{\tau_{fxy}}{G_m},\ \upsilon_c=\frac{\tau_{mxy}}{G_m}\end{aligned}\right\}\tag{4-42}$$

整理后得到:

$$G_{xy}=\frac{1-\sqrt{V_f}\left(1-\dfrac{G_f}{G_m}\right)}{1-\sqrt{V_f}\ (1-\sqrt{V_f})\ \left(1-\dfrac{G_f}{G_m}\right)}G_m\tag{4-43}$$

⑦ G_{yz}的确定。

由材料的对称性可知，复合体的剪切模量G_{yz}与剪切模量G_{xy}相同，即有：

a. 等应力假设。

$$G_{yz}=\left[1+\frac{V_f\left(1-\dfrac{G_m}{G_f}\right)}{1-\sqrt{V_f}\left(1-\dfrac{G_m}{G_f}\right)}\right]G_m\tag{4-44}$$

b. 等应变假设。

$$G_{yz}=\frac{1-\sqrt{V_f}\left(1-\dfrac{G_f}{G_m}\right)}{1-\sqrt{V_f}\ (1-\sqrt{V_f})\ \left(1-\dfrac{G_f}{G_m}\right)}G_m\tag{4-45}$$

⑧ G_{zx}的确定。

当仅在剪应力τ_{zx}作用下时，单元应力应变状态如图 4-17 所示。

根据静力相当条件、几何、物理方程，建立如下方程组：

$$\left.\begin{aligned}\tau_{zx}&=\tau_{mxy}\ (1-V_f)\ +\tau_{fxy}V_f\\ \tau_{fzx}&=\tau_{mzx}\\ \upsilon_{zx}&=\upsilon_{fzx}V_f+\upsilon_{mzx}\ (1-V_f)\\ \upsilon_{zx}&=\frac{\tau_{zx}}{G_{zx}},\ \upsilon_{fzx}=\frac{\tau_{fxy}}{G_f},\ \upsilon_{mzx}=\frac{\tau_{mxy}}{G_m}\end{aligned}\right\}\tag{4-46}$$

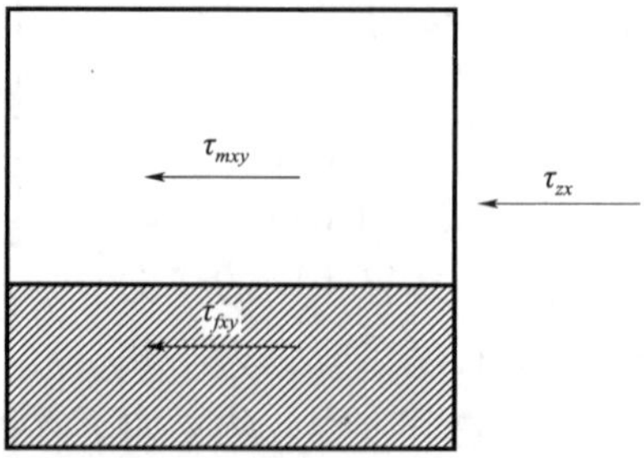

图 4-17　假设只有剪应力τ_{zx}的单元应力应变状态

整理后得到：

$$G_{zx}=\frac{G_m}{1-\sqrt{V_f}\left(1-\frac{G_m}{G_f}\right)} \tag{4-47}$$

4.3 高速公路路基边坡绿色防护形式

路基边坡坡面防护是防止路基病害，保证路基稳定，改善环境景观，保护生态平衡和防止水土流失的重要措施。应本着“因地制宜、经济适用、美化景观”的原则，对路基的防护设计，以区内气象、水文、地形、地貌等自然条件为基础，从技术、功能、经济、环保、景观多方面综合考虑，确定合理可行的防护形式。选用防护类型依据当地气候、水文、地形、地质条件和筑路材料的分布情况确定，并与周围环境景观协调。

填方路基边坡防护应以植被防护为主，沿线绿化追求主体化和四季常绿，植树种草要富有层次，体现多样性、多变性，并注意与生态环境保护相结合。路基防护在岩土结构稳定、满足安全要求的前提下，提倡“不见土少见石，适应地形、保持原样，披上绿衣”的防护设计理念。

一般填方段路基边坡对于路基高度 $H\leqslant 3.0$m 路段，考虑植草（灌木）绿化防护形式，以保证路基边坡的稳定，防止水土流失；3.0m < 路基高度 $H\leqslant 5.0$m 路段采用网格骨架植草防护、土工格室植草防护、植物纤维毯防护；路基高度 $H>5.0$m 路段，采用拱形骨架植草防护。

4.3.1 植草（喷播植草）防护

植草防护就是在稳定的边坡上种植草本、灌木、藤本等植物，在利用植物根系固土的同时以植物覆盖减轻边坡冲刷，从而达到边坡防护和绿化环境的目的。植草防护一般适用于坡高较低、边坡较平缓的土质边坡。

植草防护是通过人工或机械的方式在路堤边坡坡面上直接栽草或播撒草籽，经后期浇水、保湿等养护和管理使之成活，达到边坡绿化和防护的一种边坡防护方式。植草防护适用于边坡稳定且坡度不陡于 1 : 1 的土质边坡以及经改良的边坡。一般要求边坡高度不高，坡面不浸水或短期浸水并且坡面径流速度不超过 0.6m/s。植草防护常用的几种种植方法包括撒播草籽、沟播、传统喷播、植生带法。

植草防护选用草本植物具有早期生长快，发达的根系能够在边坡表面形成浅层加筋和防护效果，种植方法简便、造价低廉、劳动强度小以及施工进度快等优点。但是在实际施工中对施工季节有限制，并且容易出现草籽播撒不均匀、草籽易被雨水冲走以及种草成活率低等问题，初期很难实现坡面覆盖，降雨使坡面冲刷、表土流失，往往不能达到预期的效果。

4.3.2 铺草皮防护

铺草皮防护是用平板铲或起草皮机将培育的成品草坪运至需要绿化防护的坡面，按照一定的大小规格重新铺植，使边坡“及时绿、瞬时成坪”的一种边坡防护方式。铺草皮防护适用于边坡稳定且坡率较陡、冲刷严重的土质边坡。

铺草皮防护的优点是在植草防护优点的基础上，成坪时间短、护坡功能见效快、施工季节限制少。但草皮上的植物品种过于单一，在边坡植物群落形成的过程中缺乏竞争力，致使成活率不高并且后期养护困难、养护费用高；草皮铺植质量难以保证，易被降雨冲走，从而失去防护效果造成更多的边坡病害。

4.3.3 草灌乔结合防护

草灌乔结合防护是指将草本植物或地被植物、灌木以及乔木进行合适的混合种植，利用不同植物的优势达到拦截降雨、降低地表径流、减轻侵蚀、持久护坡的目的。

草本植物及地被植物初期覆盖速度快，根系能够很好地形成浅层护坡，但其群落容易衰退，很难持续生长，易成为木本、藤本植物滋生的温床；灌木、小乔木等木本植物和藤本植物初期不具备根系或根系脆弱，需要草本植物及地被植物帮助其生长，生长稳定后边坡会建立起长久、多样、稳定的植物群落。

草灌乔结合防护的优点是弥补了不同植物的不足，最大限度地发挥不同植物的护坡作用，在加固边坡、防止边坡冲刷的同时植被高低错落、层次感强，景观效果良好。但是乔灌木本植物种植成本较高，早期生长缓慢。

4.3.4 土工合成材料植被防护

土工合成材料植被防护将以塑料、化纤、合成橡胶等天然或人工合成聚合物为原料加工成的各种产品与植被防护相结合用于边坡坡面防护的一种方式。土工合成材料具有抗变形能力强、整体连续性好、耐腐蚀性和侵蚀性好，同时质量轻、造价较低、施工速度快、工业化程度高、环保效益明显等特点，不仅能够满足高等级公路路基边坡的防护要求，还能为植被提供生存环境，促进植被与土工合成材料共同防护边坡。目前各种各样的土工合成材料已经被广泛应用于路基边坡防护，具有比较成熟的施工工艺。

（1）土工网用于公路路基坡面防护时的性能要求（表4-1）。

表4-1 土工网性能要求

序号	项目		指标
1	平面土工网	纵、横向抗拉屈服强度（kN/m）	≥3.5
2		抗紫外线强度保持率（%）	≥60

续表

序号	项目		指标
3	三维土工网	纵、横向抗拉强度（kN/m）	≥1.6
4		回弹率（%）	≥80
5		水土保持能力系数	≥4.0
6		抗紫外线强度保持率（%）	≥60

① 土工网可用于适宜植物生长的土质、风化岩及易风化软岩路基的边坡防护。当不适宜植物生长的砂类土、碎石类土、改良土及岩质边坡应用土工网时，应铺以客土措施。

② 每级边坡高度不宜超过 10m。边坡较高或坡率较大时，可采用三维土工网与骨架、框架梁等防护组合使用。

③ 岩石边坡、喷锚边坡及挡土墙墙面等可采用平面土工网结合植物进行绿化防护。

④ 土工网应采用埋设、扦钉或锚杆等方式固定于坡面。

⑤ 平面土工网、三维土工网搭接宽度不应小于 10cm。

（2）植生袋用于公路路基坡面防护时的性能要求（表 4-2）

表 4-2　植生袋性能要求

序号	项目	指标
1	质量（g/m^2）	≥150
2	纵、横向断裂强度（kN/m）	≥2.5
3	CBR 顶破强力（kN）	≥0.3
4	装袋后袋体尺寸（cm）	≥50×30×15
5	耐久性	3~5 年后逐步降解

① 植生袋应透水保土，并满足植物根茎能自由穿透袋体生长的要求。

② 植生袋可用于砂类土、碎石类土、软质岩、硬质岩等不适宜植物生长的路堑边坡以及改良土和上述岩土填筑的路堤边坡防护，单级边坡高不宜大于 10m。

③ 植生袋应与骨架、框架梁、孔窗式护墙等结合应用，骨架、框架梁等防护圬工的坡面外露厚度应与植生袋尺寸、铺设方式匹配，且不宜小于铺设厚度。骨架及框架梁内植生袋防护如图 4-18、图 4-19 所示。

④ 植生袋可采用平铺、叠铺等铺设方式，叠铺时顶层码砌长边方向应垂直于线路方向。边坡坡率大于 1∶1.5 时，应采用叠铺方式。

⑤ 路堑边坡坡率大于 1∶1.5 时，植生袋防护应设锚杆、外加防护网等加固措施。

⑥ 袋内填充料采用适宜植物生长的种植土，并掺入适量有机肥。

⑦ 植物种子应选择适应当地气候特征、土壤条件且适宜生长的常用灌木籽和草籽。

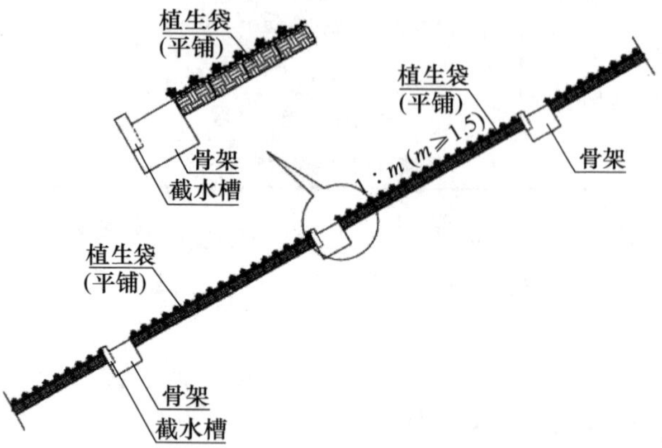

图 4-18　骨架护坡内植生袋（平铺）防护剖面示意图

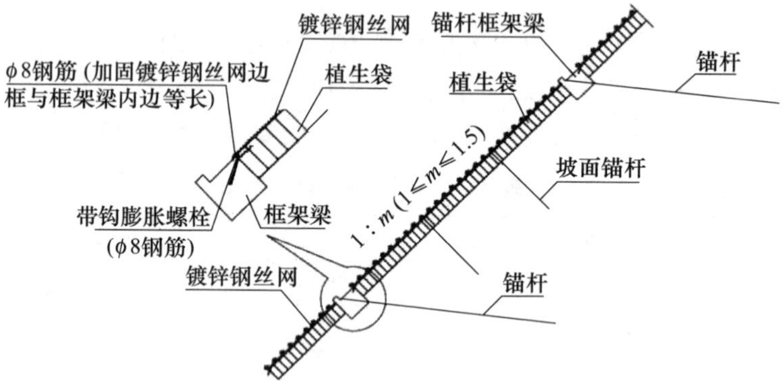

图 4-19　框架梁内植生袋（叠铺）防护剖面示意图

（3）生态袋用于一般坡面防护时的性能要求（表 4-3）

表 4-3　生态袋性能要求

序号	项目	指标
1	质量（g/m^2）	≥150
2	纵、横向断裂强度（kN/m）	≥7.5
3	CBR 顶破强力（kN）	≥1.4
4	装袋后袋体尺寸（cm）	≥50×30×15
5	等效孔径 O_{95}（mm）	0.12~0.2
6	生态袋缝合处抗拉强度（kN/m）	≥6.5
7	抗紫外线强度保持率（%）	≥85

① 生态袋应具有良好的抗老化、抗酸碱性能，并应透水保土，同时满足植物根茎能自由穿透袋体生长的要求。

② 生态袋可用于风景区或景观区要求高，砂类土、碎石类土、软质岩、硬质岩等不适宜植物生长的路堑边坡以及改良土和上述岩土填筑的路堤边坡，也可应用于加筋土陡边坡、加筋土挡土墙坡面处的包裹体。

③ 路堤地段生态袋单独应用时，单级边坡高不宜大于6m，且应设置顶镶边、脚墙基础及边坡横向排水槽等措施；边坡较高时应与骨架等结合应用，边坡坡率不宜大于1∶1.5。骨架内码砌生态袋防护如图4-20所示。

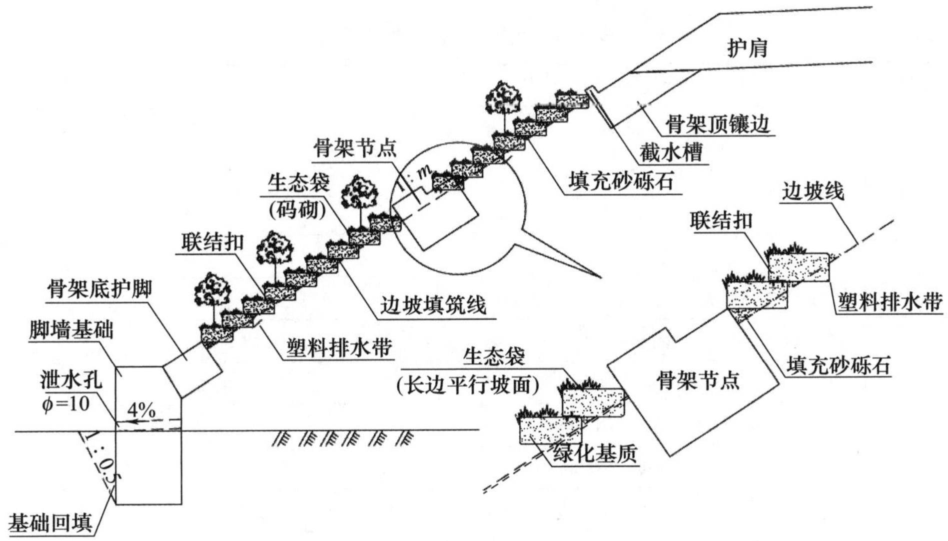

图4-20　骨架内码砌生态袋防护示意图

④ 路堑地段生态袋应与框架梁、孔窗式护墙等圬工结合应用，边坡坡率不宜大于1∶1。孔窗式护墙内叠铺生态袋防护如图4-21所示。

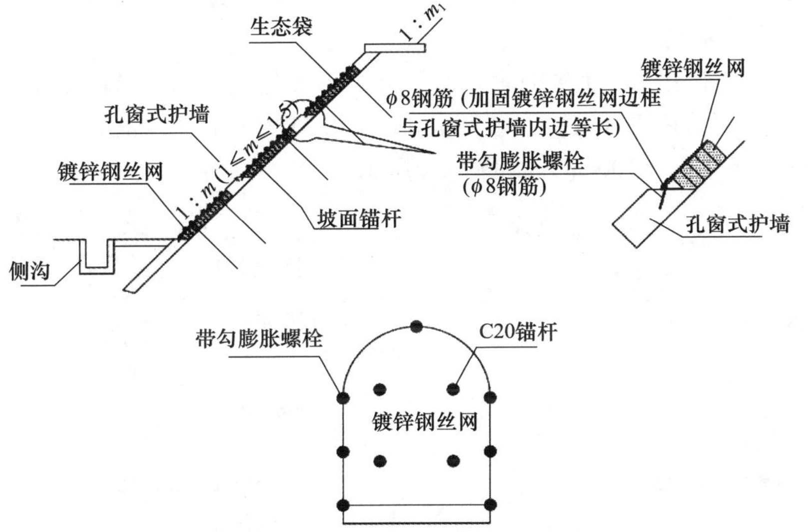

图4-21　孔窗式护墙内叠铺生态袋防护示意图

⑤ 设置生态袋地段的骨架、框架梁等防护圬工坡面的外露厚度应与生态袋尺寸、铺设方式匹配，且不宜小于铺设厚度。

⑥ 路堤边坡上下层生态袋之间应采用联贯扣连接牢固，路堑边坡坡率大于 1∶1.5 时，应用生态袋防护应采取设锚杆、外加防护网等加固措施。

⑦ 袋内填充料采用适宜植物生长的种植土，并掺入适量有机肥、保水剂。

（4）土工格室用于公路路基坡面防护时的性能要求（表 4-4）

表 4-4　土工格室性能要求

序号	项目	指标
1	高度（mm）	100～150
2	边长（mm）	250～400
3	厚度（mm）	≥1.0
4	宽度（m）	≥1.0
5	单位宽度屈服（断裂）拉力（N/cm）	≥260（1200 *）
6	单位宽度屈服（断裂）伸长率（%）	≤15（12 *）
7	纵/横向直角撕裂强力（N）	≥200
8	节点对拉强度（N/cm）	≥280
9	节点抗剪强度（N/cm）	≥260
10	节点剥离强度（N/cm）	≥160
11	组间连接抗拉强度（N/cm）	≥280
12	抗紫外线强度保持率（%）	≥80

* 对应断裂拉力和断裂伸长率。

① 土工格室可单独用于坡面防护，也可与钢筋混凝土框架梁或浆砌片石骨架共同进行坡面防护。

② 土工格室用于坡面防护时，每级坡高不应超过 10m。当坡率小于或等于 1∶0.75 时，可采用平铺式；当坡率大于 1∶0.75 时，宜采用叠铺式，土工格室叠铺的宽度不得小于 100cm，如图 4-22 所示。

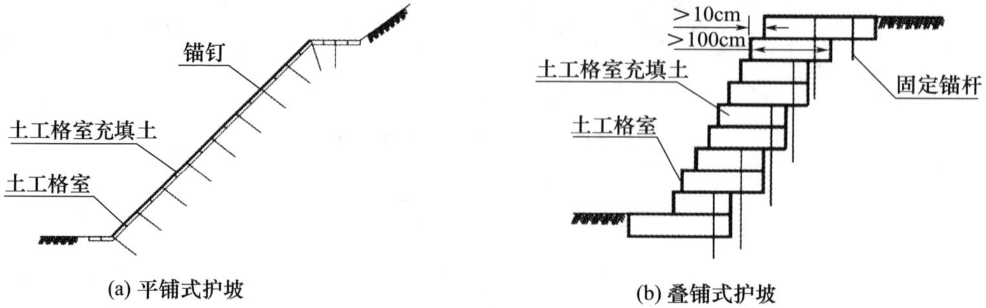

图 4-22　土工格室坡面生态防护结构形式

③ 土工格室防护边坡应采用锚钉进行固定，锚钉宜采用 $\phi 10$ 钢筋，锚孔直径宜为 $\phi 38 \sim 42$mm，孔内灌注 M30 砂浆，在土层或全风化至中等风化岩层中，锚钉入土深度宜为 50 ~ 100cm。采用平铺式时，每隔三个焊点宜设一个固定锚钉，在坡面上呈上密下疏布置，布置的水平、垂直间距可参考表 4-5 确定；采用叠铺式时，在断面上每级台阶应设置一个固定锚钉，锚钉的水平间距可参考表 4-5 确定。

表 4-5　土工格室锚钉锚固长度和布置间距

边坡坡率与岩性		锚固长度（m）	竖直间距（m）	水平间距（m）
1∶0.5	土质	0.75 ~ 1.0	0.75 ~ 1.0	1.0 ~ 1.5
	岩质	0.5 ~ 0.75	1.0 ~ 1.5	1.0 ~ 1.5
1∶1.0	土质	0.5 ~ 0.75	1.0 ~ 1.5	1.5 ~ 2.0
	岩质	0.3 ~ 0.5	1.5 ~ 2.0	1.5 ~ 2.0
1∶1.5	土质	0.5 ~ 0.75	1.5 ~ 2.0	1.5 ~ 2.0
	岩质	0.3 ~ 0.5	1.5 ~ 2.0	1.5 ~ 2.0

注：锚钉长度 = 锚固长度 + 土工格室高度。

（5）植物纤维毯用于公路路基坡面防护时的性能要求（表 4-6）

表 4-6　植物纤维毯性能要求

序号	项目	指标
1	厚度（mm）	≥4.0
2	宽度（m）	≥1.0
3	固定网网孔中心最小净空尺寸（cm）	≤1.0
4	质量（g/m^2）	≥250
5	纵横向 10% 伸长率时拉伸强度（kN/m）	≥5.0
6	植物纤维的含水率（%）	≤15
7	缝针行距（cm）	≤7
8	缝合率（%）	≥90
9	抗紫外线强度保持率（%）	≥85

① 植物纤维毯可用于粗粒土、改良土等填筑的路堤边坡或砂类土、碎石类土、风化岩等不适宜植物生长的路堑边坡。

② 植物纤维毯防护时路堤边坡高度不宜超过 8m，粉土、砂土路堤边坡不应超过 5m。

③ 纤维毯应锚固在坡顶拦水带或路肩排水沟内侧。锚固沟宽和深一般不小于 20cm，用木条、木棍或竹竿卷住纤维毯并用 U 形钉固定在挖好的沟里，然后再覆土压实。

④ 纤维毯应采用 U 形钉固定，每平方米 U 形钉不少于 2 个，长度不小于

15cm，底部埋入边坡底端并进行固定，以保证纤维毯与坡面充分接触并铺设整齐。

⑤ 两张纤维毯之间搭接长度不小于 2 cm，搭接位置采用连接钉固定，连接钉顺坡面间距不大于 80 cm。

（6）土工模袋用于公路路基冲刷防护时的性能要求（表 4-7）

表 4-7　土工模袋材料性能要求

序号	项目	指标
1	纵向断裂强度（kN/m）	≥60
2	横向断裂强度（kN/m）	≥42
3	断裂伸长率（%）	纵向≤35，横向≤30
4	纵横向撕破强力（kN）	≥0. 8
5	渗透系数（10^{-3} cm/s）	0. 5 ~ 10. 0
6	等效孔径 O_{95}（mm）	0. 07 ~ 0. 25
7	抗紫外线强度保持率（%）	≥80

① 土工模袋充填料应根据工程条件选用混凝土或砂浆。充填混凝土时，混凝土粗骨料最大粒径应符合表 4-8 的要求，坍落度不宜小于 200 mm，混凝土强度等级不宜低于 C25，砂浆强度等级不应低于 M15。

表 4-8　混凝土粗骨料的最大粒径要求

土工模袋厚度（mm）	粗骨料最大粒径 d（mm）
150 ~ 250	$d \leq 20$
≥250	$20 < d \leq 40$

② 竣工后的砂浆模袋护坡平均厚度不宜小于 10cm，混凝土模袋护坡平均厚度不应小于 15cm。

4. 3. 5　骨架植被防护

骨架植被防护将圬工防护与植被防护结合，既美化路容，又能起到环境保护和稳定路基的作用，是一种广泛应用的边坡防护形式。

骨架植被防护是用混凝土、浆砌块（片）石等材料，在边坡上形成骨架，能有效地防止路基边坡在坡面水冲刷下形成冲沟，同时，提高了边坡表面地表粗度系数，减缓了水流速度。一般冲刷仅限于框格内局部范围，采用框格防护与植被防护相结合的方法，提高了防护效果，同时美化了环境。

骨架植被防护作为一种辅助性的防护措施，除对路基边坡具有一定的防护作用外，还有对路容的美化效果，在互通式立交范围内的边坡上应用最多。

(1) 浆砌片石或混凝土骨架植被防护

浆砌片石(混凝土块)骨架植被防护可以防止边坡受雨水侵蚀，避免土质坡面上产生沟槽。其形式多样，主要有拱形骨架、菱形网格骨架、人字形骨架、多边形混凝土空心块等。混凝土块骨架植被防护既能稳定路基边坡，又能节省材料，造价较低、施工方便、造型美观，能与周围环境自然融合，是目前高速公路边坡防护的主要形式之一，值得广泛推广应用。

① 菱形网格护坡。

菱形网格护坡可预制安装也可用混凝土现浇和石砌，工艺简单，网格内可植草。但只适用于填方土质边坡。

② 拱形、人字形护坡。

该形式一般用片石混凝土做肋，用水泥预制混凝土块做成拱形窗台，坡面水从肋上排出，窗内可植草。在降雨量较大且集中的地区，骨架宜做成截水沟形。截水沟断面尺寸根据降雨强度计算确定。骨架采用预制水泥混凝土，骨架宽度宜为200~300mm，嵌入坡面深度应视边坡土质及当地气候条件确定，一般为200~300mm。混凝土骨架视情况在节点处加设锚杆，多雨地区骨架宜做成截水沟形。

(2) 六边形混凝土空心块植物护坡

该形式适用于土质边坡。空心预制块的混凝土强度不应低于C20，厚度不应小于150mm。空心预制块内应填充种植土并植草。

4.3.6 河北省高速公路路基边坡防护技术

河北省地处北纬36°03′~42°40′，东经113°27′~119°50′，位于华北平原的北部，兼跨内蒙古高原。全省中环首都北京和北方重要商埠天津，北与辽宁、内蒙古为邻，西靠山西，南与河南、山东接壤，东临渤海。河北是中国唯一兼有高原、山地、丘陵、平原、湖泊、海滨的省份。全省地势由西北向东南倾斜，西北部为山区、丘陵和高原，其间分布有盆地和谷地，中部和东南部为广阔的平原。海岸线长487.3千米。

1) 自然地理概况

(1) 气候

河北省地域跨越中温带和南温带，处于半湿润半干旱地区，属温带大陆性季风气候，季风现象明显。大部分地区四季分明，具有冬季寒冷干燥、春季干旱多风、夏季炎热多雨、秋季秋高气爽的特点。

(2) 气温

河北省年平均气温由北向南逐渐升高，坝上与坝下、山区与平原之间气温变化较大。冀北高原年平均气温低于4℃，以御道口最低，为-0.3℃；中南部地区年平均气温上升至12℃以上，以峰峰为最高，达14℃。南北年平均气温相差

13.7℃。全省年极端最高气温多出现在6月，长城以南都在40℃以上；南部平原气温超过35℃的酷热日达18~25d；中部平原及南太行山区为10~18d；唐山地区沿海及北部山区只有1~4d；冀北高原不见酷热天气。年极端最低气温主要在冀北高原，达-30℃以下。

（3）降水

① 年平均降水量的地域分布。

河北省年平均降水量为340~800mm，地区分布极不均匀。总的趋势是东南部多于西北部，沿海多，内陆少，山地迎风坡多，背风坡少，夏多冬少，7月和8月两个月的降水量占到全年的60%左右，1月和12月降水量甚少，占全年降水量的1%~2%。

燕山南麓和太行山东坡为多雨带。燕山南麓兴隆—青龙一线以南的低山丘陵区年降水量约为700~800mm，是全省年平均降水量最多的地区，遵化、迁西是河北省多雨中心，年平均降水量都在700mm以上；太行山东坡多雨带有武安市的马店头附近、赞皇县黄北坪、灵寿县漫山一带、易县大良岗四个多雨中心，年平均降水量600~700mm。

多雨带南侧的东部沿海平原和多雨带北侧的宽城一带的燕山地区为600~700mm；太行山前平原的大部分地区和低平原的大部分为500~600mm；蔚县—丰宁—隆化以北的北部山区和张北高原的东部及西部南缘为400~500mm。新乐、藁城、束鹿、宁晋、新河一带是河北省平原地区的一个少雨中心，年降水量不足500 mm；桑洋盆地的阳原、涿鹿、怀安等地和张北高原西北部的康保一带，年降水量仅320~400mm，是河北省三个少雨中心，尤以康保县为最，年降水量仅有324.7mm，是河北省年降水量的最低值。

② 最长连续降水。

河北省最长连续降水日数年均8~16d，一般为8~10d，且多集中出现在7、8月，其他月份极少出现。最长连续降水期间的降水量各地差别很大，张北高原、北部山区的西部和秦皇岛都在100mm以下，其他地区除少数站点外都在100mm以上。1995年8月29日至9月9日全省大部分地区出现连续12d的连阴雨，雨量一般在50mm以上，石家庄市和邢台市北部高达100~170mm。

（4）蒸发

河北省水面蒸发量为800~1450mm，最小值位于坝上高原东部的围场地区，最大值位于沧州和冀南一带。夏季最大，占全年总蒸发量的46%；春季次之，占33%；秋季占16%；冬季最小占5%。各地区干湿状况与降水量和蒸发量有关。半湿润区分布在多雨带的太行山—燕山地区；较湿润区分布在燕山承德南部—秦皇岛北部地区；较干旱区分别在冀西北的桑干河—洋河盆地和冀南滏阳河中下游平原（也是两个少雨中心）及广大平原和北部山地（含坝上高原），均属半干旱区。

2）地形地貌

河北省地处中纬度沿海与内陆交接地带，地势西北高、东南低，地形较复杂，最高峰小五台山的标高为2882m。沿海一带标高最低，只有2～3m。

由西北向东南至渤海湾依次呈下降趋势，西北部为坝上高原，面积为14821.3km^2，占全省面积的8.5%，地形南高北低，海拔1200～1500m，相对高差50m。北部和西部为燕山及太行山山地，由中山、低山、丘陵和山间盆地组成，面积为101098.3km^2，占全省面积的52%，一般高程在1000～1800m，大于2000m的山峰有10余座。东南部为河北平原区，海拔高程在100m以下，地势开阔平缓，倾向渤海湾，面积为71773.4km^2，占全省面积的38.2%。

根据河北省地貌成因类型、地貌形态类型划分地貌类型，可划分为三个大区和十个亚区。

（1）坝上高原区（Ⅰ）

① 丘状高原（$Ⅰ_1$）：在高原区北部康保一带为缓慢隆起的剥蚀丘陵，山形浑圆，丘陵间松散堆积物较薄，以岩浆岩和变质岩为主。

② 波状高原（$Ⅰ_2$）：分布在尚义至张北、沽源一带。以缓慢隆起剥蚀堆积岗湖（淖）相间为特征，岗洼起伏，残丘星布，内陆湖（淖）点缀其间。波状岗地，以不裸露的变质岩为主，岗地间为冲湖积和湖积地层为主，东部御道口为剥蚀风积沙地。

③ 垄状高原（$Ⅰ_3$）：位于高原南缘地带，风化剥蚀丘陵台地。以玄武岩、凝质岩、流纹岩为主。

（2）燕山及太行山山地（Ⅱ）

① 中山山地（$Ⅱ_1$）：分布在崇礼、赤城、隆化和围场等燕山北部和小五台山，以及阜平、赞皇西部的太行山区。构造剥蚀作用强烈。海拔高度可达2500m，一般在1000～2000m。山势险峻，谷间堆积物少。主要出露变质岩、凝灰区岩及安山岩。

② 低山山地（$Ⅱ_2$）：分布在燕山承德以南、长城以北和太行山中间地带，海拔高度多在500～1000m，相对高差小于500m，以侵蚀剥蚀为主。多陡壁，山势崎岖。主要出露太古界变质岩及古生界沉积岩。

③ 丘陵（$Ⅱ_3$）：分布在燕山南缘和太行山东缘与平原交接部位，以侵蚀剥蚀为主。海拔高度不足500m，相对高差小于200m。山势不陡，谷宽坡缓，河谷阶地发育。主要出露灰岩和变质岩。

④ 山间盆地（$Ⅱ_4$）：由于新构运动的差异性而形成了众多的断陷盆地，较大的盆地有怀安—宣化盆地、涿鹿—怀来盆地、蔚县—阳原盆地，迁安盆地、柳江盆地、涞源盆地、井陉盆地、武安盆地、涉县盆地，多为断陷堆积和溶蚀堆积

而成。盆地内有第四纪湖相及河流冲积相堆积物，阶地发育。多有现代河流通过。

（3）华北平原（Ⅲ）

① 山前冲积洪积倾斜平原（$Ⅲ_1$）：沿燕山及太行山山麓略呈带状分布，海拔高度在100m以下，由冲积、洪积扇群相间而成。也包括山麓坡积、洪积堆积，有一定的坡度。地形平坦。主要河流谷地宽阔。有较多河流变迁的故道。

② 冲湖积平原（$Ⅲ_2$）：分布在河北平原中部，海拔高度在40m以下，地势自北、西、南三面向渤海湾方向缓缓倾斜，海拔高度逐渐降至3m左右。地面稍有起伏。多河流故道及洼地，如白洋淀、千顷洼、宁晋泊、大陆泽、文安洼等。

③ 滨海冲积湖积平原（$Ⅲ_3$）：以唐海—芦台—北仓—静海—唐官屯—盐山一线为界，环渤海湾展布，地势低平，由河流三角洲、滨海洼地、湖及海积砂堤缀连而成。多盐碱地，有贝壳堤。

3）地层岩性

河北省地层由太古界、元古界、古生界、中生界、新生界构成，除普遍缺失上奥陶至下石炭系地层外，其他地层发育齐全，岩土体地层由老至新如下：

（1）太古界（Ar）

广泛出露于太行山及燕山地区，面积近30000km^2，约占基岩出露面积的1/4，累计厚度达万米以上，由麻粒岩相至角闪岩相的深变质岩组成，岩性主要有麻粒岩，片麻岩、变粒岩、斜长角闪岩，磁铁石英岩、大理岩等，经多期构造岩浆和变质作用，部分地段混合岩化强烈，片麻状结构，具不均质性及各向异性，裂隙发育，易风化，强度低。

（2）下元古界（Pt_1）

分布在太行山南段和冀东的青龙附近，以及冀北的康保地区，出露面积仅几百平方千米。岩性主要有变质砂砾岩，千枚岩、二云岩、变玄武岩和火山碎屑岩，厚度近万米。岩性复杂，片理、板理发育，节理裂隙较发育，易风化，强度低。

（3）中上元古界（Pt_{2-3}）

包括长城系、蓟县系、青白口系，由一套未变质或轻变质的地台型海相沉积地层构成。主要岩性有含燧石的白云岩、白云质灰岩、石英岩、页岩、砂岩等。厚度巨大，出露良好，广泛分布在尚义—承德以南的广大地区。燕山地区厚度为43～9200m，太行山地厚度为0～3126m。层理较清晰，坚硬中厚层，不易风化。

（4）寒武系（∈）

以海相碳酸岩为主，广泛分布在阳原—宣化—平泉一线以南的燕山、太行山区，厚度422～629m。主要岩性有厚层至巨厚层石灰岩、白云岩，中厚层至薄层泥灰岩及紫红色页岩夹薄层泥灰岩等，成层条件好，具较发育的岩溶现象，坚硬不易风化。

（5）奥陶系（O）

以中早奥陶封闭至半封闭的浅海相含膏盐的碳酸盐岩沉积为主，广泛分布在阳原—怀来—平泉一线以南地区，厚度为200～900m。岩性为厚层至巨厚层石灰岩、白云岩、白云质灰岩，以及薄层至中厚层泥灰岩、泥质白云岩、钙质泥灰石膏层。成层条件好，岩溶裂隙发育，坚硬、不易风化。

（6）石炭系（C）

该系中统与奥陶系中统之间有一个巨大的沉积间断（泥盆系地层），剥蚀面上古岩溶发育，并形成巨大的陷落柱。该系属稳定的地台型浅相至滨海沼泽相沉积。主要岩性有粉砂岩、铝土质页岩、炭质页岩夹煤层及薄层灰岩，厚度为40～320m，在太行山中段的井陉—临城—峰峰一带较连续分布，太行山北段至燕山南麓，仅分布于小向斜中，兴隆、宽城、平泉有零星分布。地层成层条件好，中厚层状，软硬相间。

（7）二叠系

有地槽型海相沉积与地台型陆相沉积两种类型。地槽型海相沉积出露于北部围场康保一带，主要岩性有安山岩、砂砾岩、页岩，厚度大于343m。地台型陆相沉积分布在平泉—怀来—阜平一线以东，下部为灰色砂岩、页岩夹煤层，上部为杂色、紫红色砂页岩，厚度为255～1500m。成层条件好，中厚层状，软硬相间。

（8）三叠系

为一套为热干旱气候条件下形成内陆盆地河流相沉积，岩性以红色砂岩、砂砾岩、泥岩为主，地层总厚度约2272m。中厚层状，坚硬。

（9）侏罗系（J）

以复杂的陆相火山岩、火山沉积岩系为主，下部为含煤砂页岩系，底部常见玄武岩；中部为河流相红色砂砾岩及安山岩、安山角砾岩、集块岩、凝灰岩；上部为流纹岩、粗面岩、火山角砾岩、凝灰岩。主要分布在中部中生代断陷盆地中，太行山北段有零星分布，岩性相变较大，质较硬，岩体完整性差，易风化。

（10）白垩系（K）

为陆相含煤与油页岩的泥岩、砂岩、砂砾岩、安山岩、凝灰角砾岩。分布在北部滦平、丰宁、围场、承德、隆化、平泉、宣化等地。太行山仅见于临城竹壁。地层成层条件好。

（11）第三系（R）

主要分布在坝上高原，其次分布在阳原、蔚县、涞源、曲阳灵山等地的山间盆地及临城—磁县的山麓地带，始新统至渐新统为紫红色泥岩与砂砾岩层，其中夹煤层，厚度391～1464m，中新统为橄榄玄武岩，厚度56～508m，上新统为红色黏土夹褐色砾石层，厚度大于25m。

（12）第四系（Q）

① 坝上高原及燕山—太行山区主要分布在山间盆地、河谷地带及山麓边缘，堆积物类型复杂，有冲积、洪积、湖沼积、坡积、冰水堆积、洞穴堆积及残积。岩性以未胶结或半胶结的砾石、砂砾石、砂、亚砂土、亚黏土等组成。厚度为90～800m。

② 河北平原区第四系堆积厚度一般为350～550m。其成因类型复杂，以冲积、洪积、湖积为主，间有海积、风积、冰水堆积和火山堆积等类型。根据岩石地层学与气候地层学等特征，将更新统划分为三组七段，全新统划分为三个组（表4-9）。

4）路基边坡防护类型区划

河北省从北到南在气候、地形地貌、地层岩性、地质构造等方面均具有明显的差异。在不同自然环境下修建高等级公路遇到的情况也不尽相同，根据边坡防护分区的意义，为了在高等级公路建设时边坡防护的选择、植物防护类型的选定等方面有章可依，同时按《公路自然区划标准》中关于“三级自然区划由各地按着有关规定自行划分”的原则，有必要对河北省不同地区的边坡防护进行更详细的区划。

以行业标准《公路自然区划标准》的划分原则为基础，先以公路二级自然区划为基准将河北省划为A、B、C三个区，再根据各地不同的地貌、地质类型将二级区划细分为6个防护类型区：A，B_1，B_2，C_1，C_2，C_3。

（1）A区

位于河北省北部和西部的燕山及太行山区域，属公路自然区划II_{4a}冀北山地副区，为山岭重丘区，全区以山地、丘陵为主要地貌特征。地形类型相当复杂，境内海拔高度可达2500m，一般在1000～2000m。山势险峻，谷间堆积物少。燕山—太行山山地植被为森林，山的北面为落叶阔叶林到草甸草至干草丛。该区基岩由麻粒岩相至角闪岩相的深变质岩组成，岩性主要有麻粒岩、片麻岩、变粒岩、斜长角闪岩、磁铁石英岩、大理岩等，经多期构造岩浆和变质作用，部分地段混合岩化强烈，呈片麻状结构，具不均质性及各向异性，裂隙发育，易风化，强度低。年降水量燕山南麓可达700～810mm，太行山山区也超过600mm。

由于在山岭区之间又存在几处小型盆地，同时沿河谷地带是条带状河谷地貌，第四纪残、坡积层遍布全区。因此区内公路边坡病害类型较多，主要有水力冲蚀破坏、边坡滑坍及崩塌等，但是起主要作用的还是水力侵蚀破坏。

（2）B区

位于河北省的坝上高原以及燕山—太行山山区的浅丘区。该区主要的地貌特征是由坝上高原区剥蚀丘陵以及低山山地与丘陵区，路基边坡主要受水力侵蚀的破坏，同时粉质和黏性土的毛细作用比较强烈。主要的边坡病害类型有水力冲蚀破坏辅以局部冻融破坏、边坡滑坍等。

① B_1 区为坝上高原区。

a. 丘状高原：在高原区北部康保一带为缓慢隆起的剥蚀丘陵，山形浑圆，丘陵间松散堆积物较薄，以岩浆岩和变质岩为主。

b. 波状高原：分布在尚义至张北、沽源一带。以缓慢隆起剥蚀堆积岗湖（淖）相间为特征，岗洼起伏，残丘星布，内陆湖（淖）点缀其间。波状岗地，以不裸露的变质岩为主，岗地间为冲湖积和湖积地层为主，东部御道口为剥蚀风积沙地。

c. 垄状高原：位于高原南缘地带，风化剥蚀丘陵台地。以玄武岩、凝质岩、流纹岩为主。

坝上高原区地形南高北低，海拔 1200 ~ 1500m，相对高差 50m。由于干旱而形成的地带性植被主要是草原。年平均气温低于4℃，最低为 -0.4℃，每年6级以上大风日 69 ~ 130d，风速最大达 38m/s。

② B_2 区为燕山—太行山山区的浅丘区。

a. 低山山地：分布在燕山承德以南、长城以北和太行山中间地带，海拔高度多在 500 ~ 1000m，相对高差小于 500m，以侵蚀剥蚀为主。多陡壁，山势崎岖。主要出露太古界变质岩及古生界沉积岩。

b. 丘陵：分布在燕山南缘和太行山东缘与平原交接部位，以侵蚀剥蚀为主。海拔高度不足 500m，相对高差小于 200m。山势不陡，谷宽坡缓，河谷阶地发育。主要出露灰岩和变质岩。

c. 山间盆地：由于新构运动的差异性而形成了众多的断陷盆地，较大的盆地有怀安—宣化盆地，涿鹿—怀来盆地、蔚县—阳原盆地，迁安盆地、柳江盆地、涞源盆地、井陉盆地、武安盆地、涉县盆地，多为断陷堆积和溶蚀堆积而成。盆地内有第四纪湖相及河流冲积相堆积物，阶地发育。多有现代河流通过。

燕山—太行山浅丘区发育的地带性植被是落叶阔叶林，由于多辟为农田，落叶阔叶林只残存在部分山地，落叶阔叶林被破坏后形成山地灌草丛。

（3）C 区

位于河北省的东南部，属河北平原区。该区海拔高度在 100m 以下，地势开阔平缓，倾向渤海湾。该区气候特征为干旱少雨雪，年降雨量 200 ~ 600mm，区内土质干燥、疏松，土壤结构不紧密，以粉质土居多，极易受强度大的集中降雨冲蚀破坏；另外，区内还有大面积的盐渍土，盐渍土病害较多见。

① C_1 区为山前冲积洪积倾斜平原。

该区沿燕山及太行山山麓略呈带状分布，海拔高度在 100m 以下，由冲积、洪积扇群相间而成。也包括山麓坡积、洪积堆积，有一定的坡度。地形平坦。主要河流谷地宽阔。

② C_2 区为冲湖积平原。

该区分布在河北平原中部，海拔高度在40m以下，地势自北、西、南三面向渤海湾方向缓缓倾斜，海拔高度逐渐降至3m左右。地面稍有起伏。多河流故道及洼地，如白洋淀、千顷洼、宁晋泊、大陆泽、文安洼等。

③ C_3 区为滨海冲积湖积平原。

该区以唐海—芦台—北仓—静海—唐官屯—盐山一线为界，环渤海湾展布，地势低平，由河流三角洲、滨海洼地、湖及海积砂堤缀连而成。多盐碱地，有贝壳堤。

5）河北省高速公路路基边坡综合防护设计原则

①“综合设计、就地取材、以防为主、确保施工”是边坡综合防护设计的基本原则。

② 路基防护应按照设计、施工与养护相结合的原则，深入调查研究，根据当地气候环境、工程地质和材料等情况，因地制宜，就地取材，选用适当的工程类型或采取综合措施，以保证路基的稳固。

③ 路基防护措施是根据沿线不同土质岩性、水文地质条件、坡度、高度和当地材料、气候等因地制宜进行选择，应密切结合路面排水做综合考虑。

④ 护坡方法应优先考虑采用植物防护，当土质不宜植物生长及难以保证边坡稳定时，要考虑经济性、施工及效果，采用圬工防护或相应的辅助设施。

⑤ 在防护方案设计时，应参照上述设计原则，初步选出护坡方法。在施工阶段，要对每个边坡的排水、土质等进行调查，根据调查结果变更原设计。

⑥ 在不良的气候和水文条件下，对粉砂、细砂与易于风化的岩石边坡，以及黄土和黄土类边坡，均宜于在土石方施工完成后及时防护。

⑦ 对于土路堤的坡面铺砌防护工程，应待填土沉实或夯实后施工，并根据填料的性质及分层情况决定防护方式。铺砌的坡面应预先整平，坑洼处应填平夯实。

⑧ 对于不宜采用植物或骨架中空植草的破碎岩路堑边坡，应综合考虑地形关系、基岩风化破碎程度、地震、暴雨、漏水、施工难易及经济性等因素。

⑨ 骨架植草护坡的目的，是防止受雨水侵蚀和风化严重的土质产生沟槽，适于不适宜植物生长的土质和由于周围环境需要绿化的地方。

⑩ 对于水流、波浪、风力、降水以及其他因素可能引起路基破坏的，均应设置防护工程。在冲刷防护设计中，可综合考虑河道整治，使防护工程收到更好的效果。

⑪ 对于冲刷防护，一般在水流流速不大及水流破坏作用较弱地段，可在沿

河路基边坡设砌石护坡、石笼和混凝土预制板等，以抵抗水流的冲刷和淘刷。需要改变水流或提高坡脚处粗糙率，以降低流速、减缓冲刷作用时，可修筑坝类构造物。对于冲刷严重地段（急流区、顶冲地区），可采用加固边坡（砌石护坡）和改变水流情况的综合措施；水下部分可视水流的淘刷情况，采用砌石、石笼或混凝土预制板等护脚。砌石基础应置于冲刷线以下0.5～1.0m，水上部分采用轻型防护即可。

6）公路路基边坡绿色防护植物选择的原则

土壤是防护植物生长的基础，土壤的水分、肥力及温度等因素，影响着植物的生长和发育。公路修建给中央分割带、路基边坡、公路两侧土壤产生了严重的污染，给植物的种植带来了困难，因此应慎重选择用于公路防护的植物物种。植物的培植生长受光照、气温、湿度、降水、风等气候的影响，最高最低气温决定植物能否正常发育、能否顺利越冬越夏。在降雨时期，雨量是决定采用何种植物的重要依据。综合考虑，植物选择原则主要有以下几点：

从护坡功能考虑，植物防护首先要求能加固稳定边坡，而且有绿化和改善公路环境的作用，所以防护植物要有以下特点：

① 植物根系发达，有良好的固土和护坡效果。

② 覆盖度大，密度大。

③ 绿期长，多年生，耐践踏，适宜于粗放管理，容易移植、繁殖，最好能自然繁殖衍生，易于管理。

④ 最好有较强的抗污染和净化空气的能力。

从气候、土质、环境考虑，理想的防护植物应具有以下条件：

① 适合当地气候（主要是湿度和降水）条件。

② 抗逆性强，易繁殖，有抗寒、耐热、抗旱等性能。

③ 具有抗病毒、抗倒伏性能，生长快，扩张性强，具有在短时间内就能郁闭边坡的速生性。

④ 耐贫瘠、耐粗放。

⑤ 能适应如盐碱等特殊环境条件。

具体的种类包括如下：

① 草本类：黑麦、小冠花、野牛草、马尼拉草、四季青、天堂草、羊茅草、早熟禾、白三叶、地被菊等。

② 藤本类：五叶地锦、金银花、野蔷薇、藤本月季、凌霄、紫藤、葡萄等。

③ 灌木类：紫穗槐、木棉、紫薇、月季类、枸杞、沙棘、皂角、荆条、锦鸡儿、金叶女贞、大叶黄杨、小叶黄杨、丝兰、沙地柏、迎春、丁香类等。

④ 乔木：河南桧、北京桧、油松、侧柏、雪松、千头柏、垂柳、馒头柳、速生柳、金丝柳、杨树类、栾树、千头椿、香椿、柿子、火炬树、国槐、白蜡、

法桐、江南槐、龙爪槐、合欢、银杏、杜仲、桑树、五角枫、沙枣、高秆女贞等。

7）河北省高等级公路边坡综合防护推荐方案

根据以上各分区（A，B，C 区）地形、地质、水文条件的不同，应从以下三个方面综合考虑，根据实际情况进行“动态”设计，选择稳定、安全、经济及施工方便的防护类型。

从防冻胀、冻融的角度考虑，应首先选择柔性防护体系，即植被防护和土工合成材料植被防护。其选择的顺序是：拱式砌石植被护坡→砌石框格植被防护→六角形混凝土预制块框格植被防护→砌石封面防护。

从经济的角度考虑，一般首先选择最经济的植被防护形式，如受地形、土质、坡率的限制，可依次选择：三维土工网植被防护→拱式砌石植被防护→混凝土预制块框格植被防护→土工格室植被防护→浆砌片石骨架植被防护→水泥混凝土预制块防护→浆砌块石护面墙→挂网喷锚防护。

从生态绿化、美观的角度考虑，很明显应首选各种带有植物的防护形式，对于砌石、喷锚混凝土的封面防护尽量少用或不用，如受条件所限不得已选用，应做好表面的植物绿化措施，例如设置爬藤植物绿化防护混凝土或砌石坡面、利用花钵栽植花木绿化美化圬工体边坡。

按以上所述防护类型分区推荐方案如下：

（1）A 区（河北省燕山—太行山区）边坡综合防护方案

A 区属山岭重丘区，区内地形波状起伏、沟深坡陡。为满足线形技术标准，高速公路常常需要高填深挖，由于夏季雨量集中，该区边坡防护重点是对长大边坡的水力侵蚀、重力侵蚀及二者混合侵蚀进行防治。

根据路基防护形式的选择原则，考虑不同防护类型的经济差异性，得出 A 区高等级公路边坡防护推荐方案（以下边坡防护推荐方案的前提均是做好综合防护排水措施、坡体不发生大规模失稳现象）如下：

① 路堤边坡防护。

a. 黏性土、砂性土及碎石土路堤。

首先考虑植被防护，该种防护包括纯植被防护、土工合成材料植被及框格内植被防护。由于该区的特点，纯植被防护易造成坡面冲刷、滑坍，一般不推荐使用，仅用在路堤较矮、边坡坡率小于 1∶1.5 时。推荐土工合成材料和砌石框格内植被防护形式，而该区石料丰富，应首选砌石框格为宜。

（a）植物种类：以耐寒、耐旱、生命力强的本地植被品种为主，一般宜以草木结合方式种植，初期草木混播，依靠植草防止冲刷破坏；后期主要靠矮灌木覆盖坡面，起到防护效果。主要推荐的矮灌木有紫穗槐、黑麦、小冠花等。

（b）土工合成材料植被护坡：一般坡面可采用土工三维植被网垫植草，高陡边坡（1∶1～1∶1.5）可采用土工格室填土植被防护。

（c）截水骨架防护：该种防护形式多样，有拱形、菱形、人字形的，由于该区内石料丰富，开采使用方便，截水骨架防护一般推荐采用拱式砌石（顺拱）护坡、菱形网格砌石护坡等。

（d）局部高陡路堤边坡（路堤高>20m）宜选用组合防护类型，一般采用护脚挡墙+框格防护或护面墙+框格防护。

b. 土石混填和软石填筑路堤。

路基填料中大块石含量为30%～70%时一般称为土石混填路基。当用开挖山体的风化软石（如页岩、泥岩等开山渣）填筑路堤时，为防止雨水渗入软化填料，一方面加强压实度，另一方面要采取必要的防护措施，具体有：

（a）采用框格植被防护（同黏性土等路堤防护）。

（b）可采用黏性土包边，结合植被绿化。

（c）局部高陡边坡防护同黏性土等边坡防护。

c. 桥头路堤。

河北高速公路桥头填土普遍较高，路堤和锥坡如得不到防护，则边坡易被冲刷，引起桥头沉降，甚至掏空导致台后填料流失，危及桥台，影响行车安全和舒适。为此，要求桥台外10m长的桥头路堤采用厚3.0cm满铺M7.5浆砌混凝土预制块护坡，桥头设人行踏步，兼作桥头排水急流槽，以确保路堤不受冲刷。

② 路堑边坡防护。

a. 一般土质路堑边坡：在条件允许时应首先考虑植被防护。当挖方超过6.0m，且边坡土质水文地质情况复杂时，应先做好排水工作，然后采用截水骨架防护，并处理好坡脚的稳定问题。

b. 风化岩石挖方边坡。

（a）首先要考虑采用防止岩石进一步风化的圬工封面防护。这种防护类型有浆砌片石护坡、浆砌片石护面墙，坡脚宜用砌石矮挡墙加固。

（b）结合国内现状调查、使用经验，建议采用两种绿化防护形式：一种是采用挂网喷混植生技术，另一种是在坡脚或分级坡面平台上覆土，种植爬藤植物，如地锦（三、五叶）、爬山虎等。这些防护首先均应做好坡脚稳固处理，坡面危岩、碎落岩石的清理工作。

（c）高陡风化岩石边坡：一般采用挡土墙+系统锚杆+挂网喷锚防护。挂网种类有铁丝编织网、土工网或双向土工格栅。此类防护工程造价相对较高，采用时应做好技术经济比较。

综合以上路堤、路堑防护形式，在一些高填方路堤和深挖方路堑边坡坡脚处宜设置0.8～1.5m高的矮砌石挡墙（1∶0.5左右），可减少土石方量，且起稳固坡脚的作用，达到“固脚强腰”的效果。这种做法在B区同样适用。

c. 土路肩、护坡道及边沟外平台防护。

按照边坡冲刷机理，边坡顶部为零防护区，但为了防止路肩渗水而危及路基路面，同时为了线路美观，可采用厚8cm的水泥混凝土预制块铺筑。

护坡道可采用植草和种植紫穗槐综合防护兼绿化。

边沟外平台距离路面较远，人坐在车内便可观赏到，应作为重点绿化部位，同时达到观赏、绿化、环保等多重效果。

（2）B区（河北省坝上高原丘陵、燕山—太行山低山丘陵、平原微丘地区）边坡综合防护方案。

B区地形地貌主要以坝上高原丘陵、燕山—太行山低山丘陵和平原微丘三种地貌特征组成，公路边坡侵蚀破坏主要以水力侵蚀、冻融侵蚀为主，因此该区公路边坡防护主要侧重于冲刷防护、防冻胀、防冻融方面。

① 路堤边坡防护。

a. 一般土质路堤：该区路堤填筑主要以低液限黏土、粉土为主，坝上高原地区分布有黄土和砂性土，间或夹杂碎石土。

（a）防护临界高度以下路基边坡推荐采用植物防护，即植草或灌木栽植，但应做好路面、路基综合排水设施。植物品种：特殊地段（立交区附近）采用植草防护；其他地区建议采用矮灌木防护。

由于一般地区供挖取使用的草皮缺乏，种草、植树更便利一些。种草一般选取多年生、耐寒、耐旱、根系发达的草种，植树优选容易成活的树种（包括灌木）。黑麦、小冠花均是耐寒、耐旱植物。黑麦、小冠花联合种植技术在北方较寒冷、干旱的一些地区获得了成功，较适用于北方地区的气候条件。黑麦生长快，当年就能长成，但其扎根较浅，适宜短期防护；小冠花生长慢，一年以后才能长成，但扎根较深，尤其耐旱，并且其蔓延繁殖能力强，适于路基边坡的长期防护，二者结合起来就能达到短期防护与长期防护相结合的目的。

在植树方面，河北省多年来在多条公路边坡上栽种紫穗槐，已经取得了许多宝贵的经验，比如京石高速公路、大秦铁路唐山段、石黄高速公路等，都采用了这种防护措施，并取得了成功，既防护了边坡，又美化绿化了公路。

（b）防护临界高度以上的土质路堤，为保证边坡水稳定性，根据土质实际情况选择采取三维植被网垫植草（灌木）或截水骨架植草（灌木）防护路堤。草（灌木）品种同A区。截水骨架防护形式根据工程项目当地材料供应情况选择混凝土预制块植草或砌石植草防护，考虑长期使用稳定性及经济性要求，推荐采取三维植被网垫植草（灌木）和拱式砌石+植草（灌木）防护；

b. 填石或土石混合填筑路堤：防护方案同A区。

c. 桥头路堤：防护方案同A区。

② 路堑边坡防护。

a. 一般土质路堑边坡：坡面防护措施大致同A区。

b. 高大土质路堑边坡：首先要做好坡面、坡顶综合排水措施。

根据土质的不同可选择采取土工三维网植草（灌木），土工格室植草（灌木）及各种骨架植物防护措施。骨架防护一般宜选取拱式砌石（顺拱）植草（木）防护，拱跨度不宜太大，一般小于3m，在坡脚处做好稳固处理。

c. 风化岩石路堑边坡：防护措施大致同A区。

③ 土路肩、护坡道及边沟外平台防护。

防护方案同A区。

（3）C区（河北省平原区）边坡综合防护方案

该区与其他两个区域显著不同的特征是广布的黏土、粉质土，在滨海平原区有不良的盐渍土。这就决定该区防护的主要目的是防雨水冲蚀和盐渍土的各种病害。

① 路堤防护。

a. 粉质土路堤边坡。

首先考虑植物防护，单纯植物防护不足以解决粉质土易水毁的特性，还应辅以各种措施，如土工三维网垫、混凝土预制块植草（灌木）防护边坡。由于当地缺少地产块、片石，路堤防护在进行经济比较的前提下，进行砌石截水骨架+种草与预制混凝土块截水骨架+种草防护选择。

b. 盐渍土路堤防护。

考虑盐渍土路堤所具有的病害特征，路堤防护一般采取如下措施：

（a）坡面土质改良。

当土壤含盐浓度过高（大于0.05%时），pH值在4.5～5.5或8.0以上时，应进行边坡土壤改良。主要方法有：

灌水洗盐法：植树台等需要特殊绿化的部分采用灌水洗盐法，以降低土质的含盐量。

客土法：对含盐量较高的坡面可以采用表层土换土法，进行绿化防护。

掺砂法：由于盐渍土地区多为颗粒较小的粉质土，透气、透水性均不好，在坡面掺入一定量砂子和有机肥，改善土壤结构，利于植物生长。

（b）采用耐盐碱植物防护。

种植耐盐碱植物，可以通过植物不断吸收分解土壤盐分，把土壤中盐分逐步固定在植物体内，达到绿化防护效果。

② 路堑防护。

由于该地区地势平坦，路堑结构不多见，路堑边坡坡面防护可参照路堤防护执行。

4.4 津石高速公路保定段路基边坡防护设计应用技术

边坡以灌草植物进行生物防护，以减少人工痕迹，该项目边坡地改变传统高速公路边坡地植被品种，采用抗性好、生长快的新型地被品种，如白蔹、杠柳、鸡矢藤、地锦等。植草防护种植杠柳，格网种植鸡矢藤，拱形防护种植白蔹。

主线护坡道采用列植行道树方式进行绿化，其中在护坡道种植小乔木为主间植花灌木的方式形成景观带。采用柳树、刺槐、白蜡、红叶李、金叶榆、油松、桧柏等常用公路绿化苗木品种进行栽植。行道树种植方式以列植为主，间距 8m。预制格网路侧方案一为行道树种植垂柳、桧柏、红叶李株，行距 8m，隔离栅种植藤本月季进行人畜隔离；方案二为行道树种植垂柳、金叶国槐、油松，隔离栅种植黄刺玫。

4.4.1 植草（灌木）防护

当路基高度小于 3.0m 时，路基边坡采用植草灌木防护（图 4-23）。坡面插播红柳，2 株/穴，穴间距 75cm。

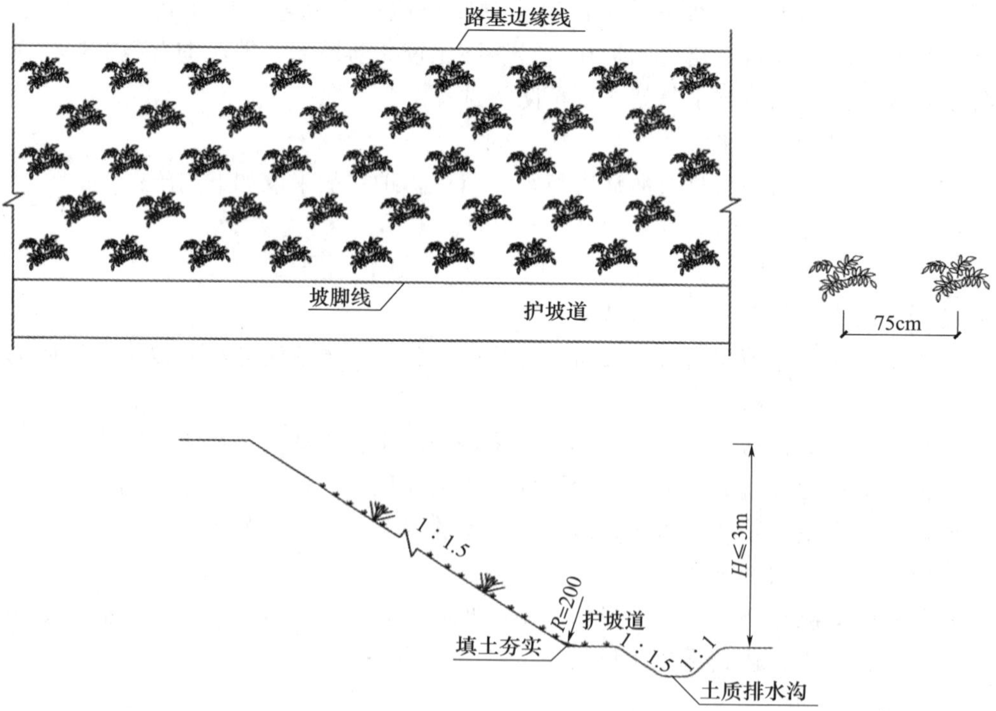

图 4-23　边坡植草（灌木）防护

路侧绿化方案：公路两旁的行道树种植白皮松、榆叶梅，间隔种植，榆叶梅每5棵组团种植，大花秋葵每平方米4株（图4-24）。白皮松 H（高度）= 250cm，P（冠幅）= 150cm；榆叶梅 D（球径）= 5cm，H = 150cm，分支点60cm，P = 100cm。

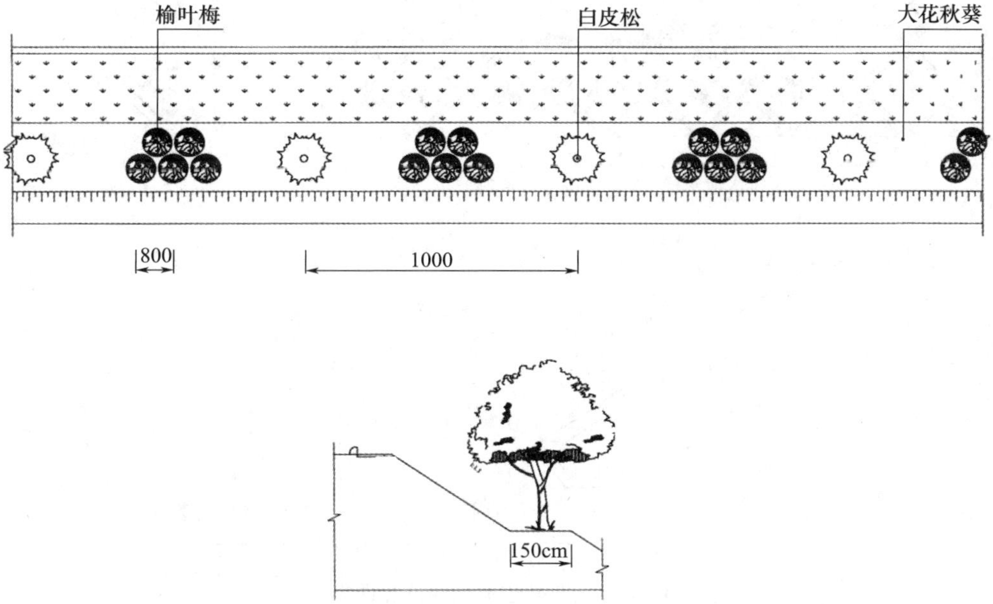

图4-24　边坡植草（灌木）防护路侧绿化

4.4.2　网格绿化防护

当路基高度大于3.0m、小于5.0m时，路基边坡采用网格绿化防护（图4-25）。坡面插播鸡矢藤，2株/穴，穴间距60cm，每处格网内2穴。

预制格网路侧绿化方案一：公路两旁的行道树种植垂柳、桧柏、红叶李，隔离栅种植藤本月季进行人畜隔离（图4-26）。垂柳 D = 12cm，分支点300cm，3分支以上，单排株距8m；桧柏 H = 250cm，P > 60cm，单排株距8m；红叶李 D = 8cm，H = 300cm，分支点60cm，P = 100cm，单排株距8m；藤本月季为两年生，条长50cm，单排株距50cm。

预制格网路侧绿化方案二：公路两旁的行道树种植垂柳、金叶国槐、油松，隔离栅种植黄刺玫进行人畜隔离（图4-27）。垂柳 D = 12cm，分支点300cm，3分支以上，单排株距8m；金叶国槐 D = 8cm，H = 250cm，分支点200cm，P = 150cm，每组2株，每组株距16m；油松 D = 10cm，H = 450cm，P = 300cm，单排株距16m；黄刺玫修剪高度 H = 100cm，5分支以上，单排株距50cm。

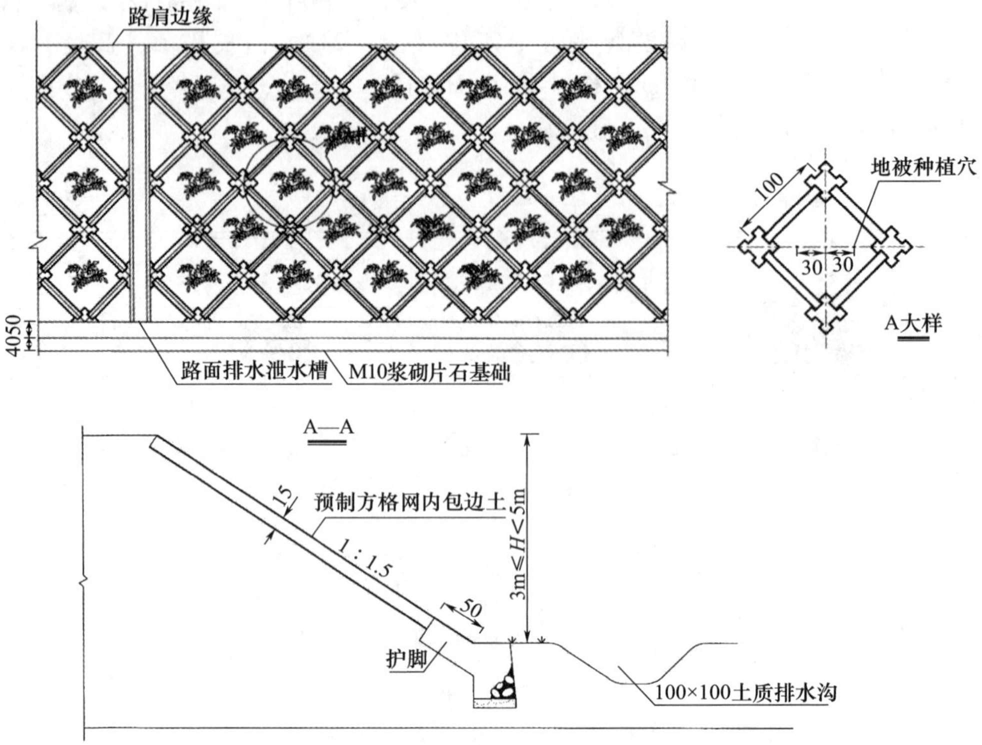

图 4-25　路基边坡网格绿化防护

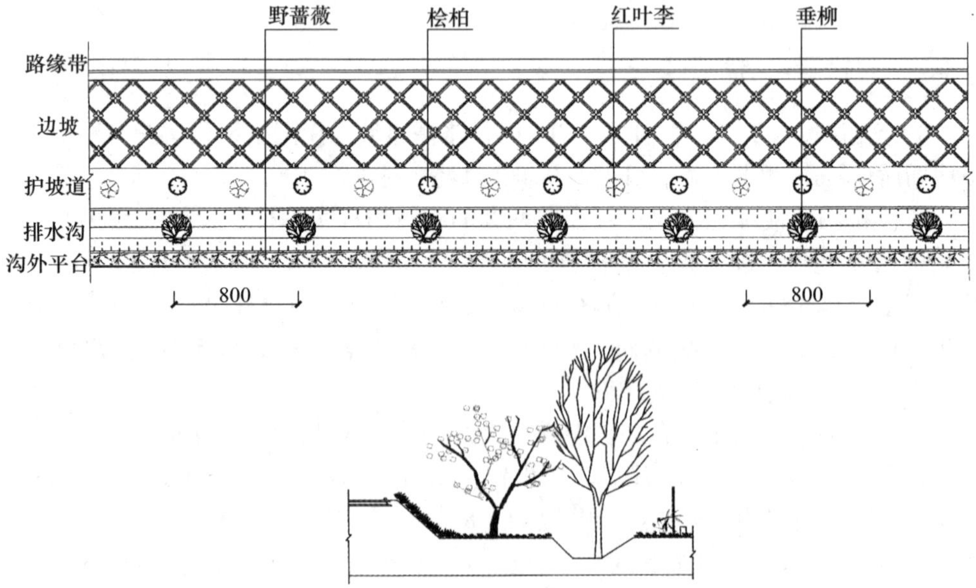

图 4-26　边坡预制网格路侧绿化方案一

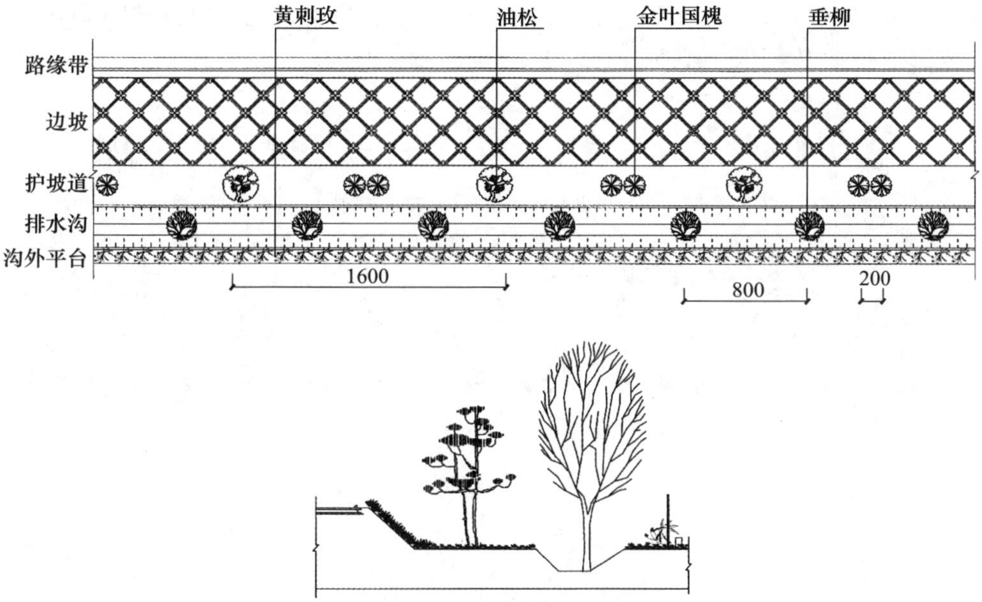

图 4-27　边坡预制网格路侧绿化方案二

4.4.3　拱形绿化防护

当路堤边坡高度 $H>5\text{m}$ 时，边坡采用拱形绿化防护（图 4-28）。坡面插播白蓛，每处拱形骨架内 12 穴，穴间距 60cm，2 株/穴。

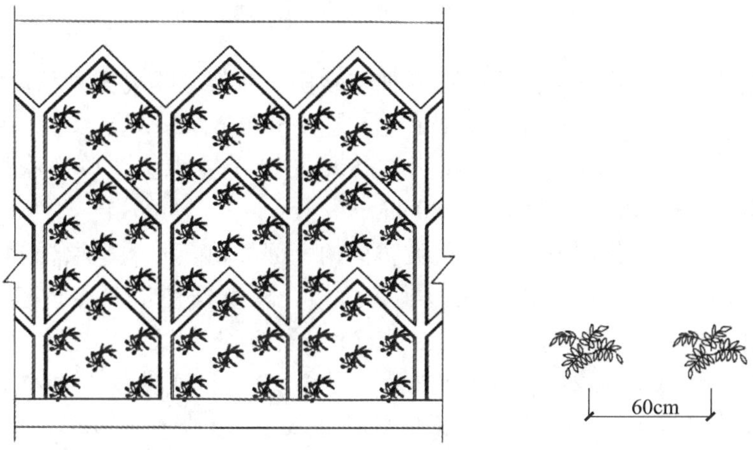

图 4-28　边坡拱形绿化防护

拱形防护路侧绿化方案一：行道树种植砂柳、白蜡，隔离栅种植黄刺玫进行人畜隔离（图 4-29）。砂柳 $D = 12$cm，分支点 300cm，3 分支以上，单排株距 8m；白蜡 $D = 10$cm，$H = 450$cm，分支点 360cm，3 分支以上，单排株距 8m；黄刺玫修剪高度 $H = 100$cm，5 分支以上，单排株距 50cm。

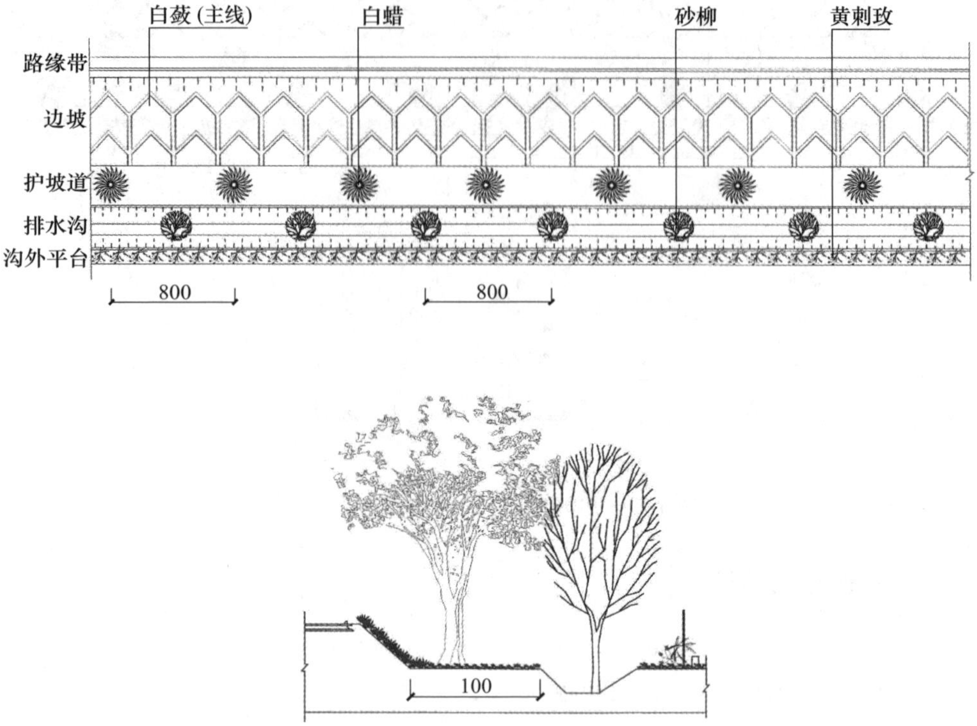

图 4-29　边坡拱形防护路侧绿化方案一

拱形防护路侧绿化方案二：行道树种植砂柳、北栾，隔离栅种植南蛇藤进行人畜隔离（图 4-30）。砂柳 $D = 12$cm，分支点 300cm，3 分支以上，单排株距 8m；北栾 $D = 12$cm，$H = 360$cm，分支点 280cm，3 分支以上，单排株距 8m；南蛇藤两年生，$H = 300$cm，单排株距 50cm。

拱形防护路侧绿化方案三：在边坡防护的上部种植金叶榆、桧柏等观赏性强的花灌木（图 4-31）。行道树种植砂柳、白蜡，隔离栅种植黄刺玫进行人畜隔离。金叶榆 $D = 6$cm，$H = 300$cm，分支点 260cm、3 分支以上；桧柏 $H = 200$cm，3 分支以上，单排株距 250cm，5 株/组，间隔 10m 更换苗木品种；砂柳 $D = 12$cm，分支点 300cm，3 分支以上，单排株距 8m；白蜡 $D = 10$cm，$H = 450$cm，分支点 360cm，3 分支以上，单排株距 8m；黄刺玫修剪高度 $H = 100$cm，5 分支以上，单排株距 50cm。

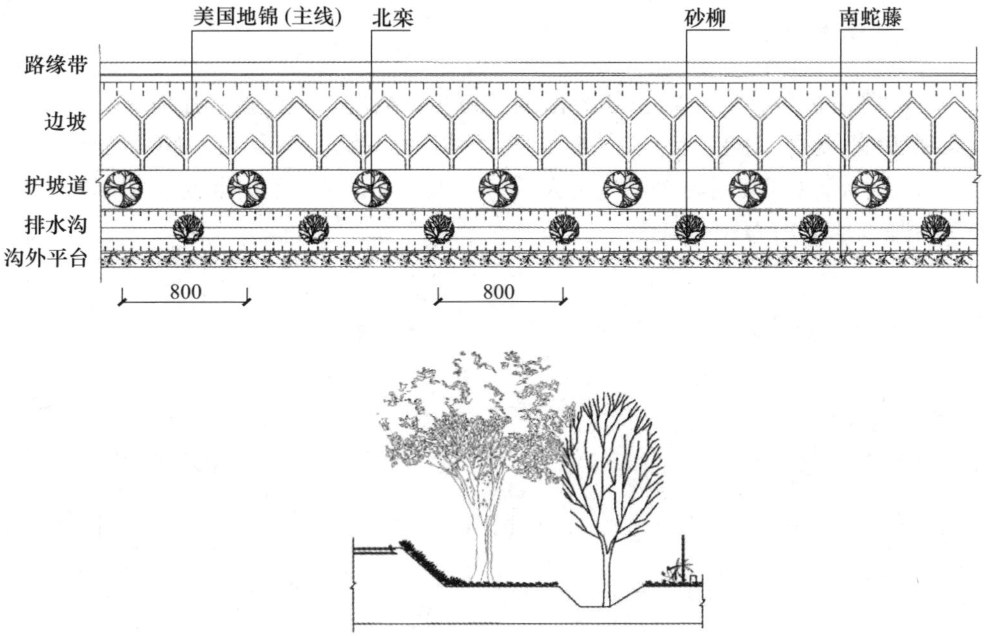

图 4-30　边坡拱形防护路侧绿化方案二

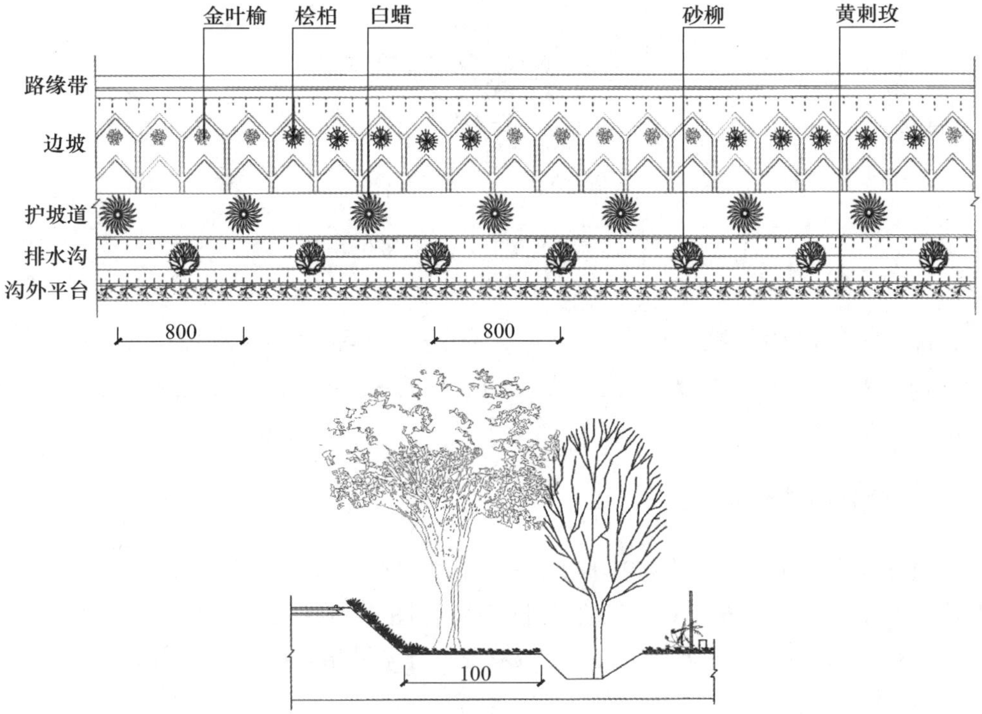

图 4-31　边坡拱形绿化防护路侧绿化方案三

4.4.4 桥头路基防护

一般路段桥头锥坡耳墙外10m范围内路基根据桥梁功能进行路基防护，大中桥梁桥头路基采用混凝土预制实心六棱块，基础均采用M10浆砌片石（图4-32）。滞洪区范围内大桥、特大桥每侧100m范围内采用混凝土预制实心六棱块，基础均采用M10浆砌片石。

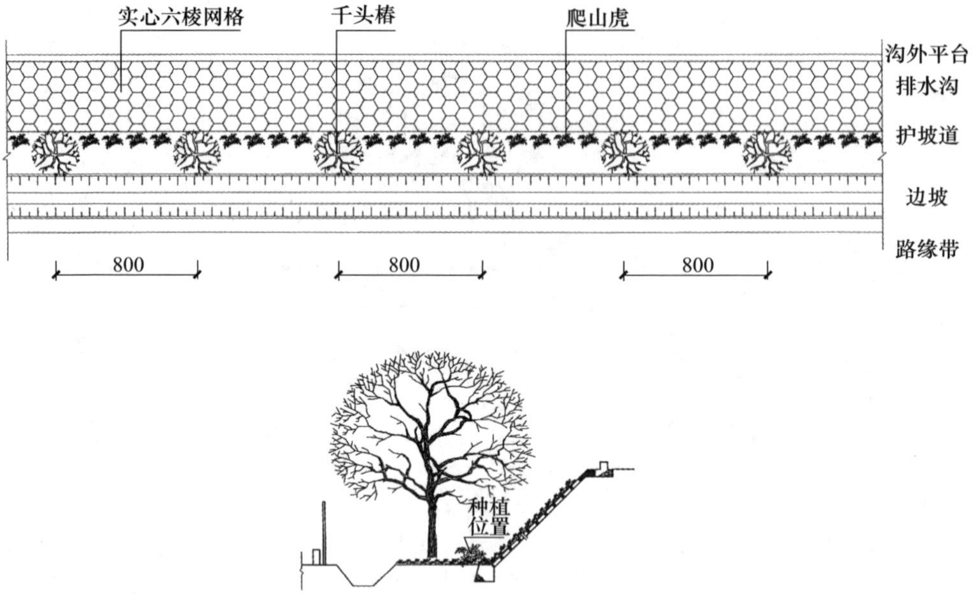

图4-32　桥头路基防护路侧绿化方案

桥头路基防护路侧绿化方案：行道树种植千头椿，坡地种植爬山虎。千头椿 $D=8$cm，$H=250$cm，3分支以上，单排种植，株距8m；爬山虎为两年生，单排种植，株距20cm。

4.4.5 挖方路基防护

挖方高度小于4m的路基边坡采用红花木槿两排交错种植，间距2m一棵，大花萱草作为坡面地被，在平台处种植钙果（图4-33）。红花木槿 $D=4$cm，分支点40cm，$H=150$cm，$P=100$cm；钙果每平方米种植4株；大花萱草每平方米种植25株。

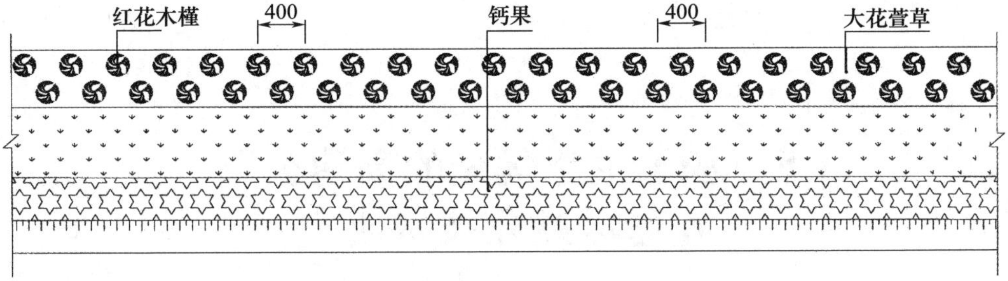

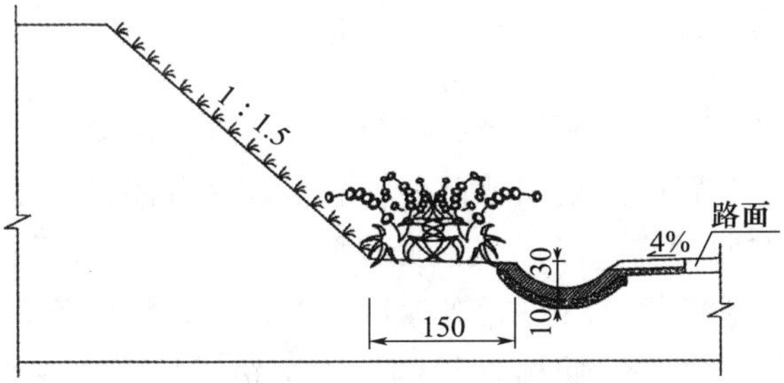

图 4-33　挖防路基绿化防护

4.5　本章小结

① 基于路基边坡冲刷侵蚀机理分析，揭示了高速公路路基边坡绿色植被防护机制，研究了植物根系与土的相互作用机理，通过有根土和无根土的抗剪强度试验对比，分析了土体中根系含量对其抗剪强度的影响。建立了基于加筋效应的根系复合土微观力学模型，确定了其工程常数。

② 综合分析了高速公路边坡绿色防护中植草（喷播植草）防护、铺草皮防护、草灌乔结合防护、土工合成材料植被防护、骨架植被防护的特点及适应性，在大量调查研分析的基础上，根据公路自然区划和河北省气候、地形地貌、地质特点等建立了河北省公路路基边坡防护类型区划，提出了高速公路边坡综合防护设计原则，推荐了分区路基边坡综合防护方案以及公路植物种类，为河北省边坡防护设计提供了统一的依据。

③ 结合平原区津石高速公路保定段的工程特点，系统研究了不同路基高度时路基边坡植草（灌木）防护、网格绿化防护、拱形绿化防护、桥头路基防护以及挖方路基防护的设计技术方法以及路侧行道树绿化方案。

5 基于生态优先的高速公路互通区绿化技术研究

互通式立交是高速公路之间以及高速公路与其他公路交叉时所采用的主要交叉方式之一，是高速公路的重要组成部分，也是高速公路的重要构造物之一，是公路网中最完美的沟通设施。互通式立交设计除了具有路线设计的一些特点外，还受小区域车辆行驶轨迹多向性、行驶速度多变性、线形元素多元化的影响。互通式立交由直行车道、匝道、匝道连接部、立交跨线桥和其他交通设施等组成。其中，直行车道、匝道和匝道连接部可分别进一步分为主线和被交叉公路、出口匝道和入口匝道、变速车道和平面交叉等基本单元，所有单元之间应按照交通转换功能及交通流的安全运行要求建立内在的有机联系，形成内外部协调的互通式立交子系统。按功能分，互通式立交可分为一般互通式立交和枢纽互通式立交。一般互通式立交主要用于高速公路等干线公路与地方公路的交叉，应主要服务于地方交通流的接入与集散。枢纽互通式立交主要用于高速公路等干线公路之间的交叉，应担负干线公路之间交通流转换的重要功能。

保证互通式立交具有完善的交通功能、较高的服务水平，行车安全舒适，降低工程造价，减少占用土地和拆迁建筑物，提升公路景观效果等至关重要。互通式立交内部区域的路基边坡、路肩、坡脚以及三角区和环行区域内应进行适当的坡面修饰，通过利用匝道的几何构成和原有的自然地形，从整体上营造与自然地形相近似的圆滑的坡面造型；进行景观绿化设计处理，提供良好的视觉效果，与周围自然景观相协调。为体现绿化景观的层次和色彩变化，适当采用有色灌木栽植。整个立交绿化考虑了空间和层次上的多种变化，形成四面可观、车移景异的效果。

本章基于分析高速公路互通区景观绿化的意义，提出了高速公路互通区绿化设计的要求和原则。基于互通区绿化技术，提出了互通区绿化中地形的处理技术、互通区绿化中微地形的处理、植物的选配技术、雨水收集和利用、互通区匝道节水灌溉技术。结合津石高速公路保定段典型的枢纽互通和一般互通，进行了绿化设计植物选配和灌溉技术应用。

5.1 高速公路互通区绿化及其意义

高速公路互通区绿化应包含立交设计范围内的边坡绿化、互通式立交绿地绿化、主线及匝道的路侧绿化。由于互通工程占地面积大，与环境的冲突大，植被受到了一定程度的破坏，为了恢复生态、保护环境，对大面积的互通区中受破坏的区域进行绿化，是高速公路环境保护的要求，也是高速公路互通区景观要求的组成部分。由于互通区具有良好的立地条件、较强的可塑性，高速公路互通区绿化是高速公路绿地景观中的节点。互通区绿化布局形式和树种选择应与高速公路主线协调一致，整条高速公路上的互通区绿化也应统一考虑，避免形式的雷同。

高速公路互通区绿化具备三个特点：一是自然协调性。互通区绿化不同于城市互通式立交绿化，互通区绿化是条带状高速公路沿线整体景观的重要组成部分，需将互通区绿化与公路整体绿化相结合。处于自然环境中的互通区，由于其地形多变，互通区绿化易形成风格各异的大地景观。同时互通区绿化物种会受到周围环境的较大影响。二是耐贫瘠管理性。高速公路互通区绿化大多在完成施工后便不再管理，仅依赖于自我维护，通过大自然的选择完成生态环境的稳定过程。三是安全诱导性。高速公路互通区绿化应起到诱导交通、提高交通安全的作用。因此，互通区绿化的植物配置应遵循诱导车辆、避免视线遮挡以及缓和冲击等基本原则。匝道曲线外侧采用小乔木和花灌木，预告匝道线形变化，引导驾驶员视线，也不会妨碍驾驶员视线。在分流的地方，丛植的灌木可间接引导驾驶员降低车速或在车辆因分流不及而失控时，缓和冲击、减轻事故损失；合流处不能栽植树木，因为树木会影响驾驶员的视线，导致交通事故的发生。

因此，高速公路合理的互通区绿化对实现完善的景观生态、形成良好的景观格局、创造宜人的行车环境具有重要作用，同时对保护高速公路周边的历史文化及民俗民风也具有重要意义。

（1）保护生态环境

高速公路建设不可避免地导致沿线原生植物被破坏、土壤盐碱化、农田被侵蚀、水源污染、动物生存空间被分割等环境问题。原生植物被破坏、建设区原本适宜植物生长的表层土壤损失后难以恢复。取土场、弃土场及裸露的土壤边坡也会造成水土流失。高速公路系统建设会将互相联系、构成一个完整系统的生态斑块肢解为彼此缺少联系的孤岛，大大减少了其生态效应。高速公路互通区绿化位于自然环境中，物种丰富，应本着节约资源、尊重自然、生态系统平衡、物质循环的角度，创造生态美观的互通区绿化景观，使高速公路互通区绿化成为自然景观的一部分，实现高速公路建设的可持续性发展。

(2) 利用乡土资源

高速公路互通区绿化宜采用乡土植物。使用外来物种容易造成病虫害大面积暴发，很难形成稳定的生态群落；乡土植物是高速公路互通区绿化的良好资源库，充分利用乡土植物能有效降低生态破坏。

(3) 延续乡土文化

高速公路连通着沿线的主要城镇和地区，其环境质量直接影响着该地区的总体印象，高速公路互通区绿化是展示其乡土文化的重要平台。因此，高速公路互通区作为地域之间的连接纽带，是地域文化的引导者。高速公路互通区绿化景观作为区域内的景观节点，应具有其独特的地域特色，是各个区域文化特色的展示点，不同的景观结构与功能。由于不同地区的气候、地形地貌、植被、文化传统、风俗习惯等存在较大差异，高速公路互通区绿化也应该注重其特有的功能性。

5.2 高速公路互通区绿化设计要求

互通式立交绿化设计以生态恢复为主，景观与生产相兼顾。互通式设计强调地域特征，省会城市周边的互通要在保证交通安全的前提下，注重空间层次、色彩营造，突出个性，增强景观效果；地级城市、一般县级城市、城镇乡村周边的互通式设计标准可逐次降低。在城市的出入口可以辅以少量硬质景观点缀。

5.2.1 生态恢复与景观要求

高速公路互通区绿化作为一种特殊的景观绿化类型，其植物生态恢复能力至关重要。高速公路互通区绿化是高速公路绿化景观中可塑性最强的区域。但在高速公路互通区施工过程中，不可避免地会对区域内原始地形地貌、水土环境及酸碱度等方面产生不同程度的破坏，进一步会破坏原有的生态平衡系统。因此，高速公路互通区绿化时应兼顾对地形地貌的保护及多样化环境营造。地形塑造可为生态恢复创造丰富多变的环境，互通区内的绿化植被能实现自然演变和快速恢复，同时，互通区内微地形塑造可兼顾植物多样化的恢复和水土涵养。

高速公路互通区绿化实质上是植物生态恢复的过程，因此，在互通区微地形成形前尽量不要破坏其原有的成熟植物，同时应深入调研乡土植物，尤其是自我繁衍能力强的乡土植物品种，以保证植物的自然生长有利于生态的自我调节和恢复。

在线路选线时，应合理确定互通区与风景区的距离，避免分隔生态景观空间和视觉景观空间。互通区必须穿越森林、果园、绿地时，尽量以曲线绕行通过为宜。应当充分利用沿途孤立大树、独立山丘等独立景观点作为主导建筑进行景观设计。其形式选择应有利于风景观赏。互通区空间景观应与公路所形成的带状景观环境相协调，对互通区应避免大填大挖而破坏自然景观，防止互通区中断公路所形成的带状景观。

5.2.2　生态美学要求

生态美学强调人与自然的动态平衡，因此高速公路互通区绿化设计不能只注重形式美，而忽视其生态美。在设计过程中，应以长远的眼光出发，避免植物更替过快，将设计过程融入自然的选择和恢复中。同时，互通区绿化景观要求也应从高速公路整体绿化、周边环境、绿地系统以及所在区域土地性质等各方面整体出发，将互通区绿化视为整个生态环境的一部分，使整个高速公路绿化形成一个整体，使人工景观融入周边的自然景观中。可根据要求设置雕塑、景观石或其他类型的标志性景观小品。雕塑小品的设置应注意色彩、造型，并不得妨碍视线。

5.2.3　安全性要求

高速公路互通区绿化的安全性要求体现在互通工程功能上，保障车辆行车安全也是高速公路互通区绿化的功能之一。根据高速公路互通区绿化的相关要求，确保主线车辆与互通区匝道车辆、匝道与匝道车辆相互之间的视线关系，对互通内的绿化提出了安全功能要求。而互通区绿化设计也是在车辆合流、分流处，也应在安全第一的情况下进行。在互通区绿化的设计上应充分考虑互通区的功能要求，使绿化与互通的功能结合，达到绿化美化的作用，同时又能对车辆起到交通安全的提示作用。

设计时应保证互通区具有良好的通视条件，出入口应易于分辨，并通过标志、标线、绿化栽植等进行视线诱导。植物尺度不宜过高，以小灌木为主，互通区出口减速车道宜设置于上坡路段，入口加速车道应设置于下坡路段，互通区匝道内可绿化部分应全部进行绿化设计。

立交区车道合流处的通视三角区为限制栽植区域，不得栽植遮挡视线的植物。汇流鼻前匝道与主线间应具有如图 5-1 所示的通视三角区。

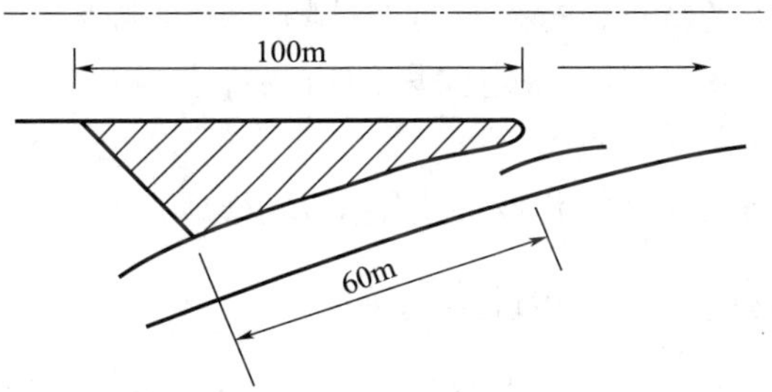

图 5-1　汇流鼻前通视三角区

互通式立交绿化在车道分流处、匝道外侧及车辆驶出匝道处的路侧宜进行诱导栽植，以利于对行车进行线形预告和视线诱导。

同时，除了车辆的安全性，互通区绿化内植物的安全性也是重要的因素。大面积的病虫害、外来物种的大面积入侵以及不正确的植物选择和配置形式都将给互通区绿化带来严重的威胁。

5.2.4 标识性要求

高速公路互通区绿化作为道路整体结构的重要节点，也是道路进入所在区域的“门户”。作为行驶过程中的标识性节点，互通区绿化应具备以下要求：

（1）增强地域导向性

互通区绿化可以作为一个地区的指示标、区域标。增强地域的导向性就是在绿化景观设计时加强地域特色及与周边自然环境良好融合。

（2）增强行车的导向性

高速公路互通区绿化具有行车导向性，匝道内侧植物需保证避免车流在汇流处形成盲点，保证交通安全，在分流处进行指示栽植；在匝道两侧可进行诱导性栽植，利用植物的阵列感引导车流，预告匝道的走向；在匝道外侧可种植缓冲灌木，减轻交通事故的损失；在汇流处除了不栽植大乔木和灌木外，还应将地形整理为凹地形或平地。

5.3 高速公路互通区绿化设计原则

高速公路互通区绿化设计要突出生态优先原则，创造良好的生态景观，形成稳定的自然群落，实现绿地内的水土涵养，提升植物的恢复能力，减少维护成本。应结合路基防护、安全设施设计，着重考虑行车安全，充分考虑动态视觉与心理效果；应以利于沿线区域的环境保护、生态恢复和水土保持为重点；应与沿线环境和景观相协调，因地制宜，充分体现地域特色。统筹考虑与城镇绿地系统、风景区、防护林带、自然保护区、文物保护区等规划之间的对接；应充分考虑高速公路管理养护的特点，遵循近自然植物群落景观营造的理念；应遵循适地适树、乡土植物优先的原则。特定路段的植物配置应避免对人、畜、作物造成危害。

因此，高速公路互通区绿化设计应坚持以下原则。

5.3.1 维持原有场地地形，实现生态平衡

在高速公路的建设过程中，充分保护原有场地的地形地貌和原生植被，在保证交通安全的前提下，避免大填大挖，对必须要进行填挖的场地，可采用移植回

迁的方法，保证当地特有植物的基因延续性。除此之外，还需加强对于外来树种引进对原生植被带来的风险分析，防止有害物种进入。

5.3.2 尊重生态规律，融于自然环境

高速公路互通通过的区域大多以自然景观和乡村群落为主，常伴有河流、山川、森林等自然景观，在互通区绿化设计中可将自然景观纳入道路景观设计中，使人造的互通景观成为乡村整体环境的一部分，创造出尊重自然、融于自然的生态环境。

5.3.3 选用乡土植物，归于乡土环境

高速公路互通区绿化设计在考虑其美学和文化价值的同时，还要考虑其适应性、生态性和生物多样性。生物多样性保证了生态系统的稳定，提高了群落的景观观赏价值，增加了植物的抗逆性和防虫害性，实现生物多样性可从三个方面入手：保证乡土植物的绝对数量优势；保护各种类型和多种生态演替阶段的生态系统；尊重生态演替过程中的自然干扰。

5.4 高速公路互通区绿化设计方法

互通式立交内部区域的路基边坡、路肩、坡脚以及三角区和环行区域内应进行适当的坡面修饰，通过利用匝道的几何构成和原有的自然地形，从整体上营造与自然地形相近似的圆滑的坡面造型；进行景观绿化设计处理，提供良好的视觉效果，与周围自然景观相协调。为体现绿化景观的层次和色彩变化，适当采用有色灌木栽植。整个互通式立交绿化注意空间和层次上的多种变化，形成四面可观、车移景异的效果。

互通区绿化设计方法就是实现生态环境效益最大化。决定互通区绿化的生态环境因素主要体现在地形微处理、植物选择与配置、雨水收集和利用三个方面。

5.4.1 地形处理

通过塑造高速公路互通区地形创造丰富多变的生态环境，形成迥异的小气候，生物群落在小气候的影响下自然衍生，最终形成稳定的生态环境。互通式立交绿地的场地整理，宜尽量保留主线与匝道围合区域内原有的起伏地形。有条件时宜对路基边坡的坡面、坡脚以及三角区进行自然化的坡面修饰，放缓填挖形成的高陡边坡，路基填方边坡坡率按照高度逐渐变化，越接近地面坡率越小，由1∶2～1∶1.5减缓至1∶4左右，并在3～4m宽度范围内将路肩处修饰成近似圆弧形。

1）互通区绿化中地形的功能

（1）生态功能

起伏变化的地形创造出丰富多变的互通区绿化的生态环境。地形的生态功能主要表现在以下几个方面：①不同的地形生态因子不尽相同，不同的生态环境为生物多样性创造了条件；②微地形改造有利于蓄水，防止水土流失，增加涵水率；③原有地形经过雨水的冲刷和多年的沉积后形成，具有一定的稳定性，表层土壤有丰富的营养物质供植物生长。④尽量维持原有地形可以在地形整理过程中减少机械使用量，节约成本。

（2）美学功能

互通区绿化是高速公路绿化中面积最大、景观可塑性最强的场地，不同的地形可塑造出不同的景观特点。主辅道之间的高差是地形塑造的依据，在满足路面排水、车道坡度、线路流畅度、道路宽度等条件的基础上，形成动态的景观观赏面和连接面，并形成不同风格的空间类型：①地形的变化可创造出不同的视线面，凸地形具有延伸性，空间呈发散状态，是最佳观景点，凹地形则视线封闭，空间呈积聚状。②地形的变化具有整体性、雕塑性，可塑造出大地景观，如梯田、花坡等。

2）互通区绿化地形处理方法

（1）坡地地形处理方法

平缓坡地。

平缓坡地具有较好的观赏面，司乘人员在行驶过程中能够通过行驶速度和位置的变化欣赏到不同的景观，适宜于花坡和疏林草地的景观类型，利用植物组团、密林、花带等在行驶中塑造出“树成林、花成片”的景观。

这种地形可根据朝向不同形成风格迥异的小气候，相同面山坡的环境因子相近，而阴坡和阳坡之间却存在差异较大的气候环境，根据具体情况选择合适的植物和配置形式。阴坡受到太阳光照射的时间较短，温度低于阳坡，植物生长情况较差，植株矮小；阳坡阳光充足，但地表易失水，所以在植物配置过程中阴坡适合耐寒植物，阳坡适合耐旱植物。

陡坡坡地。

陡坡坡地容易造成水土流失，在设计时应加强节流蓄水。对现有地形地貌加以修饰塑造成梯田形式，还可结合当地的文化民俗来创造特有景观。梯田具有涵养水源和防止水土流失的作用，也利于提高陡坡坡地植物的生物多样性，同时也解决了植被灌溉问题。

（2）平地地形处理方法

平地地形一般是在高速公路施工中挖方形成的，设计时可将此地形进行微地形处理，使之从细微处丰富起来，并通过微地形形成地表径流将场地内的积水汇集到一起，通过排水沟排出。

平地地形出现在互通的合流区域，该区域的交通安全至关重要。合流匝道处应保证视线通透，切忌种植高大乔木或枝叶茂盛的灌木，阻挡司乘人员的视线，同时配合乔灌草三层植物丰富植物层次。

5.4.2 植物选择及配置

植物选择及配置是高速公路互通区绿化设计中的重要组成部分。高速公路互通式立交范围内的植物种植设计，除了诱导交通、提高交通安全的主要作用外，还有恢复生态、美化环境、改善小气候、稳固水土等多重作用。互通式立交绿化栽植应建立乔、灌、地被、草为一体的、生物多样性的生态植物群落。利用植物种间互惠共生的关系优化植物生长环境，发挥不同层次植物在绿量和季相方面的互补性，提高生态效率，丰富植物观赏景观。

植物不仅能满足高速公路的景观要求，还兼有安全导向的功能。

1）互通区绿化中植物的功能

植物在互通区绿化设计中能够创造出安全行车空间，通过合理的植物配置，能够有效引导视线，为驾驶员提前起到指示作用。

可结合地形稳固水土。植物有涵养水源的作用，互通区绿化中有很多遭受严重破坏的场地，植物能改善被破坏的生态环境。

高速公路互通区是一个城镇的门户，植物的选择可展示地方特色，乡土植物的选择不仅适应当地的生态环境，也创造了丰富的地域特色景观。

互通区绿化的植物配置能体现互通区绿化的生态美，互通区绿化所经之地基本为乡村，可挖掘乡土植物资源，突出野趣盎然的田园风光。

2）互通区绿化中植物的设计方法

（1）设计原则

生态性。植物选择应以适应当地生态环境能自我管理、自我恢复为前提，植物使互通区绿化生态多样化，创造出不同的富有生态美的植物景观。

景观性。植物的多季相变化可丰富高速公路的景色更替，在地形、气候等条件的基础上打造出丰富多彩的自然景观，给司乘人员带来不一样的行车体验。

安全性。互通区绿化的植物配置应遵循诱导车辆、避免视线遮挡以及缓和冲击等基本原则。匝道曲线外侧采用小乔木和花灌木，预告匝道线形变化，引导驾驶员视线，同时减轻交通事故带来的损失，缓和失控车辆的冲击。匝道内侧车辆合流处则不宜栽种高大乔木和高灌木丛，以防遮挡驾驶员视线。

文化性。植物是反映当地自然特色的重要依据，乡土植物的使用和野生植物资源的利用可大幅度地提高植物的存活率和生长速率，并且突出当地的风土民情。

（2）植物的选择原则

尽量采用乡土树种，利用乡土树种的生长优势降低维护成本，提高苗木成活率，当地原有的植物采用迁地移植的方法，最大限度地保证不破坏原有的植被情况。

采用适宜粗放管理的植物，既可减少维护成本，又能突出高速公路的自然特色。

适当使用生长快速的先锋物种，既节约成本，又能快速达到预期效果。

（3）植物的设计方法

植物的设计宜与地形相结合。平缓坡地可将自衍能力强，且适合互通区绿化立地条件的草花种与黏性土壤做成的泥浆混合，通过建造具有团粒结构的基盘，进行播种，实现快速绿化，促进生态系统快速恢复，形成具有自然野趣的花坡景观。平缓坡面也适合疏林草地的配置形式，通过植物层次变化来加强坡面的对比度，也将前后植物景观展示出来。

陡坡坡面在进行护坡加固处理后，一方面可利用加固坡面进行垂直绿化，形成“绿色屏障”，另一方面经过稳定的土壤可配置成花坡式、梯田式的植物景观。

平地地形大多出现于汇流处，为了不影响行车视线，不宜种植高大的灌木。

陡坡山地在完成边坡加固后可运用爬藤类植物或喷草籽的方式柔化立面，坡顶种植乔木增强山地高耸的气势；梯田式就是利用地形塑造成梯田景观，既可涵养水土，也可形成具有地域特色的大地景观；对于原生植被生长势较好的部分则采用原址保护的方法，为原生植被提供稳定的生存空间。

（4）植物的种类

① 植物种类的选择

以选择使植被恢复的植物为准则。互通区内绿化植物应尽量选用乡土树种，做到适地适树，以提高苗木成活率和节约后期养护管理成本。以常绿植物为主，混植季相变化丰富的落叶植物，形成乔、灌、地被、草为一体的生态植物群落。

② 种植方式

行车在互通式立交上是一个动态的观景过程。绿化栽植设计应考虑不同角度的观景要求和动态的观景要求。种植方式从景观的角度以行列式、丛植、孤植、整形的种植形式为主；从功能上以诱导种植、禁止种植以及标志性种植为主。绿化种植形式以自然式群落栽植为主，小范围内用花灌木组成具有地域特色的规则性图案，以提高互通式立交的可识别性。图案形式要求简洁明快，富有寓意。在合流端禁栽三角区内，不能栽植遮挡驾驶员视线的乔、灌木，可根据具体情况栽植低矮灌木、地被和草皮。

③ 植物种植设计

互通区应能提高司乘人员对互通式立交的辨认能力。在景观规划设计方面，技术上有相同之处，都是侧立面的景观再造。可以说在景观规划设计方面，立交区就是互通区的一个组成部分。

互通区对公路整体来说是一个点式景观，以自然式设计手法为主，但是公路两侧应以规则式种植相辅。在引导司乘人员视线的同时，突出中心位置的庭院式景观。在整体构图上可考虑种植植物形成图案，以突出地方人文特色为宜。植物选择可考虑常绿树与彩叶植物共同造景，高矮错落，力求做到色彩搭配合理，层次条理分明，四季皆成景。

互通区的规划设计是通过植物造景，使景观的造型与自然景观相融合，以生态性为主，在大小不同、形态各异的绿地中，利用不同植物的镶嵌组合，形成一个层次丰富、景色各异的花园绿岛，营造一个优美的行车环境。

互通区景观规划设计的重点区域是匝道围合而成的圆形空敞，由于匝道区域车速较慢，创造优美、和谐的景观就显得尤为重要。为了保证视线的通透，入口处内侧应栽植植株低矮的树丛、灌木，株高不宜超过 1. 2m，而且入口处外侧应利用树丛、灌木勾勒出道路类型，以起到标志性和导向性的作用。匝道的内边坡应尽量平缓，使主线与匝道的围合区域形成一个小的下凹式庭院。以本土植物为基础种植，选择一些与其他绿化区域相似的植物，采用乔、灌、草的复合群落，在栽植时最好能形成图案，或采用雕塑造型等，以能表现出当地的经济文化特色为宜。景观上要注意与周边环境和整条道路景观协调一致。匝道边坡也可种植藤本植物，可减弱公路建设在视觉上的生硬感。

高速公路互通区景观规划设计模式示意图如图 5-2 所示。

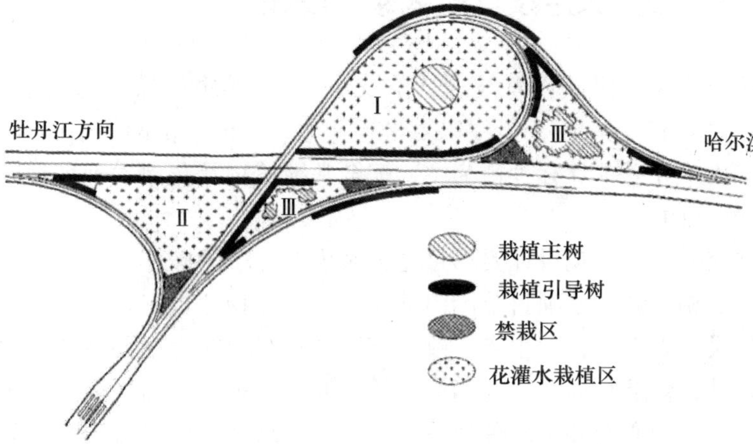

图 5-2　高速公路互通区景观规划设计模式示意图

5.4.3 雨水收集与利用

在高速公路互通区绿化中，由于面积大、位置偏、成本高等客观原因，雨水资源是互通区绿化中水的唯一来源，因此，在互通区绿化中雨水资源的收集和利用尤为重要。

（1）汇水沟

汇水沟是隐形蓄水的一部分，一方面可渗透雨水，通过缓慢渗透将雨水吸收到土壤或渗水盲沟中，另一方面还可为富余的雨水承担起运输的作用，不能完全渗透的雨水通过汇水沟的通道流向汇水面和边沟。

（2）汇水面

高速公路互通区绿化在地形塑造时可有意识地将地形“复杂化”，即在相对平坦的位置设置深浅不一的凹处，使雨水通过地表径流汇集于此，形成临时汇水面。

（3）渗水盲沟

渗水盲沟是将富余的雨水排入排水沟的径流通道，当汇水面的雨水已无法被土壤吸收而达到饱和状态时，富余的水则可通过预先埋设于地下的渗水盲沟向四周土壤层渗透，另外渗水盲沟连接着互通周边的排水沟，可以更好地将多余的雨水排出场地外，以免积水而造成植物被淹。

（4）排水沟

排水沟是高速公路线路建设的一部分，其作用也是排出在路面以及坡面留下的雨水，当土壤完全饱和后，排水沟将把多余的雨水送出场地外。

5.5 津石高速公路保定段互通区绿化设计

津石高速公路保定段共设置互通式立交 16 座，其中枢纽互通式立交 4 座，服务型互通式立交 12 座。鉴于沿线以乡村、林地、田地、苗圃等田园环境为主，互通区绿化采用落叶乔木片林种植为主，配合常绿植物及花灌木种植达到与自然环境协调统一的目的。

互通式立交的绿化景观设计要尽量避免对生态环境的破坏，力求自然，使其与周边自然景观相协调。该项目范围内地势平坦，植物地被丰富。因此，互通区内绿化及景观设计以恢复自然生态、改善互通区行车视线为主要目的，通过地形整理和种植设计，营造与周边环境相协调的互通区景观。互通区以自然组团式的种植方式为主，由中心向外依次种植乔、灌、草，从多角度呈现出高、中、低层次的植物景观效果。

本研究仅以带同向双内环匝道的变形苜蓿叶形互通式立交——北三王枢纽互

通式立交和 A 形单喇叭互通式立交——旺村互通式立交为例介绍互通区绿化设计方案。

5.5.1 北三王枢纽互通式立交

该互通式立交位于廊坊市文安县的北三王村东北，主要功能是解决新建津石高速公路与已建的廊沧高速公路交通流之间的相互转换。互通区地势较为平坦，村庄稀少，对互通区布设制约不大。交叉道路——廊沧高速公路为双向六车道，设计速度为 120km/h，路基宽 34. 5m。互通区采用带同向双内环匝道的变形苜蓿叶形，交叉方式采用主线和匝道上跨被交道路，互通式立交桩号 K29 + 878. 365。该互通区距离廊沧高速最近的龙街互通区约 2. 8km，满足互通区间最小间距要求。

互通区主线设计速度为 120km/h，路基宽 33. 5m，平曲线最小半径为 3200m，最大纵坡坡率为 1. 735%，设计长度 2140m。匝道设计速度 40/60km/h，其中内环匝道设计速度 40km/h，定向半定向匝道设计速度 60km/h。匝道平曲线最小半径为 60m，单向双车道匝道行车道宽 2 ×3. 5m，路基宽 12. 5m；单向单车道匝道行车道宽 3. 5m，路基宽 9. 0m，单出入口可供超车功能的双车道匝道行车道宽 2 ×3. 5m，路基宽 10. 5m。匝道最大纵坡坡率为 3. 3%，最小凸形竖曲线半径 2210. 245m，最小凹形竖曲线半径 2000m，匝道总长 8511. 564m。互通区新增用地 633. 08 亩①，互通区内设置主线桥梁 731m/2 座，匝道桥 1480. 6m/6 座，通道涵洞 24 道。

枢纽互通区绿化重点是进行大面积乔木片林绿化，采用金叶榆、小油松等经济型苗木进行覆盖，局部区域结合元宝枫、千头椿等较大规格彩叶乔木品种进行重点点缀，画龙点睛。沿匝道低路基两侧进行较为低矮的花灌木群组种植，以突出不同时令的季象效果。

北三王枢纽互通区绿化设计如图 5-3 所示，表 5-1 为北三王枢纽互通区绿化工程数量汇总表。

① 1 亩≈667 平方米。——编者注

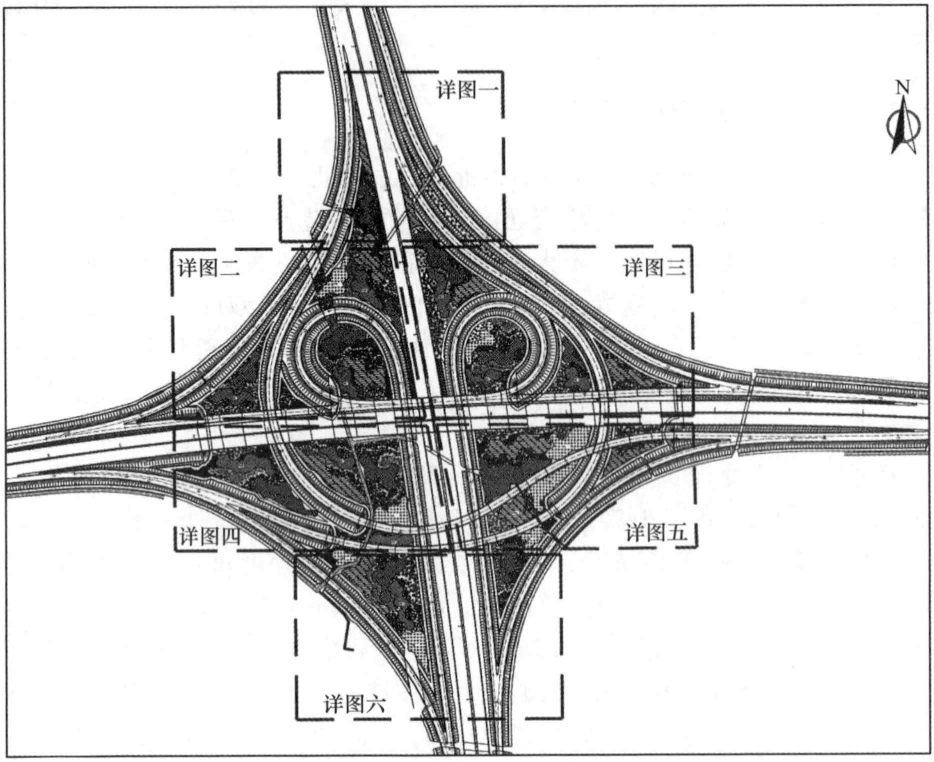

(a) 北三王枢纽互通区绿化索引图

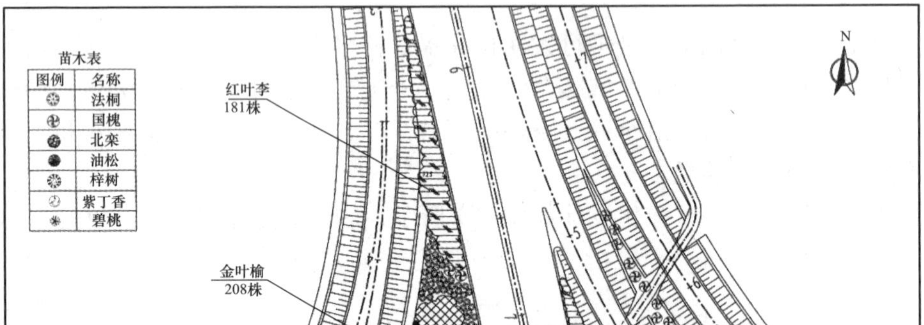

(b) 北三王枢纽互通区绿化详图一

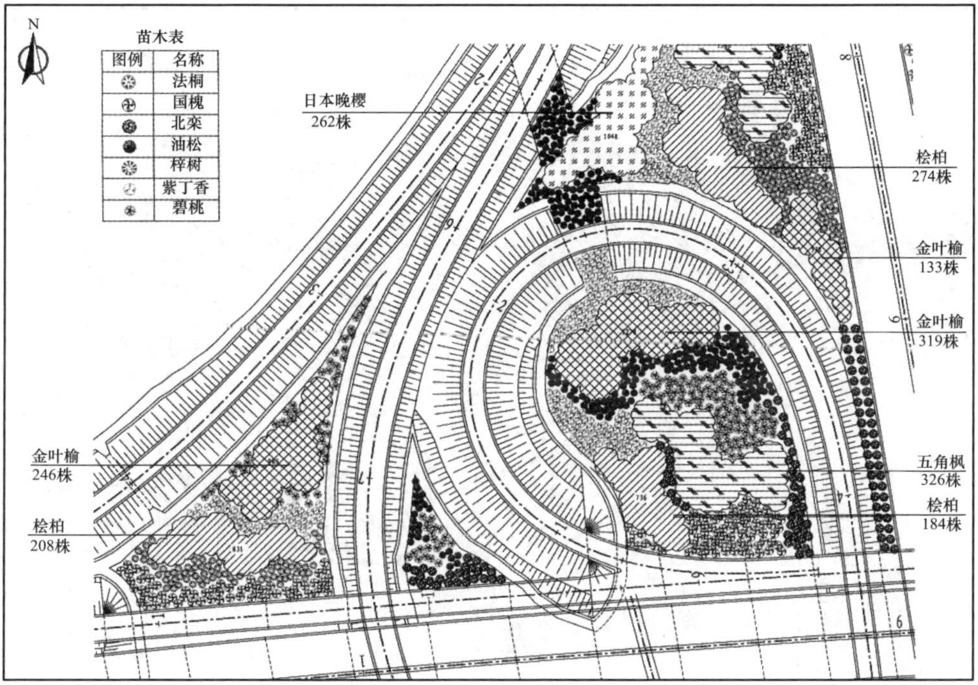

(c) 北三王枢纽互通区绿化详图二

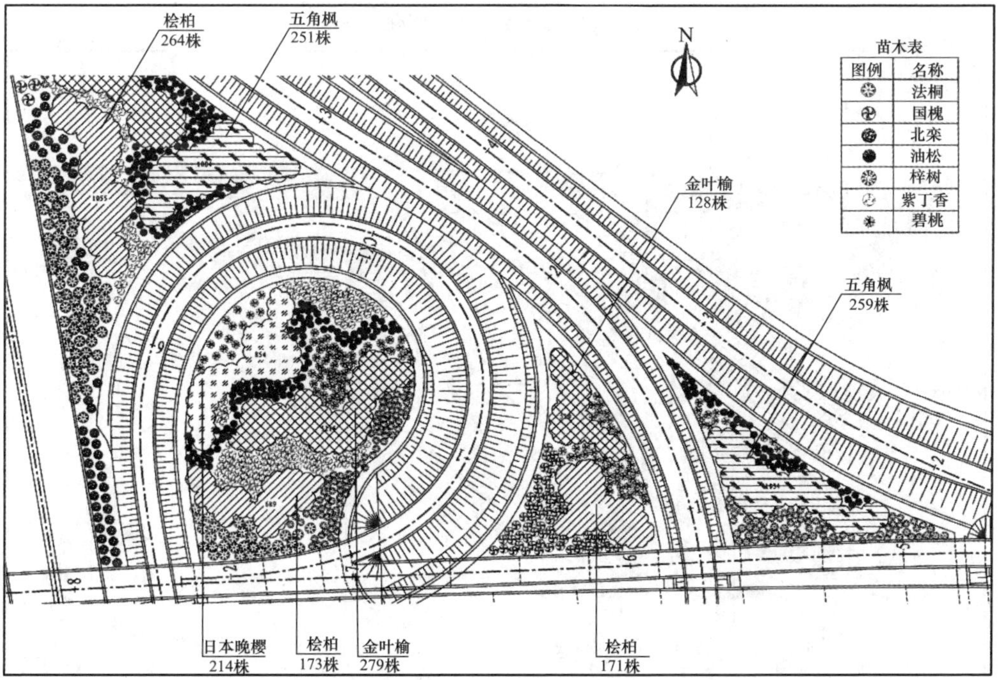

(d) 北三王枢纽互通区绿化详图三

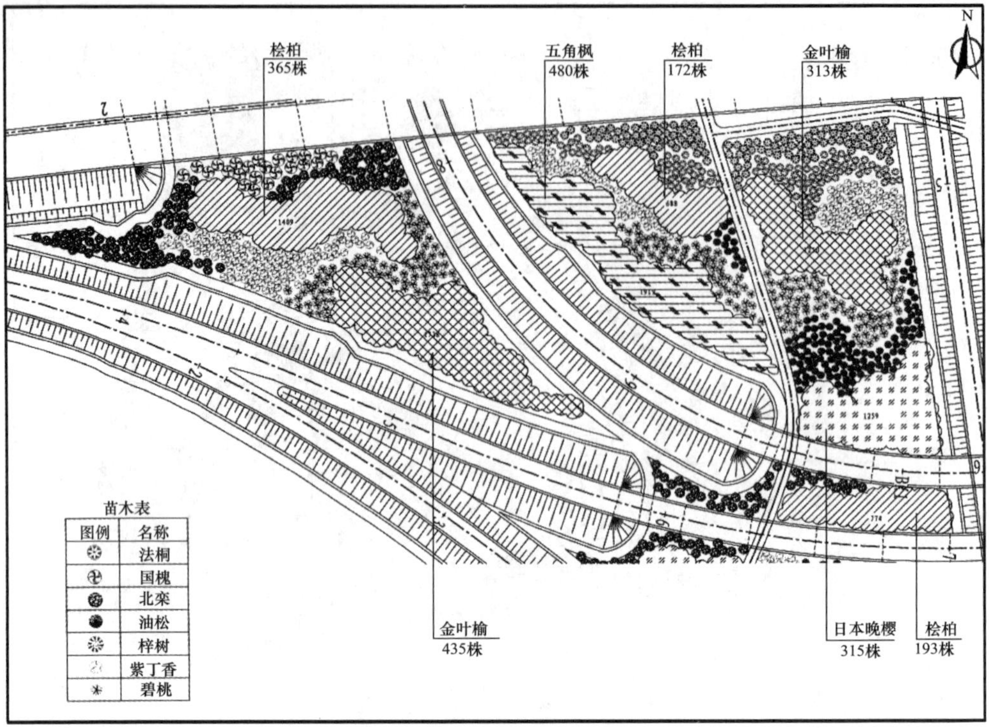

(e) 北三王枢纽互通区绿化详图四

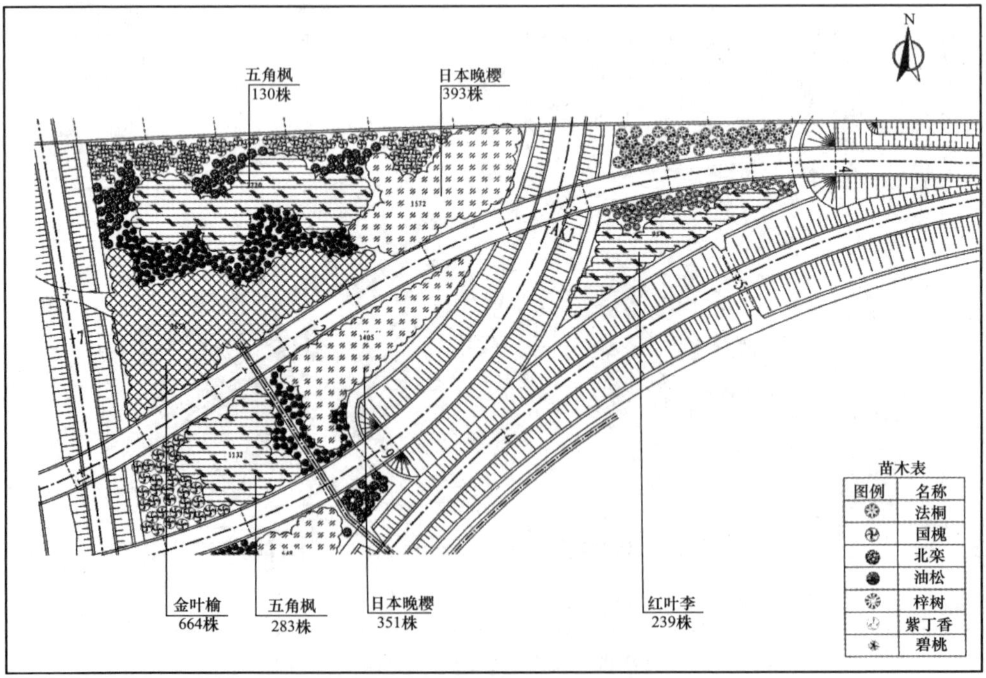

(f) 北三王枢纽互通区绿化详图五

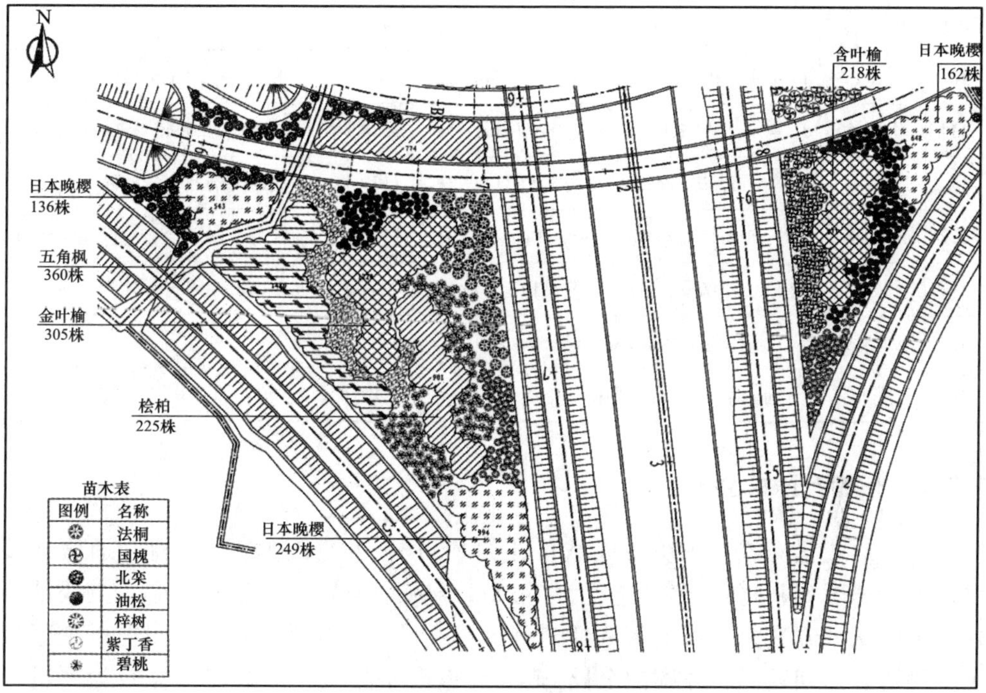

(g) 北三王枢纽互通区绿化详图六

图 5-3　北三王互通区绿化设计

表 5-1　北三王枢纽互通区绿化工程数量汇总表

序号	苗木名称	规格	单位	数量	备注
1	油松	$H=300$cm，$P=250$cm，5 轮枝以上，d（地径）>8cm	株	1192	
2	桧柏	$H=200$cm，$P=60$cm	株	2217	
3	法桐	$d=10$cm，$H=350$cm，3 分枝以上	株	350	
4	国槐	$d=10$cm，$H=350$cm，3 分枝以上	株	546	
5	北栾	$D=6$cm，$H=320$cm，分支点 240cm，3 分枝以上	株	516	
6	梓树	$D=10$cm，$H=450$cm，3 分枝以上	株	744	
7	紫丁香	$d=4$cm，$H=200$cm，3 分枝以上	株	875	
8	碧桃	$D=4$cm，$H=200$cm，3 分枝以上	株	585	
9	日本晚樱	$d=4$cm，$H=220$cm，分支点 60cm，3 分枝以上	株	2083	株行距 200cm × 200cm

续表

序号	苗木名称	规格	单位	数量	备注
10	五角枫	$d=4$cm，$H=220$cm，分支点 120cm	株	3302	株行距 200cm × 200cm
11	金叶榆	$d=4$cm，$H=220$cm，分支点 100cm	株	3674	株行距 200cm × 200cm
12	沙柳	$D=6$cm，$H=250$cm，3 分枝以上	株	1109	互通区外沟底，株间距 600cm
13	毛白杨	$D=8$cm，$H=300$cm，$P>80$cm	株	1109	互通区外坡底平台，株间距 600cm
14	红叶李	$d=4$cm，$H=200$cm，3 分枝以上	株	624	互通区内坡底平台，株间距 600cm
15	场地整理	清除野生植被，翻整场地	m^2	92453	
16	土方	匝道内、护坡道种植土更换	m^3	12076	

5.5.2 旺村互通式立交

该互通式立交位于廊坊市大城县北约 8km 处，被交道路为旺村互通区连接线，设计速度 80km/h，路基宽度为 24.5m。互通形式为单喇叭 A 形 + 主线站合建方案。交叉方式为主线上跨 A 匝道。该立交的主要功能是解决大城县的交通流上下高速公路问题。省道廊泊公路 S272 靠近大城县城，沿线城镇化较为严重且交通量较大，为缓解 S272 的交通压力，且园区内沿线土地已做规划，互通区设置于津石高速与南辛线（规划廊泊绕城线）交叉处。

互通区主线设计速度为 120 km/h，路基宽 33.5m，平曲线最小半径为 6000m，最大纵坡坡率 1.87%，设计长度 2400m，交叉方式采用主线上跨 A 匝道。匝道设计速度 40km/h，匝道平曲线最小半径为 60m，对向双车道匝道行车道宽 3.5m，路基宽 16.5m；单向单车道匝道行车道宽 3.5m，路基宽 9.0m。匝道最大纵坡坡率 2.85%，最小凸形竖曲线半径 919m，最小凹形竖曲线半径 2000m，匝道总长 2666m。该方案挖方 22810m^3，填方 962766.4m^3，新增用地 580.85 亩，互通区内设置主线桥 255m/2 座，匝道桥 180m/1 座，通道涵洞 4 道。互通区设置五进五出（远期六进六出，其中三进为去天津专用车道，主线收费站 25 车道），匝道收费站一座，标准收费车道宽 3.5m，加宽车道 4.5m，收费岛宽 2.2m，收费站广场按矩形布置，渐变段采用三次抛物线渐变。

出入口互通区匝道内以片植落叶乔木为主，并以小叶扶芳藤进行地表覆盖，以取代传统地被草坪带来的养护困难并抑制杂草生长。在匝道汇流及合流区域密植小型灌木或色叶植物进行视觉引导。

旺村互通区绿化工程设计如图 5-4 所示，表 5-2 为旺村互通区绿化工程数量统计表。

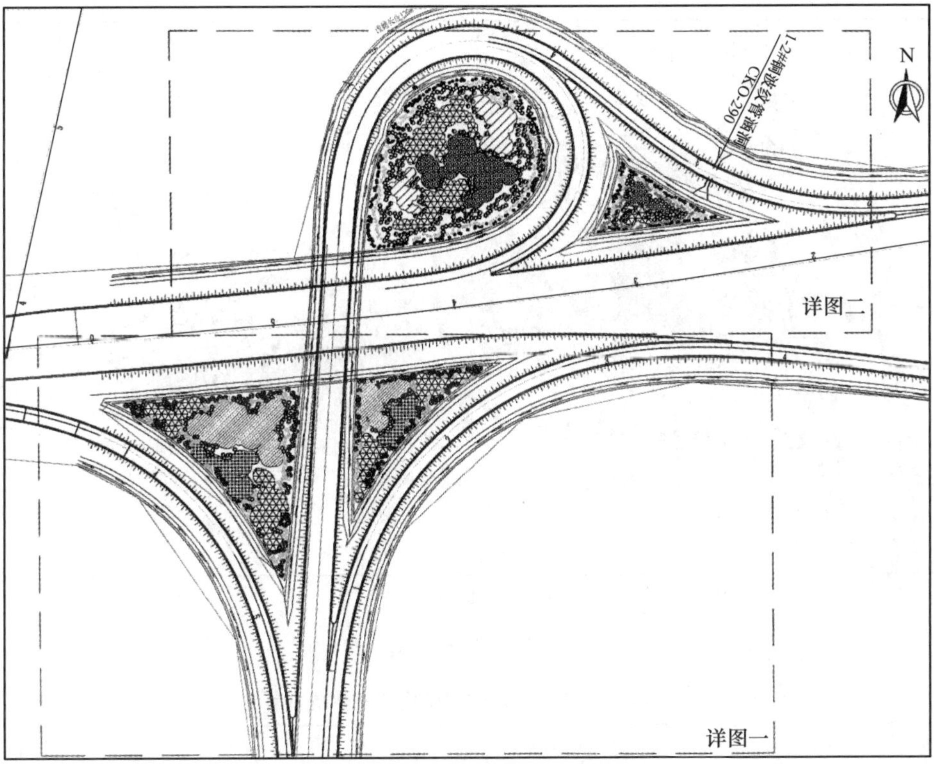

(a) 旺村互通区绿化设计分区索引图

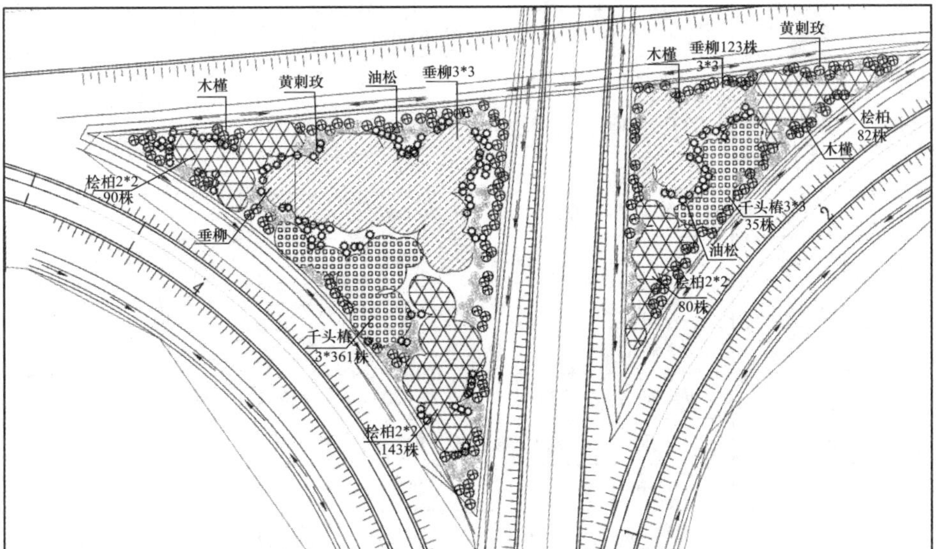

(b) 旺村互通区绿化详图一

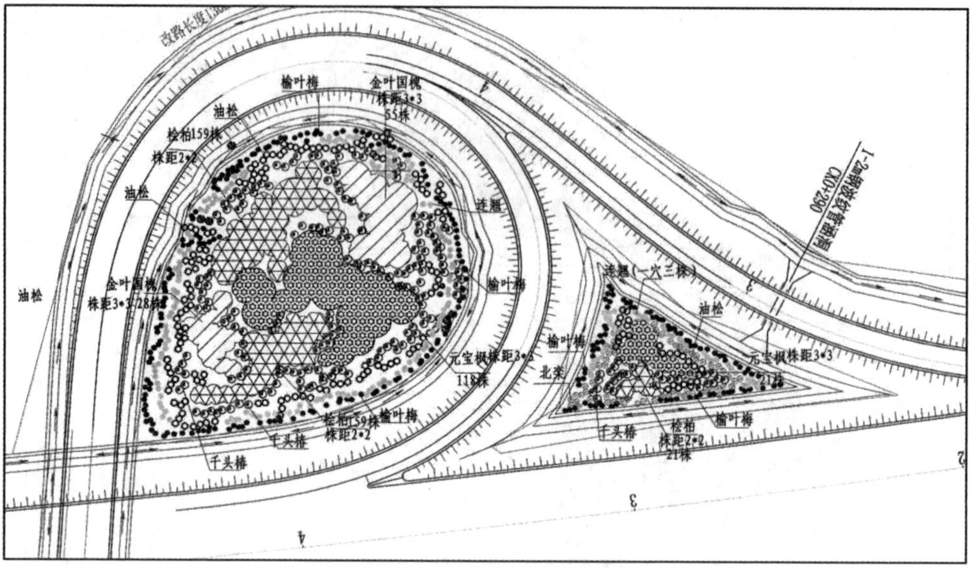

(c) 旺村互通区绿化详图二

图 5-4　旺村互通区绿化工程设计

表 5-2　旺村互通区绿化工程数量统计表

序号	苗木名称	规格	单位	数量
1	千头椿	$D=10$cm，$H=400$cm 分枝 320cm，3 分枝以上	株	302
2	垂柳	$D=10$cm，$H=350$cm 分枝 3000cm，3 分枝以上	株	260
3	北栾	$D=10$cm，$H=350$cm 分枝 320cm，3 分枝以上	株	200
4	元宝枫	D = 10cm，$H=350$cm 分枝 320cm，3 分枝以上	株	139
5	桧柏	$H=180$cm，$P>40$cm	株	734
6	油松	$D=6$cm，$H=250$cm，$P=250$cm，5 轮枝以上	株	292
7	金叶国槐	$d=10$cm，$H=300$cm 分枝 320cm，3 分枝以上	株	83
8	黄刺玫	$d=6$cm，$H=200$cm 分枝点 $H=70$cm，3 分枝以上		166
9	榆叶梅	$d=6$cm，$H=200$cm 分枝点 $H=70$cm，3 分枝以上	株	250
10	木槿	$d=6$cm，$H=200$cm 分枝点 $H=70$cm，3 分枝以上	株	157
11	连翘	丛生 5 分枝，分枝点 $H=120$cm，3 株一穴	株	564
12	旱柳	$D=6$cm，$H=300$cm，分枝 280cm，3 分枝以上	株	2012
13	白蜡	$D=6$cm，$H=300$cm，分枝 280cm，3 分枝以上	株	1675
14	香花槐	$D=6$cm，$H=300$cm，分枝 280cm，3 分枝以上	株	1675
15	场地整理		m^2	18594
16	土方		m^3	5600

5.5.3　互通区灌溉设计

（1）确定灌溉用水量

根据互通区绿化，在总结当地地质水文条件及相关技术资料的基础上，拟定灌溉区域内各种植物的需水量。具体包括植物需水量计算，植物耗水强度、灌溉补充强度、灌水均匀度、灌溉水利用系数及相应灌溉工作制度的确定。互通区进行简易管道铺设，并配备专用机井提供水源，实行人工分区轮灌的方式进行绿化养护。

（2）总管网的布置

布置泵站主管干路、支路时就应注意以下几方面；泵站应布置在整个喷灌系统的中心，以减少输水的泵力损失；管材选择总体上要求轻巧、耐压。其耐压程度取决于水泵的扬程水压，为降低投资，管理设计一般由 2 ~ 4 种管径组成。最小管径不应小于最大管径的 1/2，通常支管流速应限制在 2m/s 内。

支管上各取水口的工作压力要求接近一致，喷灌系统应根据轮灌要求设置控制设备，管网过长时在干管与支管连接口应设置必要的空气阀。

旺村互通区灌溉设计如图 5-5 所示，表 5-3 为旺村互通区灌溉系统工程数量统计表。

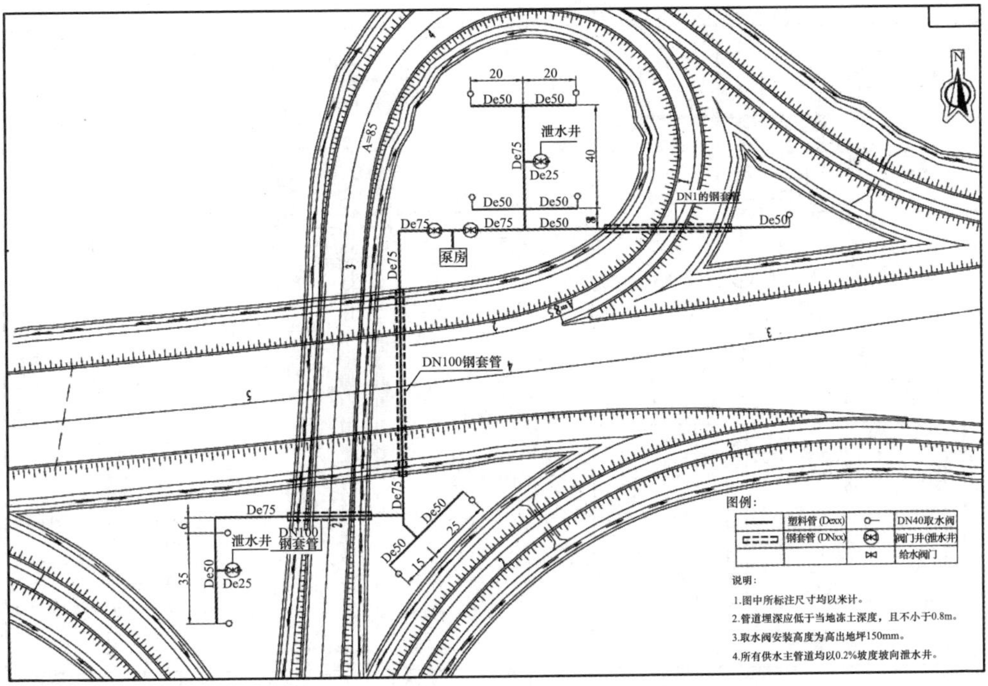

图 5-5　旺村互通区灌溉设计图

表 5-3　旺村互通区灌溉系统工程数量统计表

序号	项目名称	规格	单位	数量
1	泵房及配套设施		套	1
2	灌溉取水井		座	1
3	预埋钢套管	DN100 焊接钢管	m	120
4	给水管道	De75　PPR	m	300
5	给水管道	De50　PPR	m	270
6	给水阀	DN65	个	2
7	泄水阀	DN25	个	2
8	取水阀	DN40	个	9
9	阀门井		座	2
10	泄水井		座	2
11	接电工程	由站区引电供灌溉系统使用或使用柴油发电机	套	1

相应的泵房管道、阀门安装图以及阀门井、水井设计图如图 5-6 和图 5-7 所示。

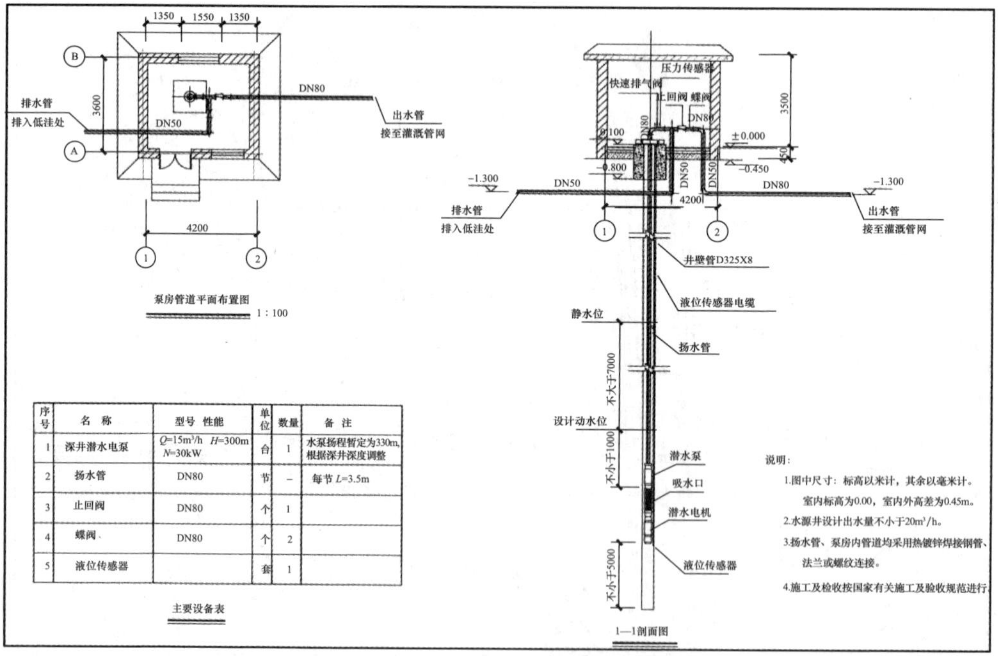

图 5-6　泵房管道、阀门安装图

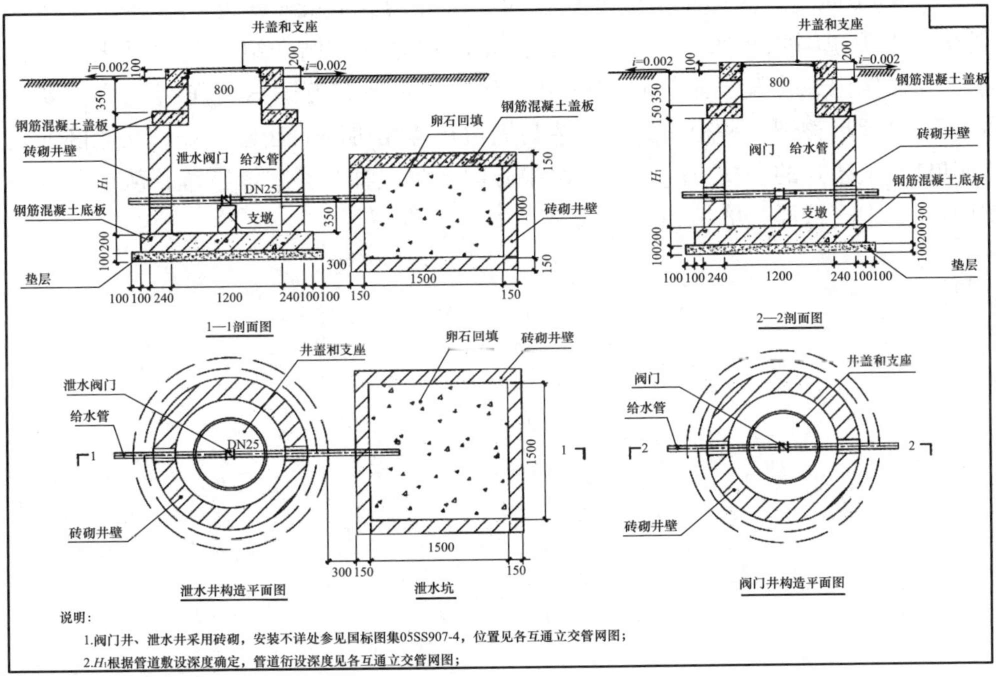

图 5-7　阀门井、水井设计图

5.6　本章小结

① 高速公路互通区绿化设计要充分体现高速公路绿化的特点，不但要满足一定的环境保护功能，还要满足交通功能，要满足动态变化中的一种视觉要求，还要根据当地的地理位置以及自然环境特点进行设计，要符合当地环境的要求。

② 高速公路互通区绿化设计受周边环境、地域特色、道路整体景观和交通安全等方面的影响，应从生态优先、生态美学、交通安全和地域标识等方面坚持人与自然保持动态的平衡，并结合自然发展的规律进行互通区绿化设计，对地形进行塑造和植物配置。

③ 基于生态优先的高速公路互通区绿化设计的原则主要包括以下三点：a. 维持原有场地地形，实现生态平衡；b. 尊重生态规律，融于自然环境；c. 选用乡土植物，归于乡土环境。

④ 基于生态优先的高速公路互通区绿化设计通过微地形处理、植物选择与配置、雨水的收集和利用等三方面，以“自然、乡土、保护、恢复”为目标，结合不同地形在不同立地条件下创造出不同的生态环境，形成具有耐贫瘠管理、自我恢复能力强的稳定植物群落。

⑤ 以带同向双内环匝道的变形苜蓿叶形互通式立交——北三王枢纽互通式立交和A形单喇叭互通式立交——旺村互通式立交为例介绍了互通绿化设计方案。互通区内绿化及景观设计以恢复自然生态、改善互通区行车视线为主要目的，通过地形整理和种植设计，营造与周边环境相协调的互通景观。互通区绿化应以自然组团式的种植方式为主，由中心向外依次种植乔、灌、草，从多角度呈现出高、中、低层次的植物景观效果。

6　高速公路路基施工能耗及碳排放分析与评价研究

本章分析了全生命周期公路碳评价的目的及特点，建立了全生命周期公路路基碳评价方法，提出了公路路基建设过程能源消耗和碳排放分析方法。建立了原材料准备阶段、原料运输阶段以及施工阶段的能耗与排放计算模型。分析了影响公路路基建设期能耗及碳排放的因素，进行了津石高速公路保定段路基建设期能耗及碳排放计算，提出了碳排放约束下路基工程施工机械合理配置技术。

6.1　全生命周期公路路基碳评价

6.1.1　全生命周期公路碳评价及其目的

20 世纪 60 年代末 70 年代初，生命周期评价（life Cycle Assessment，LCA）最早在美国诞生。具有标志性的事件是，1969 年美国中西部资源研究所针对可口可乐公司产品外包装问题进行了探索，试图对不同材质的外包装从材料生产到废弃的整个过程中的能源消耗以及向外界排放的污染物进行定量的研究。该研究对 40 多种外包装材质进行调查，分析计算了每种材质的外包装在生命周期过程中的材料用量及能源的使用情况。在此之后，美国环保局针对此项研究提出了初期生命周期评价方法的技术框架。

20 世纪 80 年代末，随着人类对生存现状要求的不断提高以及人们节能意识的逐渐增强，世界各国开始普遍关注生命周期评价的各项研究成果。20 世纪 90 年代，生命周期评价方法发展已较成熟，相关标准和规范逐渐产生。1990 年，国际环境毒理学与化学协会（SETAC）召开国际研讨会并首次提出了“全生命周期评价”的概念。1993 年，美国环保局出版的《生命周期评价——清单分析的原则与指南》对全生命周期清单分析的框架进行了系统的规划，对全生命周期评价的推广和使用起到了很大的推动作用。

我国对全生命周期评价的研究比较晚，大约开始于 20 世纪 90 年代，且初期的研究主要以理论研究为主。参照国际标准，我国在1999—2006年，相继出台了一些规范和标准，对我国的环境影响与评价提供了理论支持与依据。

全生命周期评价是对某种产品或某项生产活动全过程的一种评价方法。一种产品从原材料开采开始经过加工、制造、包装、运输，然后经过使用、维护，最终以废弃物的方式进行处理或回收循环再利用，整个过程称为产品的全生命周期。全生命周期的每个阶段都会有能源的消耗和污染物的排放，因此能源的节制与污染的预防贯穿全生命周期整个过程。关于全生命周期评价的定义有：

1993年，国际环境毒理学与化学协会：全生命周期评价是对某种产品系统或行为相关的环境负荷进行量化评价的过程。

1997年，国际标准化组织（ISO）：全生命周期评价是对一个产品系统整个生命周期中输入、输出及潜在环境影响的汇编和评价。

联合国环境规划署（UNEP）：全生命周期评价是评价一个产品系统全生命周期整个阶段即从原材料的提取和加工，到产品生产、包装、市场营销、使用、再使用和产品维护，直至再循环和最终废物处置的环境影响的工具。

全生命周期评价定义的核心内涵是，全生命周期是对贯穿产品生命周期全部过程的环境因素和潜在影响的研究。

工程全生命周期以工程设计规划、施工、运营、维养、拆除即工程“从生到死”的过程为对象。工程全生命周期主要包括五个阶段，即前期策划阶段、设计规划阶段、工程形成阶段、运营维护阶段、拆除报废阶段，如图6-1所示。

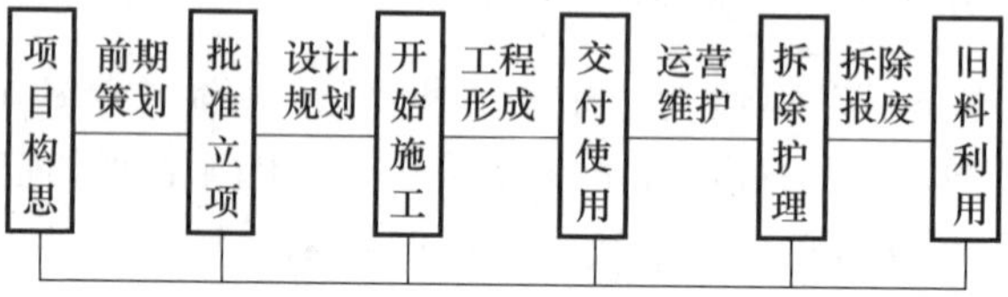

图6-1　工程全生命周期

全生命周期公路碳评价是从公路的规划设计、建设施工、运营维护直到拆除回收的整个过程，在公路的全生命周期内，通过合理的规划设计、低碳施工、运营管理，使得公路在各个阶段的碳排放量都达到最低，从而使整个全生命周期的碳排放量最低。通过全生命周期公路碳评价，努力实现环境效益、经济效益和社会效益的统一，全面实现低碳化发展，促进“资源节约型、环境友好型”公路的建设。

6.1.2　全生命周期公路碳评价的特点

全生命周期公路碳评价是对公路低碳度高低的评价，对公路在整个全生命周期的碳排放量或对碳排放的影响程度给予定性或定量的分析。全生命周期公路碳评价主要有以下几个特点。

（1）独特性

全生命周期公路碳评价是评价公路在整个全生命周期所产生碳排放量的多少，具有一定的独特性。公路在进行低碳评价时也要兼顾公路建设及运营的经济性，采用科学、先进的技术与设备必然会使碳排放量降低，但是会使成本上升，所以公路的低碳化程度与公路建设运营成本呈反比关系。

（2）复杂性

公路工程是一个复杂的大系统，对公路碳排放量的影响因素很多，从理论上讲，应该综合所有的因素对公路的碳排放进行评价分析，但这样做是不实际的。在对公路进行碳评价时，针对公路具体的建设情况及所在区域的环境情况，筛选出有代表性的、主要的影响因素作为评价指标。

（3）广泛性

公路工程建设周期长、投资多、规模大，工程影响深远而巨大，是一个外部联系广泛、内部结构复杂的大系统。公路工程是一个线性工程，其横向宽度小，纵向长度大，通常会跨越几个县市，甚至几个省，基于以上特征，高速公路所产生的碳排放量对环境产生影响的范围极大。

（4）定量难

公路项目本身在建设时产生的费用和建成后产生的直接效益，已经有比较成熟和规范的方法对其进行定量计算，从而进行评价和分析。而公路工程对碳排放量的影响多属于继发性影响，与经济评价相比，很难将其完全定量化，如交通环境的影响、交通环境的水平、发展协调度等因素都无法完全量化，本文采用定性分析和定量分析相结合的方法进行综合评价。

（5）缺乏所需的数据和成熟的方法

公路进行碳评价有着不同的侧重点和观点，且公路碳评价作为一个新型的概念，缺乏明确的评价方法和定义，而且我国公路碳评价工作起步较晚，没有具体的实例可供参考，只能依据国际上通用的评价方法，根据具体情况进行评价研究。此外，关于公路碳排放量的影响因素在数据的获取和权重的确定方面存在着较大的困难，量化评价也不易进行，所以仍以定性评价为主。

6.1.3 全生命周期公路路基碳排放评价方法

基于《环境管理-生命周期评估-原则和框架》（ISO14040）制定的理论框架，将全生命周期公路碳评价划分为四个部分，即目的和范围的确定、清单分析、影响评价和结果解释，如图 6-2 所示。

（1）目的和范围的确定

明确全生命周期评价的研究目的和范围是开展评价工作的第一步，是后续工作开展的前提和基础，直接决定着评价过程的方向和研究成果的正确性。研究的目的一般是指对已经确定的对象或过程产生的影响进行评价。例如，研究目的可以是对不同设计方案进行比选，或者是在一定条件下，如何使公路工程的能源消耗达到最低。研究范围是确定研究对象或领域的宽度和深度，并达到与研究目的保持一致的要求。

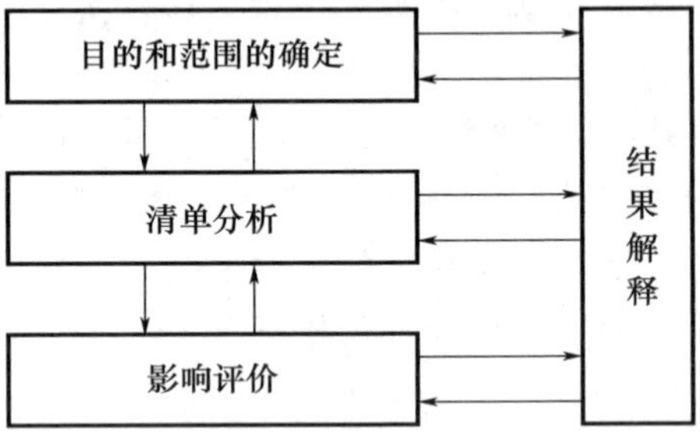

图 6-2　全生命周期评价的理论框架

公路路基工程全生命周期碳排放研究的范围包括系统边界确定、碳排放评价指标确定、假设条件、基础数据获取等方面。对土、碎石、混凝土、土工材料等主要材料，电力以及主要施工机械等碳排放因子进行分析，收集基础数据。

（2）清单分析

清单分析是全生命周期评价的核心环节，是指通过数据的收集与整理，对所研究的对象或活动全生命周期内的输入和输出过程的数据进行定量化的研究，最终编制一份与研究对象或活动有关的投入产出的数据清单。对一个对象或活动进行清单分析需要对其所有阶段进行考虑，包括能源的获取、原材料的加工、建造运输、回收再利用、维护以及最后的处理等阶段。清单分析中输入数据一般是能源或原材料，而对应的输出数据一般是产品或者废弃物排放，即 CO_2 排放量，对路基施工各个阶段影响碳排放的数据进行收集整理，建立包括主要建材种类和数量、机械类型和机械台班用量、使用阶段各种能源的消耗量等数据清单。

（3）影响评价

影响评价是全生命周期评价最重要的环节，是对研究对象或活动全生命周期过程中的影响因素进行量化的研究。需要对清单阶段的数据进行分类、量化和评估，把清单数据与环境影响联系起来。即先把输入数据进行分类，然后建立一种计算模型，通过一些特殊因子将清单数据与影响结果联系起来，得到定量的结论，找到整个过程当中能源消耗或废弃物排放最多的阶段，可以有针对性地提出改进建议，最后确定各种评价因素对环境影响的大小。

在进行路基碳排放分析时，将清单分析获得的数据清单分为规划设计、建设施工、运营维护、拆除回收四个阶段，每个阶段都有能源和资源的消耗。然后利用排放系数法将碳排放因子和清单中的使用数据联系起来，建立碳排放计算的数学模型。最后，利用模型对路基施工全生命周期的碳排放量进行计算，确定每个阶段的碳排放量和排放比例，找出影响碳排放的最大阶段。

（4）结果解释

结果解释是指对全生命周期内的能源消耗或废弃物排放进行分析，寻找减少能耗和排放的途径，对结果进行分析解释，提出改进的建议。

根据全生命周期四个阶段的碳排放量计算结果，识别和评价整个全生命周期内资源、能源和 CO_2 排放量减少的可能性或减排途径，客观地分析结果、提出结论、解释结果的局限性，提出减排策略。

6.1.4 公路路基工程碳排放评价技术

路基作为一种公路工程产品，从最初的规划设计到最终的拆除清理，整个过程会产生大量的能源消耗和碳排放，会对环境造成不同程度的影响。因此，从全生命周期的角度研究路基的能源消耗和碳排放是十分必要的。从路基工程的功能及全生命周期角度分析，影响其能源消耗和碳排放的主要集中在规划设计和建设施工阶段。考虑到设计方案的确定受到技术、经济等各种因素的影响，本研究主要进行公路路基建设过程中原材料生产、原材料运输与机械施工三个阶段的能源消耗和碳排放分析。

6.2 能源消耗和碳排放计算方法分析

路基建设过程中的原材料生产、运输来源于不可再生资源的开采、燃料燃烧和排放，会对环境造成不利影响。因为所有路基施工过程都消耗能源，所以在短期内最大限度地减少能源使用和 CO_2 排放是减少不可再生资源消耗和推进可持续发展的有效方法。因此，将能耗和碳排放作为主控参量进行计算。基于全过程的全生命周期分析确定所有环境影响因素比较复杂，因此通过简化的全生命周期评价来确定整个路基施工全生命周期中能源消耗的影响。通过将分析限定于特定的影响因素（能耗或碳排放）来简化分析，便于模型计算。在进行能耗和碳排放计算时，首先，应确定能耗和碳排放计算边界条件；其次，调研国内外的清单数据、规范定额，确定能耗系数和碳排放因子，计算各分项消耗量；最后，将各部分叠加得到总的能耗和碳排放。

6.2.1 计算能源消耗的基本方法

将每种材料消耗的数量乘以施工中涉及的 n 种材料生产中的能耗系数，叠加得到输入材料的总能耗 E_m：

$$E_m = \sum_{i=1}^{n}(Q_i \times e_{m,i}) \tag{6-1}$$

式中 Q_i——第 i 种材料消耗的数量；

$e_{m,i}$——第 i 种材料生产过程中的能耗系数。

材料的进场主要采用重型卡车运输，主要考虑重型卡车运输所消耗的燃料，叠加得到运输的总能耗E_t：

$$E_t = \sum_{j=1}^{m}\left(\frac{D_j}{F_j} \times N_j \times e_{t,j}\right) \tag{6-2}$$

式中 D_j——材料从供应地到现场的运输距离；

F_j——燃油经济性；

N_j——运输单程数量；

m——重型卡车数量；

$e_{t,j}$——运输车辆的能耗系数。

现场作业主要包括地基处理设备施工、路基机械设备施工的燃油消耗E_s：

$$E_s = \sum_{k=1}^{f}(P_k \times L_k \times B \times T_k \times e_{s,k}) \tag{6-3}$$

式中 P_k——发动机最大额定功率；

L_k——发动机负载系数；

B——有效燃油消耗率，柴油和汽油发动机一般推荐值分别为 0.275L/（kW·h）和0.445L/（kW·h）；

f——施工机械数量；

T_k——机械在现场的总运行时间；

$e_{s,k}$——施工机械的能耗系数。

路基施工总的能耗 E 由材料生产耗能 E_m、运输耗能 E_t 和现场作业耗能 E_s 三部分组成：

$$E = E_m + E_t + E_s \tag{6-4}$$

6.2.2 碳排放计算基本方法

路基碳排放的数据很难获得，且缺乏统一的计算标准。对于碳排放的计算，我国处于起步阶段。目前，国际上碳排放的计算主要有实测法、物料衡算法、排放系数法、投入产出法四种。这四种方法是获得气体排放量数据的主要方法，它们各有优缺点，又相互补充，应根据不同的计量需要选择不同的计算方法。

（1）实测法

实测法是指通过监测手段或相关部门认定的连续计量设施，测量排放气体的流速、流量和浓度，用环保部门认可的测量数据来计算碳排放总量的一种统计计算方法。其计算公式见式（6-5）：

$$C = c \times Q \times k \tag{6-5}$$

式中 C——CO_2排放量；

c——单位排放系数；

Q——空气流量；

k——CO_2浓度。

实测法中的基础数据要通过科学、合理地收集研究样品得到，样品要来源于现场实地的监测，要有一定的代表性。因此实测法具有精度高、数据准确等特点。但是，它的缺点是要保证所选取的样品具有很强的代表性和精确度，一旦不能满足这个要求，监测的数据就失去了意义。并且，如果只对CO_2一种气体进行实测，成本会很高，不太符合实际。

目前，实测法最好的应用是美国对烟气的实际监测，并且使用效果很好。我国也应用实测法解决了一些监测问题，但缺乏长期的维持使用，仍有一些问题尚未解决。因此通过实测法对CO_2进行连续监测需要结合我国的具体情况不断完善。

（2）物料衡算法

物料衡算法遵守质量守恒定律，是一种定量分析生产过程中物料使用情况的科学计量方法，即在整个流程中流入的物质能量等于流出的物质能量，它满足公式（6-6）：

$$\sum C_{投入} = \sum C_{产品中的碳} + \sum C_{损失的碳} \tag{6-6}$$

物料衡算法把整个生产过程中原材料的使用、能源的消耗以及工艺流程的采用都建立在保护环境的基础之上，科学、有效地研究整个生产过程中废弃物的排放。

该方法不仅适用于整个生产系统的碳排放计算，也适用于部分过程的碳排放计算，目前大部分碳排放量的估算以及基础数据的获得都采用此法作为基础。但是此方法用于路基碳排放的计算需要对路基工程全生命周期的投入量与产出量进行全面的跟踪统计，工作量较大，工序也较复杂。

（3）排放系数法

排放系数法是指在正常技术经济和管理条件下，根据生产单位产品所排放的气体数量的统计平均值来计算碳排放量的一种方法，排放系数也称为排放因子。1996 年，联合国政府间气候变化专门委员会（IPCC）给出了碳排放的估算方法，即把影响碳排放的活动数据与单位活动的排放系数相结合，得到总的碳排放量。排放系数法的基本计算式如下：

$$排放量 = 活动数据 \times 排放系数 \tag{6-7}$$

由式（6-7）可知，应用排放系数法最主要的是确定碳排放的活动数据和碳排放系数。碳排放的活动数据可以是能源部门燃料的消耗量或工业部门生产产品的产量等，活动数据应与路基施工相关数据资料相一致。如对于建材生产阶段，活动数据指的是各种建材的用量，对于路基施工阶段，活动数据指的是各种能源的消耗量。由于路基施工工序众多，碳排放系数的确定主要通过文献调研和推算的方法，基于生产能耗统计建立数据清单，即通过统计计算生产工艺的能耗和能源的方式，确定碳排放系数。同时联合国政府间气候变化专门委员会也给出了一些常用能源的碳排放因子，可以作为参考。

（4）投入产出法

投入产出法是一种自上而下的计算方法，首先把一定时期内部部门投入的来源和产出的去向建立一张表格，然后根据这张投入产出表格建立数学模型，计算消耗基数，据此基数对经济行为进行预测与分析。该法最早由美国经济学家提出，是目前已经成熟的一种经济计量评价模型，其广泛应用于研究国民经济各大部类间、积累与消费间的比例关系，预测各个部门的投入量和产出量。

通过分析国民经济各部门之间、各部门内部或企业内部组织之间生产和消费相互依存的关系，编制投入产出综合平衡表，推测预测目标的变动方向和程度。

投入产出法用于碳排放的计算首先需要获取产品或各部门内部 CO_2 排放的数据，然后通过投入产出数学模型计算整个生产链上最终用户获得产品或接受服务而引起的 CO_2 排放量。但是基于投入产出法进行碳排放计算时仅使用部门或者组织的平均排放强度数据，对于生产过程的大量数据量搜集十分困难，而且投入产出法对于具体的过程一般不做深入分析，计算结果存在较大不确定性，因此该方法较适用于宏观层面的计算。

6.2.3 路基工程建设过程碳排放计算方法的确定

（1）两阶段计算方法

根据国内外研究成果，公路全生命周期一般划分为四个阶段，即材料物化阶段、建设施工阶段、运营维护阶段和拆除回收阶段。公路建设期碳排放显然只包括材料物化阶段和建设施工阶段两个阶段。材料物化阶段，主要考虑公路建设过程中主要材料和高耗能材料，如水泥、石灰、砂、碎石等；建设施工阶段，主要考虑施工机械、设备使用消耗动力燃料和能源产生碳排放。按照该方法，公路建设期的碳排放量计算模型如下：

$$C = C_{材料物化} + C_{建设施工} \tag{6-8}$$

式中 $C_{材料物化}$——公路在材料物化阶段各环节产生的碳排放总量；

$C_{建设施工}$——公路在建设施工阶段各环节产生的碳排放总量。

（2）三阶段计算方法

基于公路建设项目过程清单数据分析，也可将公路建设过程划分为原材料生产、原材料运输与机械施工三个阶段。高速公路建设碳排放包括三个阶段 CO_2 排放量的总和，即：

$$C = C_1 + C_2 + C_3 \tag{6-9}$$

式中　C——高速公路建设总 CO_2 排放量；

C_1——原材料生产阶段 CO_2 排放量；

C_2——原材料运输阶段 CO_2 排放量；

C_3——机械施工阶段 CO_2 排放量。

（3）路基工程建设过程碳排放计算方法的确定

目前已有的有关公路工程碳排放的研究大部分是从公路全生命周期的维度上进行研究分析，不仅考虑形成公路工程结构过程中产生的碳排放，还考虑了实现公路工程功能所需要的一系列的中间产品和单元过程，但由于公路工程是一个复杂庞大的产品系统，涉及的材料工艺、施工工艺等问题众多，大部分研究内容并不是很完善。因此，路基工程施工阶段碳排放的研究按照三阶段计算方法，将路基工程施工阶段定为一个系统，对其系统边界进行定义，系统模型如图 6-3 所示。

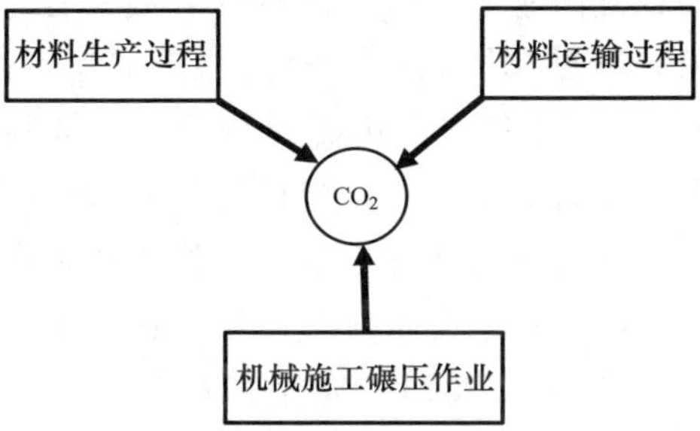

图 6-3　路基工程施工阶段的碳排放系统

路基工程施工阶段碳排放产生过程包括材料生产过程、材料运输过程和机械施工碾压作业。材料生产过程产生的碳排放包括材料生产和加工过程中产生的碳排放；材料运输过程产生的碳排放包括材料生产和加工完成后运输到施工现场的“满载运—空载回”过程产生的碳排放；机械施工碾压作业产生的碳排放包括施工现场摊铺、碾压等施工过程中机械设备作业产生的碳排放。

① 材料生产的碳排放量。

材料生产的碳排放量 C_m 的计算方法，是将每种材料的碳排放因子乘消耗量并相加：

$$C_m = \sum_{i=1}^{n} (Q_i \times c_{m,i}) \tag{6-10}$$

式中　$c_{m,i}$——材料 i 的碳排放因子（kg CO_2/kg）。

② 运输汽车的碳排放量。

首先根据路基工程材料运输过程可知运输汽车类型有自卸汽车、载货汽车、机动翻斗车，然后根据《公路工程机械台班费用定额》（JTG/T 3833—2018）可知各类型运输汽车每台班燃料消耗量，结合各燃料碳排放因子做乘法运算，最后得出各类型运输汽车每台班碳排放量。

考虑车辆型号、运输距离、运输行程数以及燃油经济性等指标的汽车运输材料过程产生的碳排放量C_t：

$$C_t = \sum_{j=1}^{m}(N_{t,j} \times d_{t,j} \times v_{t,j} \times c_{t,j} \times M_{t,j}) \tag{6-11}$$

式中 $N_{t,j}$——运输车辆j运输单位质量或体积材料每千米消耗的台班数（台班）；

$d_{t,j}$——运输车辆j运输单位质量或体积材料的运距（km）；

$v_{t,j}$——运输车辆j单位时间的燃油消耗量（kg）；

$c_{t,j}$——运输车辆j所用燃料的碳排放因子（$kgCO_2/kg$）；

$M_{t,j}$——运输车辆j运输材料的质量或体积（t 或 m^3）。

③ 施工碾压机械设备的碳排放量。

首先根据工程机械设备作业可知所需机械设备类型有稳定土拌和设备、整平设备、压实设备以及相关辅助施工设备，然后根据《公路工程机械台班费用定额》（JTG/T 3833—2018）可知各类型机械设备每台班燃料消耗量，结合各燃料碳排放因子做乘法运算，最后得出各类型机械设备每台班碳排放量。

施工现场、搅拌站及材料供应地的机械设备作业产生碳排放的量与机械设备类型、机械设备作业台班量、机械设备作业使用燃料种类等因素有关，根据《公路工程预算定额》（JTG/T 3832—2018）及上述相关因素得到机械设备作业碳排放计算模型如下：

考虑施工机械型号、输出功率、单位时间燃油消耗量以及运行时间等指标，现场作业产生的碳排放量C_s的计算方法如下：

$$C_s = \sum_{k=1}^{f}(N_{s,k} \times v_{s,k} \times c_{s,k}) \tag{6-12}$$

式中 $N_{s,k}$——机械设备k的台班数（台班）；

$v_{s,k}$——机械设备k单位时间的燃油消耗量（kg）；

$c_{s,k}$——机械设备k所用燃料的碳排放因子（$kgCO_2/kg$ 或 $kgCO_2/kWh$）。

总碳排放量C为：

$$C = C_m + C_t + C_s \tag{6-13}$$

6.3 路基施工要素碳排放因子分析

只考虑CO_2时，碳排放因子指消耗单位物质伴随的CO_2排放量，用到的碳排放因子有如下两类。

6.3.1 燃料碳排放因子

路基施工机械包括土石方机械和压实机械两大类，土石方机械主要包括推土机、铲运机、平地机、挖掘机、装载机和自卸汽车等。压实机械包括振动压路机、冲击压实机等。这些机械设备主要消耗柴油、汽油等燃料材料。

有关燃料碳排放因子数据的采用，我国依据《2006IPCC 国家温室气体清单指南》（2019 修订版）颁布并实施的《建筑碳排放计算标准》（GB/T 51366—2019）中提供的碳排放因子数据，其数据较前者中提供的碳排放因子更能反映我国碳排放实际情况，得到的数据质量更高。

各燃料能耗见表 6-1，各燃料碳排放因子见表 6-2，其中电力碳排放因子取自中国生命周期基础数据库。

表 6-1 各燃料能耗

材料名称	单位	能量
柴油	MJ/kg	98.4
汽油	MJ/kg	99.25
电	MJ/kWh	11.60

表 6-2 各燃料碳排放因子

材料名称	单位	碳排放因子
柴油	$kgCO_2$ eq /kg	3.12
汽油	$kgCO_2$ eq /kg	3.01
电	$kgCO_2$ eq /kWh	0.970

6.3.2 路基材料碳排放因子

路基材料碳排放因子可细分为填料碳排放因子和相关附属材料碳排放因子，路基填料碳排放因子考虑材料开采（挖）、运输和加工生产过程中产生的碳排放。综合各种研究成果，路基材料碳排放因子见表 6-3。

表 6-3 路基材料碳排放因子

材料名称	材料单位	碳排放因子（kg CO_2 eq/材料单位）
自来水	t	0.168
黏土	t	2.69
砂	t	2.51
碎石	t	2.18
32.5 级水泥	t	678.0
42.5 级水泥	t	900.4

续表

材料名称	材料单位	碳排放因子（kg CO_2 eq/材料单位）
消石灰	t	747.0
粉煤灰	t	159.4
水泥砂浆	m^3	199.9
C20 泵送混凝土	m^3	264.7
C25 泵送混凝土	m^3	292.7
C30 泵送混凝土	m^3	316.4
大型型钢	t	3744
中小型型钢	t	3003
土工格栅	m^2	1.36

6.3.3 路基建设中各施工机械能耗及碳排放分析

路基建设中各施工机械能耗及碳排放分析可依据各施工机械施工期间每台班燃料消耗量，再分别乘以能源材料在生产过程中的能耗排放（98.4MJ/kg【柴油】）以及能源材料在消耗使用时所产生的能耗排放即碳排放因子换算得到。

依据《公路工程机械台班费用定额》（JTG/T 3833—2018），计算得出的路基建设中各施工机械能耗及碳排放如表 6-4 ~ 表 6-11 所示。

表 6-4 各类型挖掘机每台班能耗及 CO_2 排放量

类型	型号	燃料类型	燃料消耗量（kg/台班）	能量（MJ/台班）	CO_2 排放量（$kgCO_2$ eq /台班）
履带式液压单斗挖掘机≤0.6m^3	WY60 液压	柴油	37.45	3685.08	116.84
履带式液压单斗挖掘机≤0.8m^3	WY80 液压	柴油	55.81	5491.70	174.12
履带式液压单斗挖掘机≤1.0m^3	WY100 液压	柴油	74.91	7371.14	233.71
履带式液压单斗挖掘机≤1.25m^3	WY125 液压	柴油	80.35	7906.44	250.69
履带式液压单斗挖掘机≤1.6m^3	WY160 液压	柴油	89.89	8845.17	280.45
履带式液压单斗挖掘机≤2.0m^3	WY200A 液压	柴油	91.93	9045.91	286.82
履带式液压单斗挖掘机≤2.5m^3	WY250 液压	柴油	160.03	15746.95	499.29
轮胎式液压单斗挖掘机≤0.4m^3	WY40 液压	柴油	29.28	2881.15	91.35
轮胎式液压单斗挖掘机≤0.6m^3	WY60 液压	柴油	37.45	3685.08	116.84

表 6-5 各类型自卸汽车每台班能耗及 CO_2 排放量

类型	型号	燃料类型	燃料消耗量（kg/台班）	能量（MJ/台班）	CO_2 排放量（$kgCO_2$ eq /台班）
载重量≤8t	QD351	柴油	49.45	4865.88	154.28
载重量≤10t	QD361	柴油	55.32	5443.48	172.59

续表

类型	型号	燃料类型	燃料消耗量（kg/台班）	能量（MJ/台班）	CO_2 排放量（$kgCO_2$ eq /台班）
载重量≤12t	T138，SX360	柴油	61.60	6061.44	192.19
载重量≤15t	SH361，T815	柴油	67.89	6680.37	211.81
载重量≤18t		柴油	72.92	7175.32	227.51
载重量≤20t	BJ374	柴油	77.11	7587.62	240.58
载重量≤30t		柴油	90.10	8865.84	281.11

表 6-6　各类型推土机每台班能耗及 CO_2 排放量

类型	型号	燃料类型	燃料消耗量（kg/台班）	能量（MJ/台班）	CO_2 排放量（$kgCO_2$ eq /台班）
履带式推土机≤60kW	T80	柴油	40.86	4020.62	127.48
履带式推土机≤75kW	TY100	柴油	54.97	5409.04	171.50
履带式推土机≤90kW	T120A	柴油	65.37	6432.40	203.95
履带式推土机≤105kW	T140	柴油	76.52	7529.56	238.74
履带式推土机≤135kW	T180	柴油	98.06	9649.10	305.94
履带式推土机≤165kW	T220	柴油	120.35	11842.44	375.49

表 6-7　各类型压路机每台班能耗及 CO_2 排放量

类型	型号	燃料类型	燃料消耗量（kg/台班）	能量（MJ/台班）	CO_2 排放量（kg CO_2 eq/台班）
振动压路机≤6t	YZS06B	柴油	24.00	2361.6	74.88
振动压路机≤8t	YZC5	柴油	40.80	4014.72	127.29
振动压路机≤10t	YZJ10B	柴油	59.20	5825.28	184.70
振动压路机≤15t	CA25PD	柴油	73.60	7242.24	229.63
振动压路机≤20t	YZ18A	柴油	105.60	10391.04	329.47
振动压路机≤25t		柴油	118.40	11650.56	369.40
振动压路机≤30t		柴油	149.60	14720.64	466.75
冲击式压路机≤25t		柴油	289.61	28497.62	903.58
光轮压路机≤6～8t	2Y-6/8	柴油	19.20	1889.28	59.90
光轮压路机≤8～10t	2Y-8/10	柴油	23.20	2282.88	72.38
光轮压路机≤10～12t	2Y-10/12	柴油	33.60	3306.24	104.83
光轮压路机≤12～15t	2Y-12/15	柴油	40.00	3936.00	124.80
光轮压路机≤15～18t	2Y-15/18	柴油	50.40	4959.36	157.24
光轮压路机≤18～21t	2Y-18/21	柴油	59.20	5825.28	184.70
光轮压路机≤21～25t	2Y-21/25	柴油	70.40	6927.36	219.64

表 6-8　各类型装载机每台班能耗及 CO_2 排放量

类型	型号	燃料类型	燃料消耗量（kg/台班）	能量（MJ/台班）	CO_2 排放量（kgCO_2 eq/台班）
轮胎式装载机≤1m³	ZL20	柴油	49.03	4824.55	152.97
轮胎式装载机≤1.5m³	ZL30	柴油	65.37	6432.40	203.95
轮胎式装载机≤2m³	ZL40	柴油	92.86	9137.42	289.72
轮胎式装载机≤3m³	ZL50	柴油	115.15	11330.76	359.26
轮胎式三向倾卸装载机≤2m³	ZLD40	柴油	104.07	10240.48	324.69
轮胎式三向倾卸装载机≤3m³	ZLD50	柴油	123.29	12131.73	384.66
履带式装载机≤1.5m³	三向倾卸	柴油	55.54	5465.13	173.28
履带式装载机≤2.0m³	ZY40	柴油	78.17	7691.92	243.89

表 6-9　各类型平地机每台班能耗及 CO_2 排放量

类型	燃料类型	燃料消耗量（kg/台班）	能量（MJ/台班）	CO_2 排放量（kgCO_2 eq/台班）
功率≤90kW	柴油	60.13	5916.79	187.60
功率≤120kW	柴油	82.13	8081.59	256.24
功率≤150kW	柴油	107.80	10607.52	336.33
功率≤200kW	柴油	142.27	13999.36	443.88

表 6-10　各类型稳定土路拌机每台班能耗及 CO_2 排放量

类型	型号	燃料类型	燃料消耗量（kg/台班）	能量（MJ/台班）	CO_2 排放量（kgCO_2 eq/台班）
功率≤88kW	WBL190	柴油	55.32	5443.48	172.59
功率≤118kW	WB210	柴油	74.17	7298.32	231.41
功率≤135kW	WB210	柴油	84.86	8350.22	264.76
功率≤165kW	WB220	柴油	103.72	10206.04	323.60
功率≤235kW	WB230	柴油	147.72	14535.64	460.88
功率≤260kW		柴油	163.43	16081.51	509.90
功率≤300kW		柴油	188.58	18556.27	588.36

表 6-11　各类型洒水汽车每台班能耗及 CO_2 排放量

类型	燃料类型	燃料消耗量（kg/台班）	能量（MJ/台班）	CO_2 排放量（kgCO_2 eq/台班）
容量≤4000L	汽油	29.71	2948.71	89.42
容量≤6000L	汽油	34.29	3403.28	103.21

续表

类型	燃料类型	燃料消耗量（kg/台班）	能量（MJ/台班）	CO_2排放量（kgCO_2 eq /台班）
容量≤8000L	柴油	47.20	4644.48	147.26
容量≤10000L	柴油	52.80	5195.52	164.73
容量≤15000L	柴油	114.40	11256.96	356.92
容量≤20000L	柴油	133.60	13146.24	416.83

6.4 路基工程建设期能耗与碳排放计算

6.4.1 路基原材料准备阶段能耗与碳排放计算

路基施工用原材料的准备程序可大致分为两类：路基填筑用土石方（黏性土、砂、碎石等）开挖，运输至工地；稳定土用水泥、石灰等原材料原料的开采和运输，将原料加工成施工用原材料，运输至工地。

路基施工用原材料准备阶段的能耗与碳排放主要取决于单位路基填料的能耗与碳排放清单和土石方的用量，计算模型主要在于确定并计算土石方的用量，在一般情况下，土石方用量可根据《公路工程预算定额》（JTG/T 3832—2018）和工程量清单进行计算，计算模型如图6-4所示。

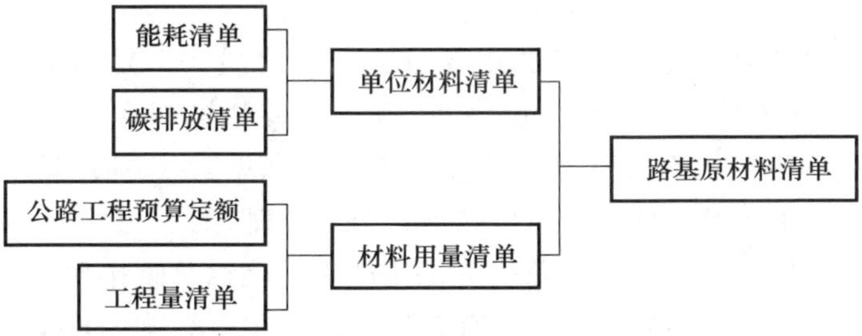

图6-4　土石方开挖阶段能耗与碳排放计算模型

6.4.2 路基原材料运输阶段能耗与碳排放计算

土石方运输阶段是指土石方运输至施工现场的过程。

土石方运输阶段的能耗与碳排放，主要是确定运输机械或设备的工作量，再通过清单换算为运输的能耗与碳排放。根据《公路工程预算定额》（JTG/T 3832—2018）和工程量清单可得运输阶段使用的机械种类及台班数，并结合《公路工程机械台班费用定额》（JTG/T 3833—2018）以及各能源能耗和碳排放清单，可得运输阶段能耗与碳排放清单。

6.4.3 路基施工阶段能耗与碳排放计算

路基施工阶段包括路堤施工和路床稳定土施工。路堤施工主要包括分层摊铺平整→洒水晾晒→碾压成形。路床稳定土施工主要包括分层摊铺平整→稳定土拌合→洒水晾晒→碾压成形。

路基施工阶段的能耗与碳排放，主要是确定施工机械或设备的工作量，再通过清单换算为施工阶段的能耗与碳排放。机械设备的工作量通过《公路工程预算定额》（JTG/T 3832—2018）及工程量清单计算，结合施工工艺要求基本可计算出各类施工机械设备的工作量。施工阶段的能耗与碳排放计算模型如图6-5所示。

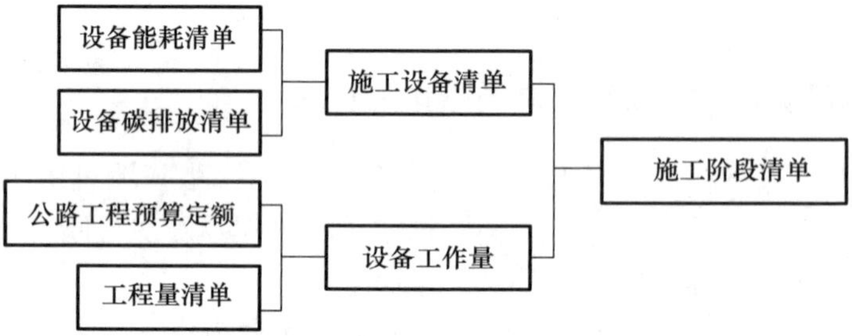

图6-5　施工阶段能耗与碳排放计算模型

6.5 影响公路路基建设期能耗及碳排放的因素分析

公路路基建设期能耗及碳排放主要分为三个阶段：一是路基填筑用土石方（黏性土、砂、碎石等）的开挖过程中挖掘机、装载机工作产生的能耗及碳排放；二是路基填料（土石方和稳定土用水泥、石灰等原材料）运输到工程现场过程中自卸汽车工作产生的能耗及碳排放；三是路基摊铺、整平、拌和、碾压等施工过程中推土机、平地机、压路机等工作产生的能耗及碳排放。在取土场或土源固定的情况下，公路路基建设期能耗及碳排放的主要影响因素集中在填料运输和路基施工过程的运输车辆与施工机械上。

6.5.1 路基填料运输过程

（1）设备状况

自卸汽车自重与其碳排放量有一定关系。主要表现在自卸汽车自重越大，需要更大的牵引力驱动汽车的行驶。因此，需要消耗更多的能源提供更大的动力，排放更多的温室气体。

一般来说，机械在做功的同时都不可避免地会做额外功，有用功占总功的比值即为机械效率，有用功占比越大，机械的总功利用率越高。因此，发动机传动机械效率越高，燃油利用率越高，则燃油消耗量越小，碳排放量越小。

（2）行驶状况

自卸汽车行驶状况，如行驶速度、行驶距离及驾驶员技术对自卸汽车行驶过程中的碳排放量大小有关。

自卸汽车行驶速度与碳排放的关系主要体现在发动机牵引力上。一般情况下，当车速较低时，发动机牵引力越小，所能提供的能源越少，所产生的碳排放量越少。

自卸汽车行驶距离与其碳排放量也有较大的关系，车辆行驶距离越长，消耗的燃油越多，所产生的碳排放越多。

驾驶员技术与自卸汽车碳排放量存在一定的关系，相关研究成果表明，驾驶员技术的娴熟程度直接影响着车辆的燃油消耗量，驾驶技术娴熟的驾驶员相比驾驶技术一般的驾驶员省油达 8% 左右，而油耗量直接影响其碳排放量。

（3）道路状况

自卸汽车行驶过程中碳排放量与道路状况有较大的关系，主要体现在道路坡度和道路类型上。

道路坡度大，车辆需消耗更多燃油做功以克服阻力行驶，因此产生更大的碳排放量。

道路类型与碳排放量大小也有关系，不同道路类型与碳排放量的关系主要表现在道路的平整度上，不平整的路面会增大行车阻力，影响行车的速度和驾驶的平稳性，并增加燃油的消耗，从而增加了行车的碳排放量。

（4）行车速度

车辆行车速度不同，消耗的燃料也不相同，所以碳排放量和能源的利用率也有很大的不同。表 6-12 表示 6 种不同的车型在车辆行驶速度不同的条件下与二氧化碳当量的关系。

表 6-12　6 种不同的车型在车辆行驶速度不同的条件下与二氧化碳当量关系表

平均行驶速度（km/h）	车型 1	车型 2	车型 3	车型 4	车型 5	车型 6
5	109.76	369.98	260.86	383.76	353.23	409.16
10	58.07	197.34	134.87	198.64	187.18	216.77
15	41.16	140.40	93.22	137.28	132.26	153.17
20	32.83	112.32	72.64	106.86	105.60	122.43
25	27.93	96.20	60.71	89.18	90.29	104.68
30	24.99	85.80	53.09	78.00	80.78	93.55
35	23.28	79.30	48.01	70.46	74.98	86.66
40	22.05	74.88	44.45	65.52	71.28	82.42

续表

平均行驶速度（km/h）	车型 1	车型 2	车型 3	车型 4	车型 5	车型 6
45	21.56	72.02	42.16	61.88	69.17	80.03
50	21.07	70.46	40.64	59.80	68.11	78.97
55	21.32	69.94	39.88	58.50	68.38	79.24
60	21.56	69.94	39.37	57.98	69.17	80.30
65	22.05	70.72	39.62	58.24	70.75	82.15
70	22.79	72.02	40.13	59.02	73.13	84.54
75	23.52	73.84	40.89	60.06	75.77	87.72
80	24.50	76.18	41.91	61.62	78.94	91.43
85	25.73	78.78	43.18	63.70	82.63	95.67
90	26.95	81.90	44.96	66.04	86.86	100.70
95	28.42	85.28	46.74	68.64	91.34	105.74
100	29.89	88.92	48.77	71.76	96.36	111.57

（5）能源状况

自卸汽车在行驶过程中产生的碳排放与燃油类型、燃料发热值有关。

对于不同的能源类型，其单位质量的能源所排放的温室气体类型不同，且温室气体排放量也不同，因此能源类型与碳排放量存在一定关系。

能源发热值是指单位质量的燃料在充分燃烧后至冷却温度过程中所释放的能量。不同能源类型所释放的能源大小不同，所以能提供的动力大小不同，所以对机械油耗产生影响，与车辆的碳排放也存在关系。

6.5.2 路基填料摊铺过程

推土机、平地机是路基填料摊铺过程中的主要施工机械，在运行过程中因消耗能源而产生碳排放。碳排放的影响因素具体可分为机械设备状况、摊铺状况以及能源状况三类。

（1）设备状况

推土机、平地机的总牵引力主要用来克服机械运行过程中的阻力，阻力越大，机械总牵引力越大，需要机械提供更大的动力，因此需消耗更多的燃油，碳排放量越大。

机械使用年限越长，燃油消耗越多，且燃油燃烧越不充分，尾气排放越多。

（2）摊铺状况

推土机、平地机移动速度对碳排放量的影响主要体现在自卸汽车填料堆放的均匀性上。堆放越均匀、移动速度越小，需要的燃油越少，碳排放量越小。

摊铺时间与碳排放量之间存在明显的关系，摊铺时间越长，消耗的燃油越多，碳排放量越大。

6.5.3 路基填料压实过程

路基填料压实阶段所使用的机械为压路机，其在以自身重力碾压材料时消耗燃油产生温室气体。压路机碳排放量大小主要与压路机自身设备状况、压实状况等有关。

6.6 津石高速公路保定段路基建设期能耗及碳排放量分析

根据从施工预算表中获取的路基工程原材料使用量、原材料运输距离、施工机械台班数，利用前文公式可以分别计算出路基工程原材料生产阶段 CO_2 排放量、原材料运输阶段 CO_2 排放量和机械施工阶段 CO_2 排放量，合计求出路基工程建设期 CO_2 排放总量。具体流程如图 6-6 所示。

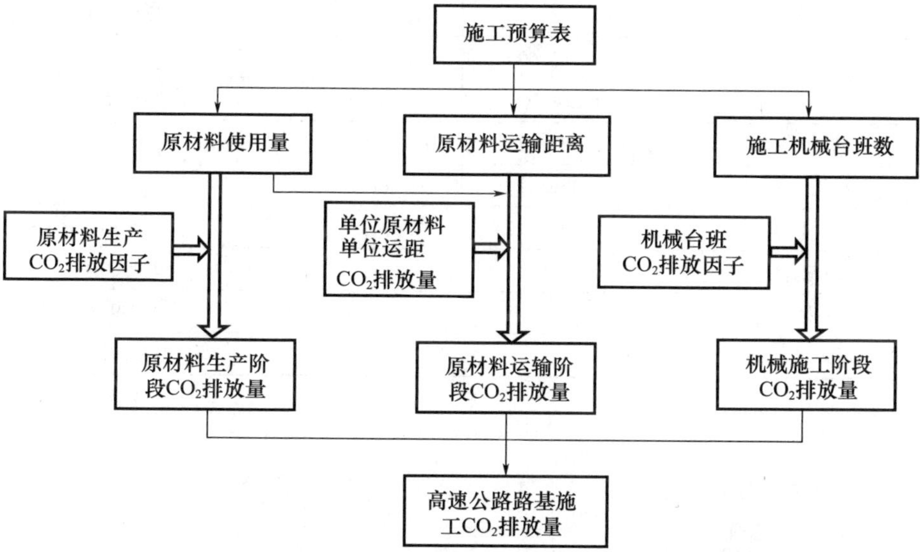

图 6-6　高速公路路基建设期 CO_2 排放量计算流程图

本研究仅就津石高速公路保定段路基填挖方施工、防护与加固工程 CO_2 排放进行分析。该工程主线全长 171.177km，路基填方数量 24727072m³。防护与加固工程 116.249km，其中预制格网路基防护 55.875km，拱形防护 53.599km，桥头预制混凝土六棱块防护 7.595km。此外全线设有 16 个互通式立交。

6.6.1 路基原材料生产阶段 CO_2 排放量

工程施工预算表以定额为基础进行项目、细目编制，详细记录了工程使用到的原材料类型和数量，为了计算由于原材料使用产生的CO_2排放量，需要从预算表中获取项目使用的原材料和各类原材料使用量。根据原材料类型和使用量，结合每种材料的CO_2排放因子，计算路基原材料生产阶段CO_2排放量。

计算确定的路基原材料生产阶段CO_2排放量如表6-13和图6-7所示。通过计算得出，在路基工程原材料生产阶段，路基填筑用土方CO_2排放133526.2t，占比49%；路床改良土及防护加固工程用水泥CO_2排放126209.8t，占比47%；石料和钢材CO_2排放量分别占2%左右。

表6-13　路基原材料生产阶段CO_2排放量

原材料	数量	单位	CO_2排放量（$kgCO_2$ eq）
32.5级水泥	104313	t	93047196.0
42.5级水泥	36831	t	33162632.4
电	670699	kW·h	650578.0
水	1707788	m^3	286908.4
中（粗）砂	248407	m^3	1371206.6
砂砾	162260	m^3	778848.0
片石	250799	m^3	1253995.0
碎石（2cm）	137162	m^3	747532.9
碎石（4cm）	136341	m^3	743058.4
土方	24727072	m^3	133526188.8
钢材	1989	t	5972966.0
石油沥青	523	t	98909.8
合计			271640020.3

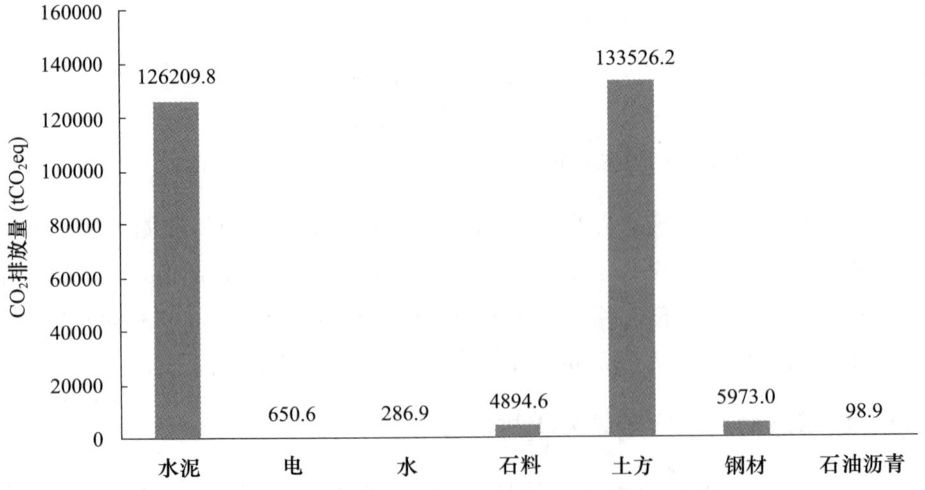

图6-7　路基原材料生产阶段CO_2排放量

6.6.2　路基原材料运输阶段 CO_2 排放量

工程施工预算表中原材料的合成价格包括运输成本，因此其中记录了主要原材料的运输方式和运输距离。在 CO_2 排放量的计算中，原材料的运输方式和运输距离数据直接构成了原材料运输阶段 CO_2 排放量的计算基础。

计算确定的路基原材料运输阶段 CO_2 排放量如表 6-14 和图 6-8 所示。通过计算，在路基工程原材料运输阶段，路基填筑用土方 CO_2 排放 79744.8t，占比 68.2%；路基防护加固用石料运输中 CO_2 排放 35005.2t，占比 30.0%；其他原材料运输阶段 CO_2 排放量占比较少。

表 6-14　路基原材料运输阶段的 CO_2 排放量

原材料	数量	单位	运距（km）	CO_2 排放量（$kgCO_2$ eq）
水泥	151144	t	100	1178923.2
钢材	1898	t	100	14804.4
石料	1869938	m^3	100	35005239.4
沥青	523	m^3	100	8158.8
土方	24727072	m^3	12.5	147543624.1
水	1707788	m^3	3	917082.1
合计				184667832.0

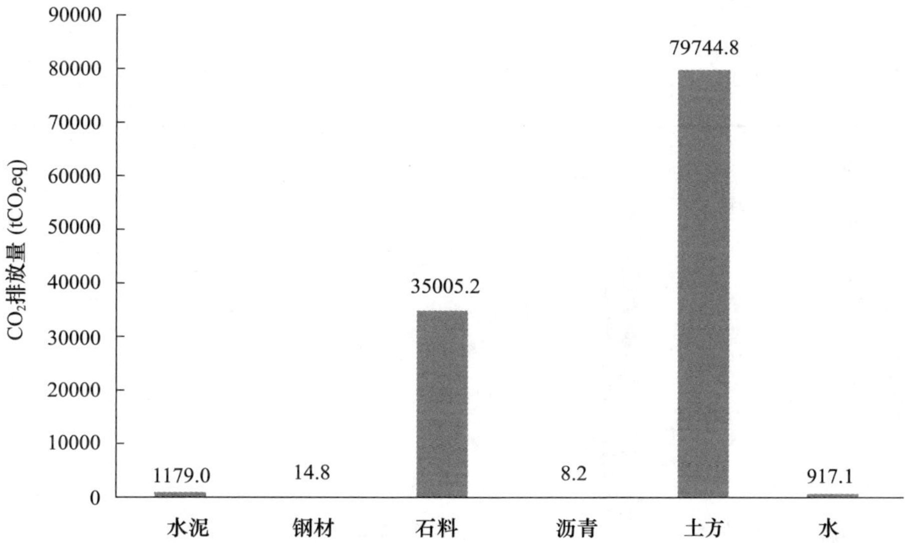

图 6-8　路基原材料运输阶段 CO_2 排放量

6.6.3 路基机械施工阶段 CO_2 排放量

高速公路路基施工需要使用大量施工机械，施工预算表中记录了项目所使用的各种施工机械和各自机械台班数。各类机械台班数构成了工程施工阶段的 CO_2 排放量计算的基础数据。

施工机械运作需要消耗大量的能源，高速公路路基施工消耗能源主要包括重油、汽油、柴油、电能和少量的煤。施工预算表中对各种机械的能源使用类型和数量有明确的记录，并且可以汇总出工程项目的能源使用量。

计算确定的路基机械施工阶段 CO_2 排放量如表 6-15 和图 6-9 所示。在路基机械施工阶段，20 t 以内自卸汽车排放 147543. 6t，占比 72. 52%；2. 0m³ 履带式单斗挖掘机排放 13856. 6t，占比 6. 8%；20t 以内振动压路机排放 20222. 9t，占比 9. 94%；120kW 以内平地机排放 14566. 2t，占比 7. 16%；75kW 以内履带式推土机、6～8t 光轮压路机及 6000L 以内洒水汽车等其他机械排放占比约 3. 5%。

表 6-15　路基机械施工阶段 CO_2 排放量

类型	台班数（台班）	燃料消耗量（kg）	CO_2 排放量（$kgCO_2$/台班）
75kW 以内履带式推土机	10289	54. 97	1764563. 5
2. 0m³ 履带式单斗挖掘机	48311	91. 93	13856561. 0
120kW 以内平地机	56846	82. 13	14566219. 0
6～8t 光轮压路机	54056	19. 2	3237954. 4
20t 以内振动压路机	61380	105. 6	20222868. 6
20t 以内自卸汽车	613283	77. 11	147543624. 1
6000L 以内洒水汽车	21748	34. 29	2244611. 1
合计			203436401. 7

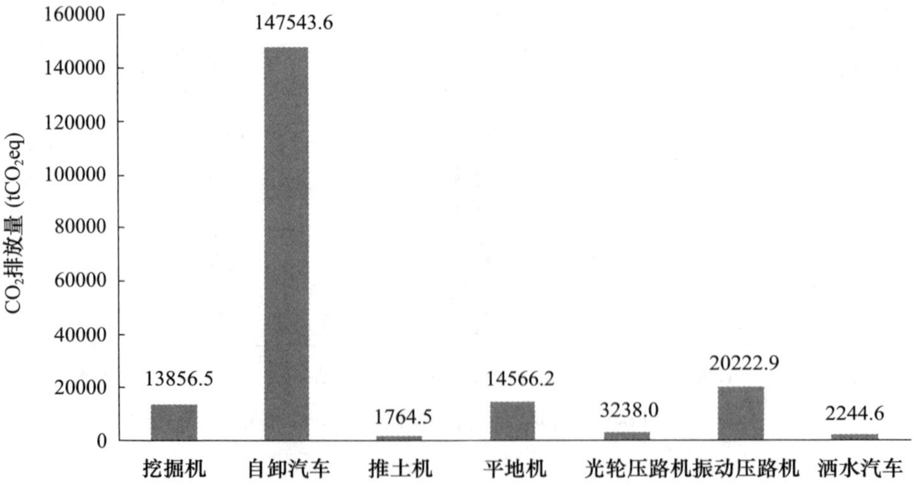

图 6-9　路基机械施工阶段的 CO_2 排放量

6.6.4 路基工程施工阶段 CO_2 排放量

津石高速公路保定段路基填挖方施工、防护与加固工程 CO_2 共排放 659743t，其中原材料生产阶段 CO_2 排放 271640t，占比 41%；原材料运输阶段的 CO_2 排放 184667t，占比 28%；机械施工阶段的 CO_2 排放 203436t，占比 31%，如图 6-10所示。

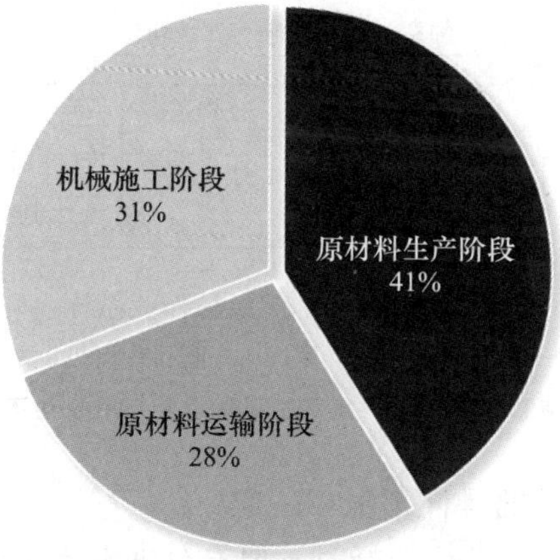

图 6-10 津石高速公路保定段路基工程施工 CO_2 排放施工构成图

6.7 碳排放约束下路基工程施工机械合理配置技术

6.7.1 路基工程施工机械配置一般原则

公路路基施工机械种类和型号繁多，每种机械都具有独特技术性能和适应的作业范围，并且同种机械还可以完成不同的施工作业。路基工程施工需要不同型号的同种机械或多种不同机械协调作业共同完成。在对路基施工机械进行配置之前，要根据实际的工程概况合理地进行选择，以保证以最优的技术使机械发挥它的最佳效能，达到最佳的技术经济效果。除此之外，要根据工程量和工程进度选择施工机械，工程量大时选择型号大的机械，反之选择型号小的机械，但实际工程中有很多因素影响路基工程机械施工，所以这也并不是绝对的。

路基施工机械作业系统一般称作“挖掘—压实”系统，即 A—B（挖掘—运土）子系统、B—B（卸土—空返）子系统、B—C（卸土—推平）子系统、C—D_1（推平—初压）子系统、D_1—D_2（初压—终压）子系统（图 6-11）。

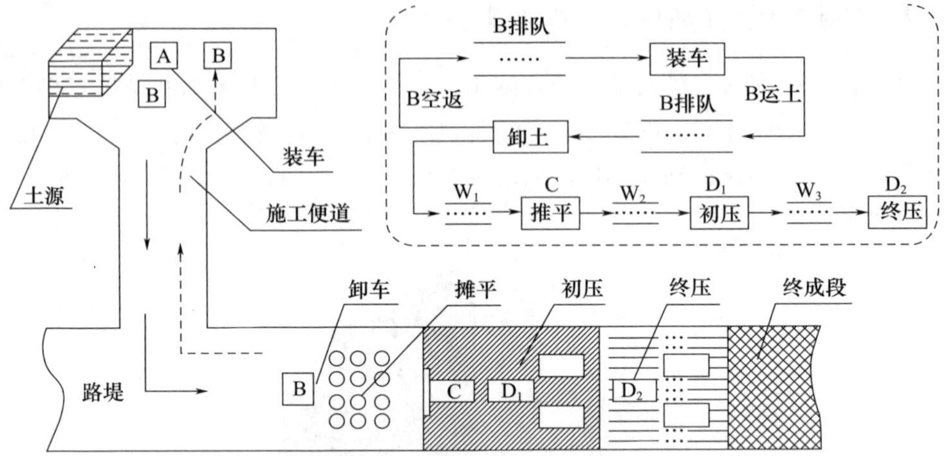

图6-11　路基施工机械作业系统

A—挖掘机；B—自卸车；C—推土机；D_1—初压压路机；D_2—终压压路机

W_1—卸土段限制长度；W_2—推平段限制长度；W_3—初压段限制长度

（1）施工机械与工程的具体工况相适应

在对路基工程施工机械进行选择时，要充分地考虑工程概况、经济运距等问题，使选取的施工机械与工程项目的具体情况相适应。例如要实现均匀的压实密度就选择轮胎式压路机，要满足平整度需求就选择全驱动式压路机。同时还要考虑机械的容量是否能承受工程进度和工程量的需求。总之要尽量做到施工机械被合理利用，避免出现工作能力不足或过剩而导致工期延误的情况。在条件允许的情况下，选择更能够满足工程施工的机械种类和型号。

（2）选用的机型应具有良好的经济性

路基工程施工机械良好的经济性体现在固定资产消耗额和机械运行费用上。在对施工机械进行选择时，除了要考虑其技术性和可靠性，还要衡量施工机械的费用与施工项目工程量间的关系。例如，在工程量较大的工程中，虽然选择型号规格大的施工机械会增加一次性投入，但整个工程施工完成后会降低对工程成本的影响。

（3）应能保证施工安全、工程质量和施工现场环境

一套合理的施工机械组合方案应满足质量、安全及施工现场环境的要求。针对工程质量问题，在选择机械时要注意选择能保证工程技术要求、保证质量、保证生产率的机械，在路基工程施工中推土机的额定功率不应小于125kW，压路机的质量不应小于15t，平地机的额定功率不应小于125kW，挖掘机的斗容量不应小于1m^3，自卸汽车的载重量不能低于10t。有时由于工程质量的特殊要求会选择专用机械。针对工程安全问题，在选择机械时要选择安全性能高的机械，例如在一些具有特殊路况的工程中要选择有落体或翻车保护装置的运输车辆。针对路

基工程施工现场环境问题，应选择噪声小、空气污染和水土破坏程度低的机械，如要求低噪声时可用加强型 10B 小型挖掘机。

（4）施工机械的合理组合

实现机械化施工的重要因素之一就是对施工机械的合理组合。根据路基工程实际的作业内容，选择容量和作业率较大的施工机械，同时要注意选取机械的型号尽量一致，宜少不宜多。施工机械的型号尽量少的原因在于，这样有利于施工人员统一机械功能、标准化施工、系统化作业、管理和维修，有利于提高机械的协同作业能力，提高施工机械的效率。对施工机械合理组合时还应考虑，主导机械和牵引机械的工作效率是否充分发挥作用。要保证主导机械和与其相配套的机械在工作容量、数量和工作效率等方面都有储备，工作能力都能协调配合，牵引机械和与其配套的机具要协调配合，避免动力过剩或动力不足。

影响施工机械设备选型的因素包括四个方面，如图 6-12 所示。

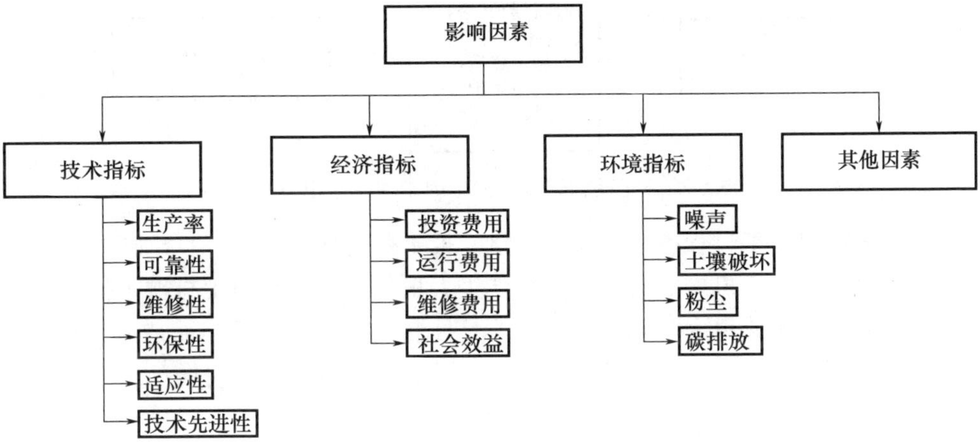

图 6-12　影响施工机械设备选型的因素

6.7.2　碳排放约束下路基工程施工机械优化配置

按照路基工程施工机械配置原则初步筛选出符合条件的机械后，要保证在这些机械中选出高质量、短工期、低成本的高效益施工机械，以便得到经济上合理、技术上先进、使用上安全可靠的优化配置方案，充分实现多目标优化。路基施工机械优化配置过程可以分为三个阶段进行：一是考虑路基工程施工机械配置一般原则初步确定机械配置方案；二是考虑机械之间的组合；三是考虑机械发挥最大效益，即机械的合理选择、机械的合理组合、机械的优化组合三个阶段。

路基工程施工机械一般配置过程是先通过系统分析初步筛选部分满足条件的施工机械，得到施工机械的原始数据，再通过分析和优化得出适合工程实际情况的施工机群配置方案，最大限度地降低成本、工期和碳排放等。最后，分析和考察机械配置方案的机械工作效率和配置结果是否满足用户的要求。

传统的施工机械优化配置基于传统的项目管理角度对工期、成本及质量目标进行优化，使路基工程施工机械的配置能在短工期、低成本、高质量的条件下完成工程的建设。随着人类所面临的全球气候变暖及环境恶化问题越来越严峻，基础设施建设所带来的碳排放越来越受到人们的关注。因此在路基工程施工机械配置过程中，将环境目标即碳排放目标考虑进去，可以为路基工程施工机械优化配置带来一个新方向。

公路基础设施在整个施工建造过程中产生的碳排放主要是通过直接或间接的施工活动造成的。大部分学者将其来源归于建设用材（土方、碎石等）的获取、制造、加工、使用和运输，以及施工机械（包括压路机、装载机、自卸汽车等）的使用，具体能耗和碳排放清单因子输入输出过程如图 6-13 所示。

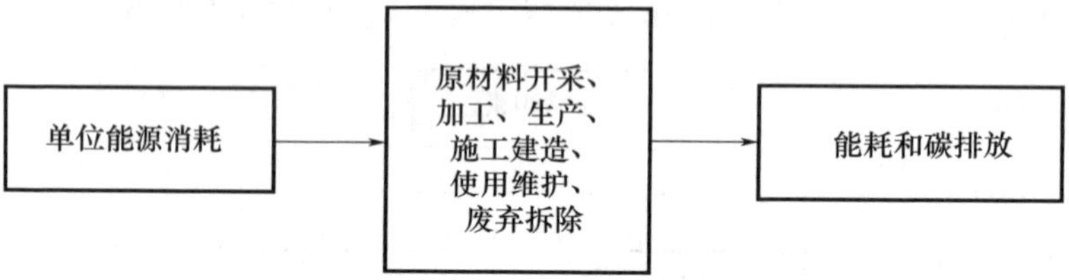

图 6-13　能耗和碳排放清单因子输入输出过程

在工程项目施工过程中，由于挖掘机、推土机能耗较大，一旦出现为了缩短工期不合理选取施工机械的情况，就会产生大量的 CO_2。对施工机械碳排放量进行核算，并以碳排放量为基础征收碳税，是抑制因选择机械不当而造成大量 CO_2 排放的措施。

6.8　本章小结

① 分析了全生命周期公路碳评价的目的及特点，建立了全生命周期公路路基碳评价方法，归纳总结了能源消耗和碳排放计算方法，提出了公路路基建设过程原材料生产、原材料运输与机械施工等三个阶段的能源消耗和碳排放分析技术。

② 确定了燃料碳排放因子、路基材料碳排放因子以及路基建设中各施工机械能耗及碳排放量。分别建立了土石方开挖阶段、原料运输阶段以及施工阶段的能耗与碳排放计算模型。

③ 分析了影响公路路基建设期能耗及碳排放的因素，结合津石高速公路保定段工程实例进行了路基建设期能耗及碳排放量计算，在此基础上提出了碳排放约束下既满足工程质量、资源合理配置、减少成本费用，又可降低路基工程施工过程中碳排放量的路基工程施工机械合理配置技术。

7 平原区高速公路路基绿色施工技术研究

本章讨论了高速公路路基绿色施工的内涵和原则，制定了路基绿色施工框架，分析了影响公路路基绿色施工的因素，提出了绿色施工控制对策，研究了水泥搅拌桩、水泥粉煤灰碎石桩（CFG 桩）复合地基及路基土石方绿色施工要点，详细介绍了津石高速公路保定段边坡植物防护、骨架防护以及路侧绿化行道树种植施工技术。

7.1 绿色施工内涵及原则

7.1.1 绿色施工的内涵

关于绿色施工的定义，国内外目前尚无统一意见，学者们虽有不同的见解，但其核心内容大致相同。目前我国较为权威的界定有：

建设部于 2007 年 9 月发布了《绿色施工导则》，其将绿色施工定义为：工程建设中，在保证质量、安全等基本要求的前提下，通过科学管理和技术进步，最大限度地节约资源与减少对环境负面影响的施工活动，实现“四节一环保”（节能、节地、节水、节材和环境保护）。

2014 年实施的《建筑工程绿色施工规范》（GB/T 50905—2014）中关于绿色施工的定义是：在保证质量、安全等基本要求的前提下，通过科学管理和技术进步，最大限度地节约资源，减少对环境负面影响，实现“四节一环保”的建筑工程施工活动。

2018 年 12 月，北京市发布《绿色施工管理规程》，其中将绿色施工定义为：在保证质量、安全等基本要求的前提下，通过科学管理和技术进步，最大限度地节约资源，减少对环境负面影响的工程施工活动。

可见，路基绿色施工是指在路基施工过程中融入绿色环保理念，在保证既定工程项目的质量、工期、安全等目标的基础上，采用合理的管理措施和技术手段，尽可能减少能源、水、土地和材料等资源的消耗，提高资源的利用率，降低施工对环境的负面影响，使得工程施工与环境保护形成可持续发展的良性循环，达到“节能、节地、节水、节材、环境保护”即“四节一环保”的目标（图 7-1）。

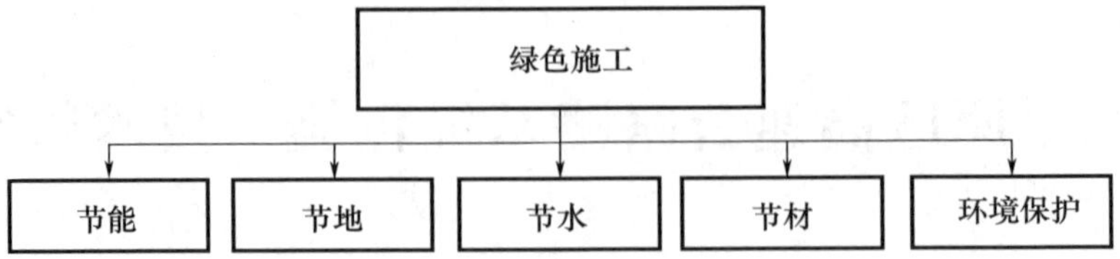

图 7-1　绿色施工总体框架

绿色施工与传统施工相比（图 7-2），不仅包括质量、工期、成本、安全等既定目标，还包括社会效益、环境效益目标。其中，成本目标不仅包括传统的工程成本目标，还包括通过资源节约，提高资源利用率从而降低工程造价成本。社会目标是指在施工过程中要承担起自身的社会责任，做到安全文明施工，为社会谋福祉；环境目标是指在施工过程中要降低施工活动所带来的环境污染。

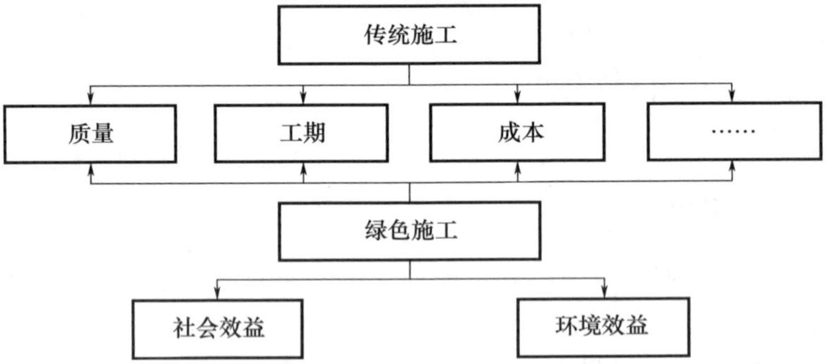

图 7-2　绿色施工与传统施工的区别

因此，根据《绿色施工导则》，绿色施工内涵可归纳为以下三点：

（1）绿色施工的基础前提是保证工程质量、安全

绿色施工作为传统施工的升华，也应符合建设工程三大基本目标，即质量（安全）、时间（工期）、成本。

（2）绿色施工的目的是节能降耗、减少环境污染

绿色施工以科学发展观、可持续发展理念作为指导思想，是人们在日益重视可持续发展的基础上提出来的，这也是绿色施工和传统施工最大的区别，绿色施工追求尽可能降低能源消耗、减少环境污染，实现较好的社会效益和环境效益。要求施工活动有利于人类社会的可持续发展，这也是绿色施工的目的和核心内容的体现。

（3）实现绿色施工的方法途径是科学管理和技术进步

科学的管理和先进的施工技术是实现绿色施工的保证措施。绿色施工技术是

对传统施工技术加以改进、创新，有利于节约资源、减少施工对环境的负面影响，为绿色施工提供技术保障。构建相应的绿色施工管理体系，通过管理制度和工作制度，为施工全过程提供管理保障。

7.1.2 绿色施工的原则

在保证工程安全、质量、进度的基础上，绿色施工应减少对周边环境的影响，节约资源与能源。高速公路绿色施工应遵循以下几点原则：

（1）优化总体建设方案

从公路工程全生命周期角度来看，包含了立项、设计、施工和运营管理等几个阶段，施工阶段只是其中一个重要的环节。从项目规划立项开始，到设计阶段，就应当充分为施工阶段的所有需求做好准备，以便为后续的绿色施工提供保障。

（2）加强施工过程监管

实施绿色施工，应对施工策划、材料采购、现场施工、工程验收等各阶段进行控制，加强对整个施工过程的管理和监督。通过建立科学的管理制度，提升绿色施工管理水平，通过加强监督，确保绿色施工效果。

（3）维护工程周边生态环境

高速公路是一种典型的线形带状结构物，在高速公路建设过程中，清理植被、占用农田、开挖山坡等施工活动，会对当地的生态环境带来一定的负面影响。施工应本着尊重和维护周边环境的理念，分析施工对生态环境的负面影响因素，制定相应的解决措施，减少施工对生态环境的负面影响。

（4）制定节能降耗措施

绿色施工的重要内容就是节约能源、资源，保护水资源、土地资源。工程施工中应坚持资源集约节约，对施工用水用电、生活用水用电、工程物资材料使用与回收等进行严格管理。既可以节能降耗，又可以降低工程的建设成本，将可持续发展思想落实在施工工程中，推动绿色施工水平发展。

（5）降低施工过程环境污染

路基施工过程中会附带产生一些扬尘、噪声等环境污染，影响工程周边的自然环境、居民健康，甚至也会危害工程建设者的身心健康。施工时应加强对环境污染的控制，定时洒水治理扬尘、建筑垃圾合理利用、废水废物经处理后再排放、对噪声大的设备和工艺采取降噪措施等，采取系统化、可操作的环保措施提高施工过程的环境品质。

7.1.3 传统路基施工对环境的影响

如果不注重路基绿色施工，可能会导致生态环境改变，甚至生态环境破坏。

（1）植被资源破坏

在路基施工过程中，为了施工生产所进行的土石方开挖、填筑等势必会在一定程度上破坏当地植被资源，也会局部改变原有的地形地貌特征。由于原有植被资源遭到破坏，随着原有地形地貌的改变，蝴蝶效应开始产生，生态破坏开始从红线内向红线外蔓延。而我国部分区域生态系统比较脆弱，一旦遭到破坏，可能需要漫长的自我修复期，甚至造成部分物种灭绝。

（2）施工粉尘污染

由于路基开挖填筑施工造成地表裸露，在施工机械作业和运输车辆碾压过程中，土壤中的微小颗粒散落漂浮于地表空气中；同时散装原材料或废弃物，如水泥、粉煤灰、石灰、砂石和废弃土方等散料在运输、装卸、入罐和使用过程中，由于工艺原因、人为因素或气象条件，造成地表扬尘。施工粉尘污染已经成为影响施工现场范围内空气质量的重要因素。

（3）施工噪声和光污染

在路基施工过程中，材料切割、车辆运输、物资装卸和机械操作等不可避免给施工场所带来施工噪声污染；夜间施工、强光照明和电焊作业等给周边环境带来的往往是光污染。虽然不同类型、不同的施工作业方式产生的噪声强度各有差别，但根据相关测试，施工现场所产生的噪声一般都远远超过国家关于噪声限值的标准，尤其是随着城市化进程的加快，噪声污染和光污染已经越来越干扰城镇居民的正常生活。

（4）施工废弃物污染

在路基施工过程中产生大量的废弃物，包括固态废弃物，如建筑垃圾、清淤换填材料等；液态废弃物，如生产生活废水、废弃机油等；气态废弃物，如施工机械设备排放的废气、施工过程中释放的 CO_2 气体等。不管是何种形态的废弃物，都将对生态环境造成破坏，尤其是绝大部分废弃物被抛弃时未经任何处理，简单采用露天堆放或就地填埋，甚至是随意排放，占用了大量的土地，增加了后期处理成本，同时在清运和处理过程中又可能带来新的污染源。

（5）水资源破坏

在路基施工过程中，由于线形的设计要求，有的需要进行高填高挖甚至调整更改当地原有水系，这将改变当地的地表径流方向、水流量或水流速度，并会对当地水源造成一定污染；同时由于施工过程管理不力或人为破坏、废弃物的任意抛弃、生产生活污水的任意排放，当地水质也会遭到不可逆转的破坏。

（6）生物生态资源破坏

路基施工给当地生物生态资源带来的破坏主要是以上五个方面共同作用带来的后果。路基施工占用了大量的土地资源，施工过程中对植被资源的破坏以及营运过程中的影响，水资源环境的恶化等因素，影响了当地生态平衡，原有生态环境遭到破坏，造成生物资源减少甚至消亡。高速公路路基的封闭性，使其在穿越时往往将原有的生态系统一分为二，对于当地生物而言，居住环境被硬生生割裂开来，并不利于生态系统的稳定健康发展。

因此，高速公路路基要实现绿色施工，应采取以下措施：一是改进传统的路基施工工艺，推行绿色施工新技术，提升施工管理水平，树立绿色施工理念；二是淘汰高污染、高能耗的运输车辆和机械设备，引进环保节能的新式装备；三是减少土地资源、水资源、能源和材料消耗，同时减少由此产生的废弃物产量，甚至对废弃物加以循环利用。

7.2 公路路基绿色施工框架及影响因素分析

7.2.1 公路路基绿色施工框架

按照《绿色施工导则》要求，“绿色施工总体框架由施工管理、环境保护、节材与材料资源利用、节水与水资源利用、节能与能源利用、节地与施工用地保护六个方面组成。这六个方面涵盖了绿色施工的基本指标，同时包含了施工策划、材料采购、现场施工、工程验收等各阶段指标的子集。因此，公路路基绿色施工应体现在施工全过程管理中的环境保护意识，包括项目绿色施工管理制度编制、绿色建材选用，施工阶段绿色环保的新工艺、新技术的采用及基于环保理念对现有技术的改进，项目竣工阶段的环境恢复和环保评价等，实现“四节一环保”。

路基绿色施工总体框架图如图7-3所示。

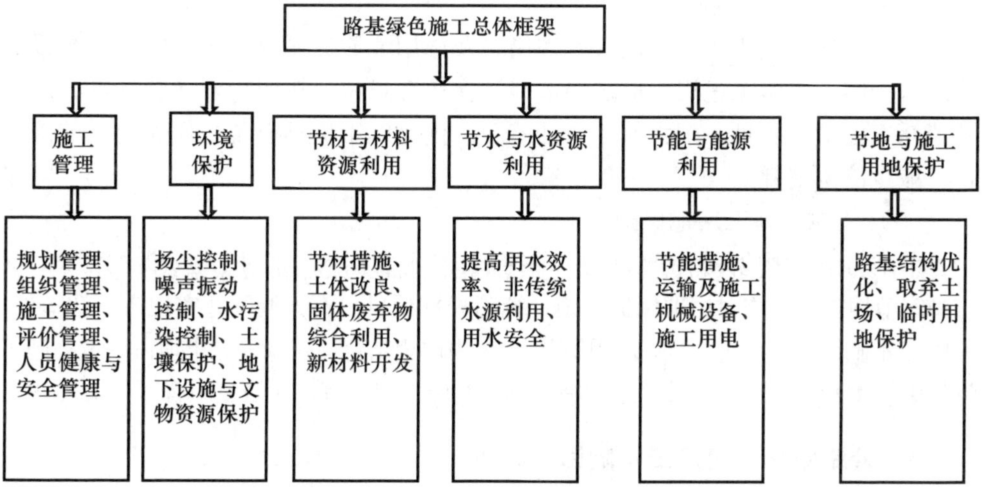

图 7-3 路基绿色施工总体框架图

（1）施工管理

绿色施工管理主要包括：一是规划管理，主要是制订路基绿色施工方案，提出相应的绿色施工措施；二是组织管理，主要是建立路基绿色施工管理体系、管理制度和管理目标；三是施工管理，主要是根据路基工程特点，对施工全过程实施动态化管理；四是评价管理，主要是根据路基绿色施工评价体系，对绿色施工效果进行评估；五是人员健康与安全管理，主要是制订相应的健康管理制度及健康实施方案，保障人员健康安全。

（2）环境保护

环境保护主要包含扬尘控制、噪声振动控制、水污染控制、土壤保护、地下设施与文物资源保护等方面的内容。环境保护的目的主要是减少施工对环境的负面影响，主要是施工过程中制定相应的施工方案及控制措施。如对路基作业面进行洒水抑尘，对施工便道进行硬化或洒水；对清表土壤进行保护；对地下设施与文物资源制定相应保护措施等。

（3）节材与材料资源利用

节材与材料资源利用的目的主要是减少材料的消耗量，尽量利用沿线的荒废地做取土场，或利用尾矿料、煤矸石、钢渣等工业废弃物或建筑垃圾进行路基填筑，路床土可选择合理的土体改良措施。施工过程中推广绿色施工新工艺，制定材料节约方案、措施。

（4）节水与水资源利用

节水与水资源利用的目的是减少施工过程中水资源消耗。主要从水资源节约和利用两个方面进行控制。通过编制节水方案、制定切实有效的节水措施，对水资源实施分类管理，循环利用水资源，做到一水多用。

（5）节能与能源利用

节能与能源利用主要是通过管理措施及选用节能运输及压实等施工机具设备等进行控制。在施工过程中应加强节能环保教育意识，按照行业能耗标准，对能源消耗实施动态管理；加大使用清洁能源，优化施工机具设备、优先使用节能设备，减少能源消耗。

（6）节地与施工用地保护

节地与施工用地保护主要是为了节约土地资源及控制施工对土地资源的污染。通过制定节地方案及临时用地保护措施，统筹安排项目土石方调配，实现土资源节约；采用“永临结合”技术，将临时用地与永久用地相结合，减少临时土地占用量；施工过程中尽量避免占用红线外用地，临时用地在施工完后宜及时恢复原有绿化植被。

7.2.2 公路路基绿色施工影响因素分析

公路路基作为带状结构，沿线环境复杂多变，可能涉及河流、湖泊、耕地等自然环境，也可能涉及居民房屋、文物古迹、既有道路、地上地下通信电力水利管网等各类人文环境，因此公路路基绿色施工是一项庞大的系统工程，绿色施工理念应贯穿每一个环节。在公路路基施工期间，涉及的内容主要有：

① 路基工程中的土石方平衡，外借填料来源、废土处理等。

② 大宗建筑材料的采购来源，材料运输对道路、环境的影响。

③ 软基处理、土石方填筑、稳定土路床、路基用工业废弃物及建筑垃圾等环节施工工艺、机械设备对环境的影响。

④ 路堤边坡防护、取弃土场等对植被、水土流失的影响等。

因此，影响公路路基绿色施工的主要因素体现在：

（1）施工管理方面

路基施工活动牵涉到沿线地方政府、建设单位、设计单位、监理单位和施工单位等各相关方，仅依靠施工单位单方面的努力是难以实现绿色施工的。路基绿色施工的推行不仅需要沿线地方政府的引导监管，建设单位的资源和资金支撑，设计单位的技术支持，监理单位的现场监督，同时，还需要健全相关法律法规予以保障，建立激励机制，营造良好的环境和氛围，促进相关建设单位切实履行法律责任，全力推进路基绿色施工的实施。

（2）思想认识方面

住房城乡建设部发布了国家标准《建筑工程绿色施工规范》（GB/T 50905—2014），绿色施工已在建筑工程领域取得了系统性的进展及成效。但是，在公路工程建设行业，绿色施工的推广才刚刚起步，甚至在业内尚未形成普遍趋势，所以应提高路基工程建设各方绿色施工的思想认识，提高认识度。有的企业将绿色施工停留在实施封闭施工，没有尘土飞扬，没有噪声扰民，工地定时洒水，仅此而已，忽略了绿色施工高效利用资源、改善作业条件和降低劳动强度等深刻内涵。

（3）现有技术工艺方面

目前施工过程中普遍采用的技术和工艺仍是以质量、安全和工期为目标的传统手段，缺乏针对“四节一环保”的绿色施工技术的系统研究，环境保护和节能措施仍然较为落后，难以满足绿色施工的要求，影响了绿色施工的推进。

（4）固废资源利用方面

我国每年产生的建筑废弃物数量惊人，但资源化利用率不足40%，与德国、美国、日本、荷兰等国家超过90%的资源化利用率相比，还有很大的差距，导致资源化利用水平低下，制约了施工过程的绿色化发展进程。同时，尾矿料、煤矸石、钢渣等工业废弃物的资源化利用也是路基绿色施工的重要方向。

7.3 公路路基绿色施工控制对策

实施公路路基绿色施工，应充分考虑总体方案优化途径，积极改进路基施工工艺，为绿色施工提供技术条件保障，顺应路基绿色施工的总体要求，包括加快技术改造、相关部门加强管理、出台环保管理体系及相应政策、加强资源循环利用、加强绿色施工意识教育、提高能源利用率、加强土地资源集约利用、加强生态环境保护、推进建设管理信息化等。

7.3.1 出台环保管理体系及相应政策

探索应用工程施工健康、安全及环境三位一体管理体系，推广路基施工环境管理新模式。出台相应的政策，加强防治施工污染的管理力度，将环保管理纳入施工全程管理中，做到前期审批、中期管理、后期验收。通过建立健全防治污染的政策规章，建立运行绿色施工的正负激励制度，对推进绿色施工消极的企业进行经济处罚，对推进绿色施工积极的企业进行表彰和经济补偿，促使业主、监理单位和施工单位等多方主体齐参与，造就推进绿色施工的良好氛围，强力推进绿色施工。

7.3.2 加强绿色施工意识教育

开展相关绿色施工教育或技术培训，对症下药，提高员工的绿色施工意识和责任感。通过组织施工管理人员对环保政策、绿色施工工艺的学习培训，强化绿色施工意识，使各级施工管理人员对环境污染有更深刻的认识，充分意识到由此造成的危害，自觉进行污染防治维护生态环境平衡。针对建筑施工行业人员流动性大、素质参差不齐的特点，用施工过程中的实际案例作为分析和讲解内容，在项目现场开展定期教育和培训。

7.3.3 加快绿色施工技术改造

绿色施工总的内涵就是节能降耗，技术改造是污染防治的重要手段，从施工生产的源头着手，改进施工工艺，降低现场的环境污染。通过使用低噪声、低振动机具设备，并适当安装隔音板、增设减震措施等，进行噪声与振动控制；在废弃物综合利用方面，进行再生材料的强度、耐久性研究，大力发展废弃物的循环再生工艺和技术，给电弧焊增设遮挡措施，室外夜间照明设置灯罩或遮挡板，防止施工过程中的光污染，进行光污染控制；采用水资源分级管理，改进非传统水源的利用效率：采用节能保温材料，充分利用太阳能等可再生资源。

7.3.4 加强资源循环利用

在路基施工过程中经常产生废弃物，如弃渣、生产生活废水等。遵循“减量化、再利用、资源化”的原则，积极探索资源回收和废弃物综合利用的有效途径；大力推广应用节水节材建设，实现资源的减量化；大力开展废旧材料的再生和综合利用，提高资源再利用水平；加强钢材、水泥、木材、砂石料等主要建材的循环利用，积极推进粉煤灰、煤矸石、钢渣、建筑垃圾、生产生活污水等在路基施工过程中的无害化处理和综合利用。

7.3.5 提高能源利用率

优化施工技术措施，对材料供应进行动态管理，降低实际材料损耗率，将节约能源资源和节能提升技术要求贯彻到规划、设计、施工、运营、养护和管理全过程。认真贯彻国家关于固定资产投资项目的节能要求，推行混凝土和钢筋集中加工生产，推广应用高强钢筋和高性能混凝土，在项目立项、初步设计、施工及验收各阶段，积极选用高效节能设备，扩大绿色照明技术，优先采用节能灯，并采用声控、光控等智能控制技术，提高能源利用率及新能源、可再生能源在路基施工中的应用。高速公路路基项目的开工建设必首先经过环保部门的审批才能进行破土施工，严禁边施工边补办手续；认真进行排污检测，通过严肃监督，加大参建各方破坏环境所付出的成本；使用先进的节水工艺、节水措施，大力推广应用节能型养护设备，如混凝土养护自动喷淋系统、循环用水装置等。

7.3.6 加强土地资源集约利用

土地是一种特殊的资源，充分合理利用土地是绿色施工的必要措施，对临时设施的布置和施工道路的设置都体现了施工单位对节地工作的把握程度。在绿色施工过程中充分利用既有道路和有利地形，施工现场的道路修筑按照永久道路和临时道路相结合的原则布置，有条件的施工现场内应形成环形通路。合理规划布置工地临房、临时设施、材料堆场，合理设计取弃土方案，不仅节省工程量，而且少占耕地。

临时用地面积按照所需的最小面积考虑，合理确定建设规模，并提高土地有效使用率。优化设计，减少红线内的开挖作业量，因地制宜采取有效措施，充分利用既有的绿化植被，尽量避免占用红线外用地，尤其是农林牧渔用地，并在施工完成后及时恢复原地貌。将临时用地与永久用地使用相结合，加强综合交通枢纽用地的综合立体开发，按照“统筹规划、合理布局、集约高效”的要求，节约集约利用交通通道线位资源，提高资源利用效率。

7.3.7 加强生态环境保护

路基施工过程中制定切实可行的环境保护措施，严格执行交通建设规划和建设项目环境影响评价、环境保护和建设项目水土保持方案编制制度。提倡生态环保设计，防止土壤侵蚀，严格落实环境保护、水土保持措施，加强植被保护与恢复、表土收集与利用，施工结束后及时进行取弃土场和临时便道的绿化恢复；推进绿化美化工程建设，如对粉状材料进行封闭灌装并加以覆盖，施工场地出入口设置洗车槽，填筑土方时采取洒水降尘措施，运输废弃土方等散料的车辆加装盖板等进行扬尘控制；加强路基施工过程中的污染物处理，如控制建筑垃圾产量，加强建筑垃圾回收利用率，设置垃圾临时集中存放点并及时清运；加强施工期间环境保护工作，如区分生活污水和生产污水，并针对性设置沉淀池等处理设施，保护地下水源，进行水污染控制，确保施工期间污水排放达标。

路基中指定专人定时洒水清扫，防止粉尘污染环境。工程施工的取土场，开挖面和废弃的砂、石、土存放地的裸露土地，应植树种草，防止水土流失。对施工人员也要采取劳动保护措施，如控制工作时间或发放防尘口罩等。

在施工阶段会产生工程弃土和垃圾，施工中产生的泥浆和其他浑浊废弃物未沉淀不得排放，各类机械所用的棉纱、润滑油包装、机油桶等垃圾、物料堆、遗留的建材废料不得倒入河道和居民生活垃圾容器内。在施工现场禁止焚烧油毡、橡胶、塑料、皮革、树叶、枯草等会产生有毒有害烟尘和恶臭的物质。对施工人员加强教育，养成不乱扔废弃物的良好习惯，创建卫生整洁的施工和生活环境。

7.3.8 推进建设管理信息化

推广开发应用基于建筑信息模型（BIM）技术的建设项目管理系统，构建设计、施工一体化管理系统。推广智能化工地与智能化检测试验室建设，推进质量检验检测数据实时互通共享。探索基于无人机遥感应用的施工安全与环保监管技术，创新工程施工安全环保管理手段。

7.4 公路路基工程绿色施工要点

7.4.1 水泥土搅拌桩软土地基处理

水泥土搅拌桩是利用水泥等材料作为固化剂通过特制的搅拌机械，就地将软土和固化剂（浆液或粉体）强制搅拌，使软土硬结成具有整体性、水稳性和一定强度的水泥加固土——水泥土，从而提高地基土强度和增大变形模量。

水泥土搅拌桩对环境的影响主要有：一是加固材料对土体的污染，不管是水泥还是其他加固剂，都容易对环境和土体造成污染，甚至对地下水产生负面影响；二是原材料生产、运输、存放和拌制过程中，对矿山的破坏、对道路的污染和对施工工人的健康危害；三是施工机械的能源消耗、噪声污染等。

水泥土搅拌桩绿色施工优化技术如下：

（1）材料供应

土体加固材料常用的是水泥等胶凝材料，材料的生产过程污染较为严重，施工单位采购时，应选择经过环评的正规厂商。材料运输时，选用符合环保要求的运输车辆，登记备案；采取适当的封闭覆盖措施，防止扬尘污染和道路污染。材料装卸时，应避开大风天气，防止粉尘飘洒。在施工现场，设置专门的材料堆放场地，准备彩条布、防雨布等铺垫及覆盖，防雨防潮，防止水泥浸入土体。有条件时，可采购新型绿色环保水泥，甚至使用先进的微生物加固剂，从源头上预防污染。

（2）灌注施工

施工前，仔细检查喷浆系统、管路和灰罐等各部位的连接密封性和调试情况。往加料仓上料时，一般采用人工倒料，极易产生扬尘污染大气和周围土地，也会对工人产生严重的健康危害。在条件许可的场地，宜设置自动化的密闭料仓；采用人工加料时，必须给工人配备专用的防粉尘护具，在料仓周围设置围挡，不得使粉尘扩散至周围环境。施工时，若不注重搅拌池的建设，水泥浆渗入土体和地下水，常造成土体和水系污染。水泥浆搅拌池的底部应硬化密封、上部覆盖处理，杜绝水泥浆泄漏。

水泥土搅拌桩采用压力机通过喷嘴灌注加固材料，在钻杆提升成桩时，稍不注意，钻杆就会在喷浆的状态下提升至地面，使得加固剂撒漏污染空气和地表。所以，施工前应平整回填场地，使得地坪标高超出设计桩顶 0.5m 以上，并在钻杆上做明显标记，当钻杆提升至预定标高后，确保泄压停止喷粉后方可提出地面。施工完毕后，及时清理废料，禁止随意丢弃，应回收利用或按照规定弃置。

（3）水系保护

在施工方案制订时，应编制水系保护措施，防止加固剂对地下水造成污染；材料存放区、浆液搅拌区应远离水沟水渠，防止粉尘、浆液污染地表水。

（4）机械设备

加固土桩施工，主要有钻机、压力机、搅拌机等，尽可能选用较为先进环保的机械设备，不宜使用组合拼装的非正规设备。当采用拼装设备时，应对设备的能耗进行检测，并采取措施节能降耗。因燃油机械带来的大气污染、噪声污染严重，在具备电力供应条件的情况下，优先选用电动设备。

7.4.2 CFG 桩软土地基处理

CFG 桩是指将由水泥、粉煤灰、碎石料、水拌合而成的混合料，通过施工机械灌注至地基土体内形成桩体，单桩直接承受荷载或形成复合地基承载力。CFG 桩混合料属于低强度的混凝土，可采取现场拌制，也可在搅拌站集中拌制。

CFG 桩施工对环境的影响主要有：一是水泥、粉煤灰、碎石等材料的生产与运输过程，易造成粉尘污染、植被破坏等；二是混合料的拌制，分散拌制能耗较大且易对环境造成污染，集中拌制需征用临时用地。

（1）材料供应与拌和

CFG 桩在软基处理中属于原材料种类较多的施工工艺，但因其拌和料强度相比其他桩体有明显优势，在设计地基承载力相同的情况下，材料消耗总量较低。原材料中，水泥通过正规的环保厂家采购；粉煤灰一般采用电厂粉煤灰，是废料回收利用的一种方式，环保性较好；对环境造成负面影响的主要是碎石开采，应注意矿山的选择、开采过程中的植被保护、扬尘治理。原材料运输时，应使用证件齐全、尾气排放合格的车辆，在运输过程中做好覆盖、封闭措施，严禁超载。

CFG 桩材料拌合，可采取现场拌制，也可在搅拌站集中拌制。在施工场地附近有商品混凝土搅拌站，或工程有自建的混凝土搅拌站时，宜采用集中搅拌。集中搅拌的能耗较低，也可建立完善的污染防治系统，预防粉尘污染、土地污染、水系污染等。不具备集中拌和条件时，应在施工现场存料、拌制。现场拌和应注意料场的规划，利用工程永久征地，建设现代化程度较高的封闭料仓，采用功率满足要求的电动搅拌机。对于废弃材料，及时集中处理，不得随意堆放。

（2）长螺旋钻孔施工

长螺旋钻孔施工，施工速度快，工艺先进，能耗较低；但成桩过程中混合料对原土体进行置换，一般情况下，会产生与灌注材料相同体积的弃土。施工弃土应及时运出，避免影响后续施工。在弃土装载时，重型机械不得碾压 CFG 桩体，防止浇筑好的桩体断桩或移位。弃土运输时，选用合适的车辆型号，并对车辆证件及尾气排放进行检查。征用弃土场应采取就近原则，注意弃土场周围环境的协调和保护，弃土完成后及时平整、复耕。

7.4.3 路基土石方工程

（1）组织施工机械进场

① 施工单位应在项目经理部或施工队驻地附近选择停放施工机械的场地，场地的大小视路基工程规模而定，并设置较宽松的维修机械用地。机械维修场内设置油水分离池。

② 进场的施工机械设备必须确保完好率和利用率，而且排放要达到国家制

定的汽车排放标准（国Ⅳ标准），严格控制碳的排放量。

③ 定期对施工机械设备进行清洗和保养（保养时在现场垫毛毡防止对地面的污染）。维修厂内垃圾要集中分类堆放，按要求统一处理。

（2）路基清表

① 公路用地范围内清表及清理原有构造物、树木等，对于需保护的文物、古树、有移栽价值的大树或珍稀植物等，应上报监理单位和建设单位，采取必要的保护措施。

② 对于耕植土，清除后需单独选择弃土场堆积，在绿化工程中使用，或在取弃土场及临时便道恢复时充分利用。

③ 路基征地边界线与开挖线之间的原有绿地、互通区的三角地带等尽量不进行清表，宜保留原有植被不受破坏。互通区三角地带防、排水系统结合原有水系、植物，营造小型景观。

④ 在填方路段进行清表时宜在用地红线之内 1m 处开挖纵向临时排水沟（临时排水沟下游与自然排水系统接通），可减少雨水对路基底的浸泡。

（3）表土剥离再利用

① 表土可作为路基边坡绿化、取土场、弃土场及耕地恢复，桥下便道的平整、拌和站、梁场的复垦及退耕还林的恢复。未用完的耕植土结合沿线当地国土部门耕地复垦指标，实现耕植土充分利用。

② 利用表土剥离再利用技术，将表土放到中低产田土壤改造等项目作为利用区，通过工程手段对剥离区优质表土层进行剥离，并将其用于利用区的表层覆土。实施建设占用耕地优质耕作层剥离再利用，能很好地解决新增耕地肥力不足的问题。将原有耕地上肥力较好的土壤覆盖在新复垦的土地上，既保证了新增耕地质量，又避免了宝贵的耕作层浪费。

③ 不同剥离单元和不同土层的土壤应分开堆放，建立储存区土壤档案，在土方堆放完成后，应将储存区的土壤进行编号，并绘制位置图，标明每个土堆的位置、土量、来源等。

④ 为防止表土堆积体被冲蚀或易发生滑塌、崩塌，堆放场应贯彻“先挡后堆”的原则，堆放前先进行防护，并完善临时排水设施。

⑤ 堆放表土应在指定范围内严格按照相关要求堆置，堆放完后修整用遮尘网覆盖。堆放场的边坡，都应在工程防护的基础上，尽可能创造条件恢复植被，特别是草灌植物的应用，尽力把工程措施和植物措施很好地结合起来。

⑥ 在施工结束后，应对堆放场进行修整、清理和生态恢复，包括复耕或绿化等，并必须有相应的水土保持措施。

（4）施工机械合理配置

每一个路基施工点，视作业面积的大小，进行机械设备配置，至少应配备：

① 功率 120kW 以内平地机 1 台。

② 自重 6～8t 光轮压路机 1～2 台。

③ 自重不小于 20t、激振力不小于 50t 振动压路机 1～2 台。

④ 功率 75kW 及以上履带式推土机 1～2 台。

⑤ 6000L 洒水车 1 台。

（5）统筹调配土石方

合理调配土石方，在经济运距内充分利用移挖作填，严格控制土石方工程量；合理利用其他工程土方，如采用符合技术标准的工业废料、建筑废渣填筑路基，减少取土用地，合理设置取弃土场，尽量不占用农田，充分利用不良地基预压处理的方式卸载土方，减少废方。

（6）路基施工临时排水

根据施工时的气候情况，在雨天来临之前对已填筑的路堤做好临时排水急流槽和临时拦水埂，以防雨水冲刷路堤边坡。

① 在路基纵向坡最低处边坡上必须设置一条急流槽，其他可按 20m 左右的间距排列设置，急流槽的深度不小于 30cm，宽度不小于 60cm，表面采用 5cm 厚 7.5 号水泥砂浆衬护。

② 路堤边部的拦水埂采用不透水材料施工，当用土料时，尽可能拍密实。

③ 临时拦水埂尺寸 50cm×50cm，并应准确放样，使其与路基层面的边线整齐一致；路堤加填之后，在雨天到来之前重做临时拦水埂，接长临时急流槽。临时急流槽进口与临时拦水埂相接处，做成圆顺的水簸箕形状，并用 7.5 号水泥砂浆衬护。

（7）取弃土场环保

应加强取弃土场的环境保护，严禁乱挖乱弃；对于大中型弃土场，在施工过程中应分阶段按“临时用地协议”要求进行防护和绿化，对于小型弃土场应在弃土完成后立即进行防护和绿化，以避免发生水土流失和环境污染。

（8）施工噪声污染控制

① 靠近施工现场 150m 的村庄和居民点，当施工机械夜间超出噪声标准时，自 22 时至次日 6 时停止施工。

② 严格控制强噪声作业，夜间施工噪声不得超过 55 分贝（为施工场地边界处测得，下同），日间施工噪声不得超过 70 分贝。

（9）洒水降尘

路基土石方施工及主要施工便道要经常洒水降尘，并且根据施工季节和气候变化增加洒水车的数量。成立固定的养路队，经常性地将沿线施工车辆洒落的水泥、渣土等清扫干净，避免产生扬尘，保证施工沿线干净整洁。组织修补沿线破碎路面，确保公路畅通。此外，全线配备洒水车，对沿线工程车辆经过、土方施工等易产生扬尘污染的地段，采取洒水、冲洗等措施，消除灰尘。

（10）加强水土保持

在施工工地广泛宣传水土保持工作，通过标语、口号、横幅和广播等形式时刻提醒每个施工人员对水土保持要有足够的认识，自觉做好水土保持工作。在路基工程区，对路基挖方、填方处和边坡等及时进行防护。对重点开挖和填筑地段合理安排施工，并争取在一个旱季完成；路基完工后，趁气温条件好的雨季安排边坡绿化，尽量减少水土流失。

路堤填筑时表面做出与路拱相同的横向坡度、修筑临时急流槽和排水沟、路堤边缘设置临时拦水埂等措施有利于尽量减少雨季排水对路堤的冲刷；采取加强填筑过程中的修坡、对受冲刷路基及时修复、在坡脚堆沙包设置防冲刷带等措施防止被雨水冲刷的填土堵塞当地排水系统和农田，防止水土流失；在路基填筑完成后及时进行边坡草灌的播种，并选用生命力强、根系发达等有利于边坡稳定的植被，尽可能减少雨季对路堤的冲刷影响。

（11）进行合理复耕

在临时工程区，临时工程使用完毕后先清场松土，然后视原地表植被情况，进行覆土，再种草、栽植灌木或者复耕。在料场，避免对某一点进行砂、卵砾石的过度开采，采后立即从周围或别处运来砂卵石进行回填，维持河道的平整性。在弃土场，根据各弃土场规模、占地类型和环境制定不同的防治措施，实现快速防止水土流失和景观协调的统一；对弃土进行分层压实，弃土场的顶面做“龟背”，坡脚设置挡渣墙或者护脚，占用草地或林地的，其坡面和平台种草种树，占用耕地的则填土复耕。

7.5 路基防护绿色施工技术

7.5.1 植物防护

植物种植前应对边坡坡面进行清理整平，清除有碍植物生长的杂物，坡面应平整、密实、湿润。种植土壤应满足植物生长条件，必要时进行改良或换土地，具体应符合下列规定：严禁使用建筑垃圾、盐碱土、重黏土及含有其他有害成分的土壤；换土应换肥沃的种植土或沙质土，土壤贫瘠地段，换土与施底肥应结合进行。施用底肥时应以有机肥为主，均匀撒布或条施、穴施；栽植前应进行以控制土壤传播病菌、地下虫害及在土壤中越冬的虫害为主的杀菌灭虫处理。

植物种植和养护用水不得含有害植物生长的成分，宜采用回用水、河水、井水、湖水、塘水等。采用浇灌方式进行植物建植时，应进行浇灌工程设计，并符合现行国家标准的相关规定。

植物防护工程施工应根据植物的特性，宜安排在有利于植物萌发、生长的季节施工，避免在暴雨季节、大风和高温条件下施工。植物防护施工前宜选择试验段进行试验，确定合理的种植方法和养护方法。

苗木宜随起随种，运输、装卸时应避免损伤苗木。起挖的苗木因故不能及时栽植时，应进行临时假植。

植物播种前应进行种子发芽率试验，或植株移植试验，根据试验结果确定种植密度和种植时间，确保在雨季来临之前形成一定的防护能力。在未形成一定防护能力时，宜采取排水和覆盖等临时保护措施。植物品种、规格、质量和栽植的行距、株距应符合设计要求，并适合当地生长条件。

边坡种植草可采用撒播、喷播、铺草皮等方式，边坡种植灌木可采用栽植、插枝、点播、移植等方式。植物防护施工流程如图 7-4、图 7-5 所示。

清理坡面 → 坡面覆土 → 均匀撒布草籽、喷播草籽或铺草皮 → 覆盖无纺布 → 养护

图 7-4　边坡植草施工流程图

灌木定点放线 → 挖坑 → 灌木栽前处理 → 栽植灌木或移植插枝 → 覆盖无纺布 → 养护

图 7-5　边坡种植灌木施工流程图

铺草皮防护宜选用带状或块状草皮，草皮厚度不宜小于 10cm。铺设施工应符合下列规定：铺设应采用满铺法，草块间缝宽 2cm 左右，并填以种植土；边坡铺设施工应自下而上顺铺；挖方边坡应铺过边坡顶部宽度并不宜小于 1.0m，草块端部应嵌入地面；草块应与坡面密贴，并用尖木（或竹）桩将其固定于边坡上；草块铺设后应滚压、浇水。

分株植草宜采用点栽法。草根（茎）应理齐，每 5 ~ 7 株为一束，按设计株

行距挖穴栽植，栽植穴宜按梅花形布置。将草根植入穴内，并填入细土压实。

草籽应均匀撒布在已清理好的坡面上，同时做好保护措施。草籽播种应符合下列规定：撒播法施工应在浇水浸地、耙细耙平表层土后，采用草籽与细土拌和撒播；喷播法施工应将喷播材料与草籽按配比充分搅拌均匀，清理好的坡面应提前湿润，喷播应自下而上均匀进行。喷播时应注意风向，风雨较大时停止施工；播种后应及时洒水，洒水应细密均匀，并浸透表层土；洒水后可用草帘或土工合成材料覆盖保持湿润，至发芽时撤除。

藤本植物的栽植应符合下列规定：土壤应肥沃、疏松、排水良好，土质肥力较差时，应施入有机肥料；植物栽植时应根系舒展；绿化面植物不易攀附地段可用铁丝网固定；攀缘能力较弱的植物，应对枝蔓进行绑扎和牵引；栽植后宜对苗木进行适当的整形修剪，及时浇定根水。

灌木栽植应符合下列规定：栽植坑的大小应根据灌木品种、规格及栽植地点的土壤条件确定；坑壁应直上直下，不得挖成“锅底形”；灌木栽植坑土采用就近清除的地表地种植土为原材料时，应按设计要求加入土壤改良剂、肥料等进行改良处理；灌木苗栽植前应进行生根水、保水剂浸泡处理，栽植时分层填土踏实；灌木苗栽植后应立即浇透定根水。

植物栽植后应及时养护，保证植物成活和正常生长，发现缺苗及时补栽。边坡植物管护应符合下列规定：施工期管护不应少于一个植物生长周期；管护期间应适时浇水；土壤瘠薄、植物生长不良时，应加施肥料；管护期间应采取有效措施及时防治病虫害。

7.5.2 骨架防护

骨架防护边坡应按设计间距、尺寸设置踏步。踏步材料和厚度同骨架，两侧应分别设置混凝土挡水缘。骨架防护应按设计要求设置伸缩缝，伸缩缝宜设在骨架接点处，设置踏步处伸缩缝应结合踏步设置。

骨架防护施工应符合下列规定：清刷坡面浮土，填补凹坑，使坡面大致平整；基础施工应符合规定；测放每条骨架起讫点控制桩并挂线放样；人工开挖骨架沟槽，沟槽深度应满足骨架埋深要求；骨架浇筑（或砌筑）时应先在骨架节点处施工，然后在其他部位施工，两骨架节点应处于同一高度；骨架浇筑（或砌筑）应自下而上进行，骨架应与坡面密贴，骨架流水面平顺；骨架沟槽底部应夯拍密实，骨架周边空隙应回填土并夯击密实，骨架表面应与骨架间植物防护良好衔接；镶边及挡水缘应与骨架基础衔接牢固。骨架护坡采用混凝土浇筑时，挡水缘应与骨架一起浇筑；采用片石砌筑时，挡水缘采用混凝土预制，浆砌骨架施工时同时砌筑连接；骨架排水槽应延长顺接至水沟，形成完整排水系统。延长排水槽基础可采用混凝土现浇或浆砌片石，两侧设挡水缘，成形后应及时进行光面处理；护坡起讫点处各 0.5m 范围内应采用现浇混凝土或浆砌片石镶边加固，材料与厚度同主骨架。

方格形截水骨架防护施工流程如图 7-6 所示，拱形截水骨架防护施工流程如图 7-7 所示。

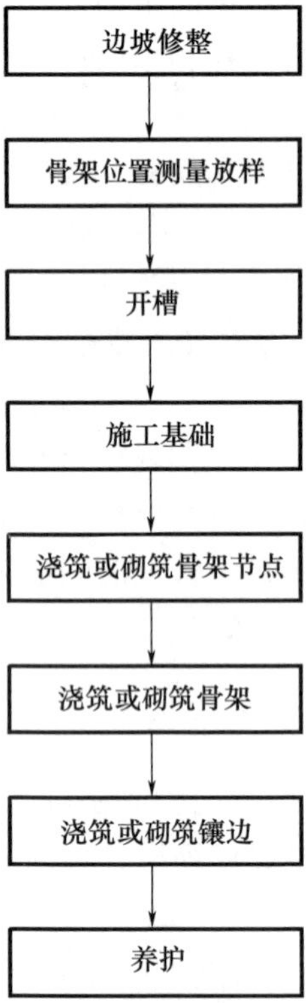

图 7-6　方格形截水骨架防护施工流程图

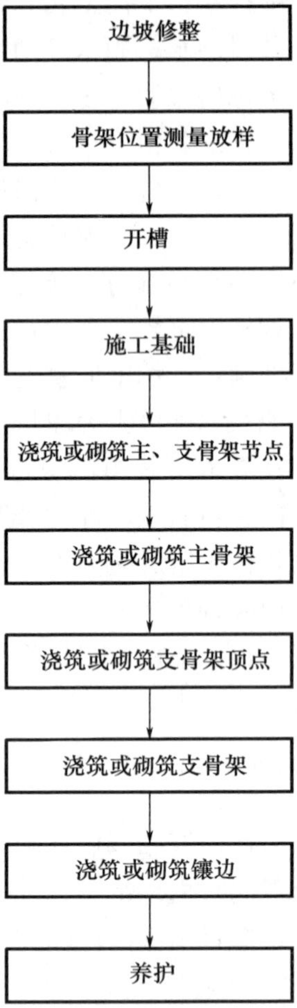

图 7-7　拱形截水骨架防护施工流程图

骨架放样测量前应先布置骨架位置。路堤应从上到下布置，最上一级支骨架顶部距离路肩挡水缘按 0.5 ~ 1.0m 布置；路堑应从下到上布置，自坡脚基础顶面开始设置骨架或主、支骨架连接点，依次向上布置。骨架护坡伸缩缝应上下贯通，严禁切割设置假缝。

骨架内采用植物防护时，植物防护施工应符合植物防护的相关规定。

边坡防护基础施工流程如图 7-8 所示，并应符合下列规定：基础位置应测量放样；基坑应分段开挖，基底应平整、夯实。基坑采用机械开挖时，底部宜预留

10～20cm 采用人工开挖；基坑不宜暴露时间过长，开挖后应及时砌筑基础。片石质量、砂浆和混凝土强度等级应符合设计要求；干砌片石铺砌应分层砌筑相互交错咬接，紧密不松动，片石之间上下错缝，不得有通缝、对缝，小缝隙用碎石填满塞紧；浆砌片石砌筑应采用挤浆法分层砌筑，砌缝应相互错开、砂浆饱满，片石应大面朝下，丁顺相间，互相咬合；混凝土基础应分段浇筑，捣固密实；基础与上部防护措施连接时，应整体砌筑或采用接茬措施；基础周边应及时回填密实，浆砌片石和混凝土基础应及时养护。

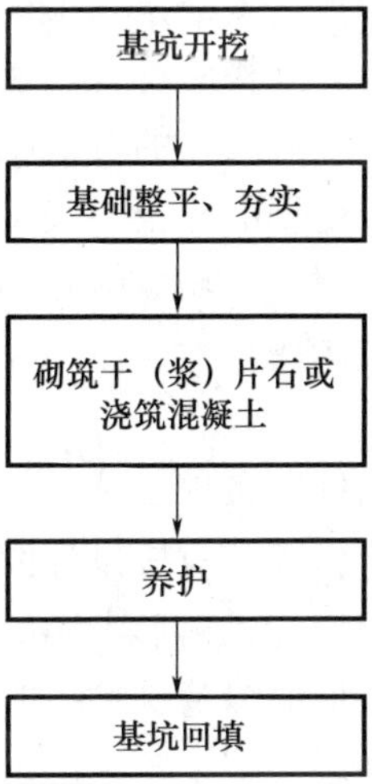

图 7-8　边坡防护基础施工流程图

7.5.3　路侧绿化行道树种植

种植标准如下。

① 成年树应有以下特征：粗壮、笔直的树干，最低分枝距离土壤至少 200cm；不同种类的苗木应当冠形饱满，不脱脚不偏冠，从主干长出来的分枝应该是错落有致的；土球直径根据苗木种类及规格确定，一般大树至少 60～80cm，中树至少 40～60cm；小树至少 25～35cm；距离地面树干高 130cm 测量胸径，胸径不少于苗木表中明确的直径。

② 大型灌木应具备如下特征：生长健壮，快速，至少为一年生灌木，近地面分枝数应符合苗木表中明确的数量，没有特别说明的至少有三个分枝；生长良好，分株健康和生长快速；土壤以上部分不少于设计图中明确的高度；土球需草绳包裹，方式按苗圃规范。

③ 针叶树应具备如下特征：具有良好的带叶枝干和针状发散型的叶；根系发育良好，健康，生长快速；高度不少于图纸明确的高度。

④ 种植穴、槽的挖掘。

种植穴、槽在挖掘前，应向有关单位了解地下管线和隐蔽物埋设情况。乔木与大灌木的种植点应与桥涵、构造物等至少保持1.5m以上的水平距离，与围墙、挡墙、声屏障之间保留1m以上的水平距离，小灌木的种植也应适当避开地下管道。

种植穴、槽的定点放线应符合下列规定：种植穴、槽定点放线应符合设计图纸要求，位置必须准确，标记明显；种植穴、槽定点时应标明中心点位置。种植槽应标明边线。

挖种植穴、槽的大小，应根据苗木根系、土球直径和土壤情况而定。穴、槽必须垂直下挖，上口、下底相等，规格应符合国家有关规定。在土层干燥地区应于种植前浸穴。挖穴、槽后，应施入腐熟的有机肥作为基肥。

种植槽、穴挖掘注意事项：挖掘的底土与表土分别存放，回填时将表土填入下部，底土填入上部；土质不良时，应将穴径加大1～2倍，清走杂物，换入好土；绿篱等株距较小者，可挖成沟槽。

⑤ 树木种植。

应根据树木的习性和当地的气候条件，选择最适宜的种植时期进行种植。

种植的质量应符合下列规定：种植应按设计图纸要求核对苗木品种、规格及种植位置；种植绿篱的株行距应均匀，树形丰满的一面应向外，按苗木高度、树干大小搭配均匀。在苗圃修剪成形的绿篱，种植时应按造型拼栽，深浅一致；自然式成丛分布的树木种植时应高矮搭配，疏密结合，自然协调；种植带土球树木时，不易腐烂的包装物必须拆除；珍贵的树种应采取树冠喷雾，树干保湿和树根喷布生根激素等措施；种植时，根系必须舒展，填土应分层踏实，种植深度应与原种植线一致。竹类可比原种植线深5～10cm。

树木种植应符合下列规定：树木置入种植穴前，应先检查种植穴大小及深度，不符合根系要求时，应修整种植穴；种植裸根树木时，应使种植穴底填土呈半圆土堆状，置入树木填土至1/3时，应轻提树干，使根系舒展，并充分接触土壤，随填土分层踏实；带土球树木必须踏实穴底土层，而后将带土球树木置入种植穴，填土压实。

落叶乔木在非种植季节种植时，应根据不同情况分别采取以下措施：必须提前采取疏枝、环状断根或在适宜季节起苗用容器假植等处理；苗木应进行强修剪，剪除部分侧枝，保留的树枝也应疏剪或短截，并应保留原树冠的1/3，同时必须加大土球体积；可摘叶的应摘去部分叶片，但不得伤害幼芽；夏季可搭棚遮阴，树冠喷雾，树干保湿，保持空气湿润，冬季应防风防寒。

干旱季节，种植裸根树木应采取根部喷布生根激素，增加浇水次数等措施。针叶树可在树冠喷布聚乙烯树脂等抗蒸腾剂。对排水不良的种植穴，可在穴底铺10～15cm沙砾或铺设渗水管盲沟，以利排水。

树木种植浇水，支撑固定应符合下列规定：种植后应在略大于种植穴直径的周围，筑成高 10 ~ 15cm 的灌水土堰，堰应筑实不得漏水，坡地可采用鱼鳞穴式种植；新植树木应在当天浇透第一遍水，隔 2 ~ 3 天浇第二遍水，以后应根据当地情况及时补水；黏性土壤，宜适量浇水，根系不发达树种，浇水量应较多，肉质根系树种，浇水量宜少；秋季种植的树木，浇足水后可封穴越冬；遇干旱天气时，应增加浇水次数。干热风季节，应对新发芽的树冠喷雾，宜在上午 10 时前和下午 15 时后进行；浇水时应防止水流过急冲刷裸露根系或冲毁围堰，造成跑漏水，浇水后出现土壤沉陷，致使树木倾斜时，应及时扶正、培土；浇水渗下后，应及时用围堰土封树穴，再筑堰时，不得损伤根系。

种植胸径在 5cm 以上的乔木，应设支柱固定，支撑高度为植株高度的 1/3 ~ 1/2 处；严禁打穿土球或损伤根盘。支柱应牢固，绑扎树木处应夹垫物，绑扎后的树干应保持直立。

⑥ 花卉种植。

建植草坪前，场地整理应符合下列规定：翻土深度不小于 40cm，并全部过筛（筛孔 10cm × 10cm），以获得疏松、精细的土壤。草坪适于在微酸或中性和微碱性土壤中生长，对受过污染和有害于草坪生长的土壤，应将 40cm 厚表层土壤全部清运，并换入好土。

每亩施农家肥 2500 ~ 3000kg，或过磷酸钙 10 ~ 15kg，粉碎后撒匀，并翻入土中。农药、除草剂及其他农用化学用品应由承包人按园艺要求的办法、季节及当地气候和所选苗木的有关性质来选用。

7.6 本章小结

① 高速公路路基绿色施工的内涵是在保证工程安全、质量、进度的基础上，减少对周边环境的影响，节约资源与能源。实施公路路基绿色施工应改进传统的路基施工工艺，推行绿色施工新技术，提升施工管理水平，树立绿色施工理念；淘汰高污染、高能耗的运输车辆和机械设备，引进环保节能的新式装备；减少土地资源、水资源、能源和材料消耗，同时减少由此产生的废弃物产量，甚至对废弃物加以循环利用。

② 绿色施工总体框架由施工管理、环境保护、节材与材料资源利用、节水与水资源利用、节能与能源利用、节地与施工用地保护六个方面组成。

③ 公路路基绿色施工控制对策包括出台环保管理体系及相应政策、加强绿色施工意识教育、加快绿色施工技术改造、加强资源循环利用、提高能源利用率、加强土地资源集约利用、加强生态环境保护、推进建设管理信息化等方面。

④ 从材料供应、施工、机械设备等方面总结了水泥搅拌桩、CFG 桩复合地

基绿色施工技术。从施工机械进场、路基清表、表土剥离再利用、施工机械合理配置、统筹调配土石方、路基施工临时排水、取弃土场环保、施工噪声污染控制、洒水降尘、加强水土保持、合理复耕等十一个方面对公路路基绿色施工要点进行了总结。

⑤ 结合津石高速公路保定段路基边坡植物防护、骨架防护以及路侧绿化行道树种植等设计技术方案，提出了其绿色施工技术。

8 平原区高速公路路基绿色施工评价指标体系研究

本章探讨了高速公路路基绿色施工评价的目的和作用，提出了路基绿色施工评价体系的构建原则与方法，制定了高速公路路基绿色施工评价体系流程，建立了基于压力-状态-响应（Pressure-State-Response，PSR）模型的公路路基绿色施工评价指标框架，确定了公路路基绿色施工评价压力指标、状态指标和响应指标，提出了1个一级指标、4个二级指标、17个三级指标的公路路基绿色施工评价指标体系。

8.1 高速公路路基绿色施工评价的目的与作用

高速公路路基绿色施工评价是针对高速公路路基特点，以目前已经发布实施的环境影响评价、相关技术标准等为基础，结合工程项目绿色施工各阶段实施情况，结合影响高速公路路基绿色施工效果的因素，对资源能源节约利用、环境保护、施工管理等进行系统分析，建立一套全面、有效、可行性高的高速公路路基绿色施工评价指标体系。构建的高速公路路基绿色施工评价可以科学合理地指导施工过程，提升绿色施工的效果，推进高速公路路基绿色施工的可持续发展。

作为推广实施绿色施工的重要环节之一，构建高速公路路基绿色施工评价体系的作用主要体现在：

（1）有利于促进绿色施工规范化，提高绿色施工效果

我国对于绿色施工的研究已有十几年的时间，但到目前为止，大多数人对绿色施工的认识尚浅，不了解绿色施工内涵。建立绿色施工评价体系，有利于规范施工过程，提升施工人员绿色意识，明确各单位职责，能有效推广绿色施工。绿色施工是建设资源节约型、环境友好型社会的重要基础。由于施工涉及面广、过程复杂，到目前为止，没有建立关于绿色施工效果方面的统一标准，使得人们很难判断绿色施工的实施效果，因此，研究一套科学合理、全面可行的绿色施工评价体系迫在眉睫，使其作为相关单位进行工程评价的标准或依据，最终达到绿色

施工效果评价的目的。

（2）有利于提高施工管理人员绿色意识，提升施工企业整体水平

绿色施工难以推广实施的一个重要原因就是施工企业管理水平不足，施工管理人员绿色意识淡薄，过多地追求经济利益而忽略生态环境问题。建立绿色施工评价体系，要求施工企业进行改革创新、全方位进行整改，从而间接地对施工企业提出了更高的要求，促使企业加强施工管理，运用科学管理方法、制定合理管理流程，促使企业使用环保节能的机具设备、创新施工工艺等；实施绿色施工评价，将促进施工企业加强绿色施工培训，制订详细的绿色施工培训计划，不再是简单的涉及施工技术及质量的培训，通过加强对施工管理人员环保法律法规、绿色施工相关的学习培训，让各级施工管理人员对绿色施工有更加深刻的认识，充分意识到绿色施工重要性，提升施工管理人员绿色施工意识和社会责任感。

（3）有利于提高绿色公路标准，促进绿色公路发展

绿色公路是以良性生态循环为基本原则，在公路规划、设计、施工、运营及养护全生命周期内，最大限度地控制资源、提高能效、减少排放、保护环境，为人们提供安全、健康、舒适、高效的公路。绿色施工是实现绿色公路这一建设理念不可缺少的部分，只有科学合理地进行绿色施工及评价才能达到绿色公路的要求，而且实施绿色施工评价可以促进施工企业加强对绿色公路的研究力度，提高绿色公路整体标准，促进绿色公路稳健发展。

8.2 高速公路路基绿色施工评价体系的构建原则与方法

8.2.1 高速公路路基绿色施工评价体系的构建原则

高速公路路基绿色施工涉及范围广，影响因素多，确定科学合理的评价指标体系是进行综合评价的基本保障。确定了指标体系构建原则，可以在选择指标时做到有理可依，高速公路路基绿色施工评价指标体系的构建原则主要体现在：

（1）科学性、合理性原则

构建高速公路路基绿色施工评价指标体系首先要遵循科学性原则，从绿色施工总体框架出发，以科学的角度审视绿色施工的主要内容，充分考虑公路的地域性和环境特点，同时结合绿色施工与环境保护的理论基础予以构建，即兼顾公路建设的普遍性与特殊性，使得所构建的评价体系能够反映公路路基绿色施工实际需求、能够真实全面反映出施工过程是否符合“四节一环保”的基本要求。

（2）简洁性、代表性原则

公路路基绿色施工评价指标体系中的各项指标应选取代表性较强的指标，尽可能以最少的指标包含最多的信息，剔除语意相同或相似的指标。指标的关联性

不宜过强，难以选择，避免选择具有导出关系的指标，尽可能选择那些比较简单、易于使用的指标。当公路路基绿色施工评价主题不够鲜明时，信息收集起来会很困难，同时实际操作也没有目的性。因此造成指标体系规模大、指标数量增加、指标信息重叠等很多问题，而这些主要是指标体系涉及的领域广泛造成的。因此，在指标的选择过程中，既要简洁又要尽量兼顾代表性，且要平衡好二者的关系。

（3）系统性、整体性原则

公路路基绿色施工评价指标体系必须能够全面、系统地反映公路路基绿色施工评价的主要目标，具有系统性。对指标体系中各项指标进行选择时，指标最好具有高度的概括性、完备性，使指标体系成一个有机整体，而且层次分明，逻辑关系清晰，严格按照评价目标、准则层、子准则层的层次结构筛选指标。指标体系中众多指标之间不是简单叠加，是层层相扣，但不重复交叉，各指标之间有机联系，又具有独立性，不相互包含，但都是典型，包含不同的评价内容。

（4）可量化性、可操作性原则

评价指标体系一般包含定性和定量两种指标，为了使定性和定量指标之间具有可比性，需将定性指标量化处理，以实现指标体系内的各项指标含义清晰、数据规范、相互可比。此外，为了保证评价指标的资料数据收集时易于获取，各项评价指标的信息来源渠道必须是可靠的，且容易取得。

评价指标体系的构建以基础理论和统计数据为根据，结合实践操作，判断其是否可靠，另外，统计数据的来源也必须具有可靠性。目前，我国高速公路绿色施工评价尚处于初步研究阶段，相关数据资料比较缺乏，可操作性较低。在研究指标体系过程中，可操作性是关键，这样才能推广其应用范围。

（5）动态导向性原则

不同时期对高速公路绿色施工的要求不同，同时路基绿色施工又是一种动态过程，因此构建评价指标体系应遵循动态导向性原则。指标体系中选择的指标既要能够反映公路路基绿色施工评价的历史状况和现有状态，又要能够对未来公路路基绿色施工的发展做出评价。每一个指标均要求具有导向性，以适应特定时期对绿色施工评价的要求，积极指导不同时期的绿色施工评价。

8.2.2 路基绿色施工评价体系的构建方法

综合评价指标体系构建方法一般包括：目标分解法、专家调查法、文献归纳法、多元统计法和 PSR 框架模型法等。

（1）目标分解法

目标分解法是根据评估目的，对所要进行评价的项目目标或任务进行逐层分解，然后在上一层的基础上进行下一层的分解，直至不能再分解为止。公路路基绿色施工评价指标体系是从公路路基绿色施工总体目标出发，对路基绿色施工进行逐层分解，直到无法进行下一步的分解，将分解得到的这些指标按照分解层次组成评价指标体系。

（2）专家调查法

专家调查法是以专家作为信息对象，依靠专家的经验知识，通过调查问卷的形式对问题做出判断、评估和预测的方法。首先做出调查提纲，明确所提的问题，并提供必要的背景资料。其次，选择具有一定代表性的从事公路路基或者绿色环保方面的专家，以 20～50 人为宜。最后征求专家们的意见，直至意见统一。

（3）文献归纳法

文献归纳法是以以往研究过公路路基或者绿色施工方面的论文、期刊为分析单位，利用它们收集的调查数据、研究结果进行分析，确定搜集归纳公路路基绿色施工信息。

（4）多元统计法

通过因子分析和聚类分析，从开始拟定的较多指标中找出关键性指标，一般先进行定性分析再进行定量分析。第一阶段对初拟出的评价要素进行分析，然后对其提出的分析结果进行深化扩展，得出初步的评价指标体系。对于第一阶段得出的初步评价指标体系，第二阶段对其进行聚类分析和主成分分析，通过分析，明确各项指标之间的密切程度，以及每个指标的概括能力，筛选出具有决定意义的指标体系。第三阶段对第二阶段刷选出的评价指标体系进行因子分析，确定评价指标体系中各指标的主次位置。对于复杂的评价研究，多元统计法是一种有效方法，科学性强，既能综合各要素，又能简化各要素，具有逻辑和统计意义，同时明确了各要素的隶属位次、归属联系，能处理大量的信息数据。对于建立定性和定量相结合的评价指标体系发挥重要的作用。

以上四种研究方法中，指标体系的指标直接来源于表征社会、经济和环境的状态，在度量指标和评价过程中，这些方法中指标的表达方式比较复杂，有的指标未加处理就直接采用，指标之间缺乏必要的联系，指标取舍没有科学依据，带有随意性和主观性。

（5）PSR 模型法

1970 年，统计学家 David J. Rapport 和 Tony Friend 提出了 PSR 模型法，并在自然生态环境的保护和持续发展评价方面得到广泛应用。

PSR 模型对人类活动与自然环境之间的因果分析的主要思路是：首先分析产生的原因，由原因导致的效果以及最终产生的影响。人类活动向自然界索取各类资源是主要原因。人类活动中在利用这些资源的同时，将产生的废弃物排放到自然环境之中，继而导致环境破坏和资源减少，即为产生的效应。由效应产生结果，自然将人类活动行为反作用到人类自身。人类活动为使自身利益达到最大而采取应对措施，继续掠夺资源，即为响应行为。整个系统不断循环，最终形成了人与自然之间的PSR模型，如图8-1所示。

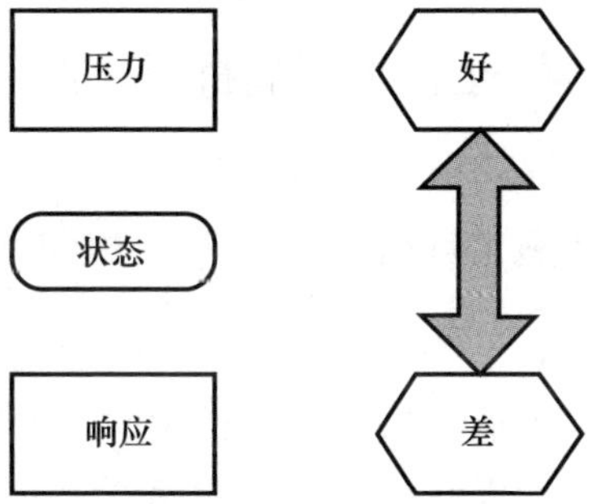

图8-1 PSR模型

由图8-1可知，状态是由压力和响应行为共同导致的。当所处的压力状态超过响应行为时，所处的状态将会变得越来越差。而当压力小于响应行为时，状态向好的趋势变化。基于PSR理论的分析，结合公路路基绿色施工的特性，PSR理论对分析和研究绿色施工评价具备可行性。公路路基绿色施工将人对环境的影响因素考虑在内，以此为基础建立公路路基绿色施工评价指标模型，能反映施工过程输入、输出和解决方案的内容。采用PSR模型对公路路基施工阶段评价指标体系进行构建，具体如图8-2所示。

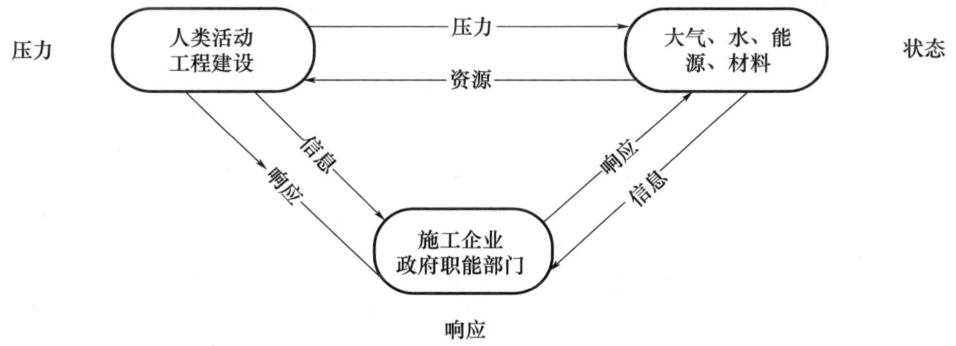

图8-2 路基施工PSR模型

当人们进行工农业活动、基础建设等活动时，会对自然资源造成损失破坏，不可避免地影响生态环境，将这些破坏、影响及时反馈给社会管理机构，社会管理机构采取措施应对这些破坏、影响。人类活动压力会使环境状态发生改变，社会管理机构接受这些状态的改变，根据传递过来的信息做出响应，同时也将信息传递给给环境造成压力的人类活动。一方面将其响应施加于人类活动方面，另一方面将其响应施加于环境资源，不断循环，最终形成有机体系，即人与环境之间的 PSR 模型，即“压力-状态-响应”模型。压力是构成整个系统的动力，由压力产生状态，导致一方发生变化，从而使另一方做出响应行动，不断循环往复，即为 PSR 模型的主要内容。

8.3 高速公路路基绿色施工评价指标体系的构建

8.3.1 高速公路路基绿色施工评价指标体系构建流程

高速公路路基绿色施工效果评价指标体系的构建是在原有指标基础上进行创新，按照确定评价目标、设定拟选指标集、指标属性分析、指标筛选、建立指标体系的流程，通过工程实例予以验证，并适当调整部分特异性指标，最终确定公路路基绿色施工评价指标体系。具体流程如图 8-3 所示。

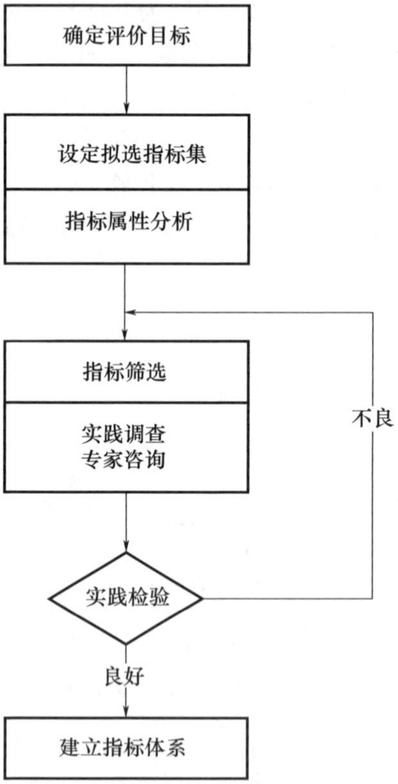

图 8-3　公路路基绿色施工效果的评价体系构建流程

8.3.2　公路路基绿色施工评价指标框架构建

根据 PSR 模型，对公路路基施工阶段进行分析，可以认为：

压力是作用在公路工程生态环境系统中，使其环境状态发生变化的外部活动，人类的外部活动主要包括资源消耗，资源消耗包括材料消耗量、能源消耗量、水资源消耗量、临时用地等。

状态是人类活动对公路生态环境系统变化的影响情况，主要表现为环境污染，包括大气污染、噪声污染、水污染、固体废弃物污染、生态环境影响等。

响应是针对生态环境系统状态改变所做出的改进措施，包括资源再利用、环保技术的使用和绿色施工环境管理等技术的优化。资源再利用包括工业废弃物、建筑垃圾的综合利用等；环保技术的使用包括施工机械配置组合、绿色施工新技术等在公路路基建设中的使用等；绿色施工环境管理包括环境管理机制、生态环境恢复等。

因此，可以得出公路路基绿色施工评价指标体系，见表 8-1。

表 8-1　公路路基绿色施工评价指标体系

<table>
<tr><th colspan="2">压力指标</th><th colspan="2">状态指标</th><th colspan="2">响应指标</th></tr>
<tr><td rowspan="3">资源消耗</td><td rowspan="3">材料消耗量
能源消耗量
水资源消耗量
临时用地量</td><td rowspan="3">环境污染</td><td rowspan="3">大气污染
噪声污染
水污染
固体废弃物污染
生态环境影响</td><td>资源再利用</td><td>工业废弃物综合利用
建筑垃圾综合利用</td></tr>
<tr><td>环保技术的使用</td><td>施工机械配置组合
绿色施工新技术</td></tr>
<tr><td>绿色施工环境管理</td><td>施工企业 ISO 认证
环境管理制度
人员安全与健康
人员培训与环保意识
施工现场管理技术
生态环境恢复</td></tr>
</table>

8.3.3　基于 PSR 模型的压力指标

（1）材料消耗量

公路路基施工的材料主要是构成路基工程实体（地基处理、路基本体、边坡防护）的材料，包括黏性土、砂、碎石、砂砾、水泥、钢筋等。绿色施工材料消耗指标主要考虑材料使用率、就地取材控制率、材料节约率、材料周转使用率等。

（2）能源消耗量

公路路基施工中，能源消耗主要是考虑能源节约。能源节约是指科学合理地安排施工，避免大功率机械设备低负荷长时间运行等造成的能源浪费。

（3）水资源消耗量

公路路基施工主要包括施工用水、工人生活用水等。施工用水主要包括地基处理水泥土搅拌桩、CFG桩用水，路基施工洒水，路基防护工程用水等。施工阶段应提高施工工艺，尽量减少对水的使用量，避免水资源的浪费。生活用水主要包括现场施工人员的日常生活以及办公用水，如饮用水、食堂用水以及洗浴等方面。

（4）临时用地

在公路路基工程中临时用地包括取土坑、弃土堆等，这些临时用地在施工结束后可以采取措施予以恢复。临时用地将对生态环境，尤其是对植被造成破坏，因而临时用地的选择是否合理与对生态环境的影响程度密切相关。

应集中开挖取土坑取土。在填方需求量较大的路段，与当地政府部门协商在荒置地段设置集中取土坑取土，并注意取土后应便于复耕、再植；同时，施工取土时，应做好详细的施工组织设计，以避免造成施工作业时的排水不畅问题。对于公路用地范围内的所有需清除的表土、耕植土、淤泥、腐殖土等，均应加以利用。

沿线废方以及清表土、清淤土、路基超宽填筑刷坡时产生的弃方等，应合理利用。一是将路基、取土坑以及弃土堆的表土、水塘清淤土保存好，用于防护植草覆土、取土坑复耕、弃堆表层铺土植草等；二是用于中央分隔带填土；三是作为互通式立交绿化场地平整，服务区、停车区场地平整以及被交道路路基填筑用土；四是回填取土坑、洼地、废鱼塘，以及改地造田等；五是用于拌和场地平整。

平原区高速公路地势平坦，且多为农用耕地，公路沿线取土相对较难，尽量将取土坑、弃土堆设置在非农田地段，并进行排水及防护绿化设计，采取必要的措施还耕，充分体现“绿化环保、节约用地”的理念。

8.3.4 基于PSR模型的状态指标

公路路基施工周期较长，资源的使用和能源的消耗较多，在施工过程中容易产生粉尘、大气、扬尘、废弃物等，从而对环境造成破坏。环境反作用又影响到人类的生产和生活。

（1）大气污染

路基材料开挖、运输过程和机械设备燃油产生的废气、施工便道运输车辆运行产生的扬尘，填筑施工过程产生的灰尘固体悬浮物等均会对大气造成污染。在大气污染中，扬尘造成的破坏最为严重。同时施工会对周围地表植被造成破坏。

采取的大气污染防治措施主要为：施工便道尽量采用现有道路，物料运输过程加盖篷布遮盖，路基施工洒水抑尘，物料堆场设在大气敏感点的下风向并安排专人定期洒水抑尘。

（2）噪声污染

施工期噪声源主要为运输机械和施工机械，如运输材料、施工碾压、现场搅拌、对钢筋的加工和预拌混凝土等均会产生噪声，噪声过大可能会引起振动。

采取的噪声污染防治措施是指在路基施工过程中，通过采取相应的措施如全面提高机械设备的性能，尽可能配置并使用低噪声的施工机械来降低所产生噪声的声级；合理安排施工计划，距敏感点300m以内的路段严禁夜间10时至早上6时施工等。

（3）水污染

公路路基施工对水体造成的污染，包括工作人员生活污水和施工废水。施工现场产生的工业废水主要包括现场所用的油料、对设备进行维修和使用产生油污、化学溶剂、对骨料进行冲洗产生的废水、改装作业产生的废水等。施工水污染采用水污染指数来度量。

（4）固体废弃物污染

公路路基施工产生的固体废弃物一般指施工和拆迁房屋产生的建筑垃圾、施工工区产生的生活垃圾。施工和拆迁房屋产生的建筑垃圾尽量回收再利用，不能利用的送垃圾填埋场填埋；施工工区生活垃圾集中收集，定期运至垃圾填埋场。

（5）生态环境影响

公路工程建设对周围的生态环境、敏感区会造成不可恢复的破坏。施工过程中土石方开挖等活动会引起施工地区原有的地貌、地表植被状况发生变化，有可能引起原有的地表裸露、水土流失等灾害的发生。生态环境影响主要考虑由于施工活动引起的土壤、植被的破坏情况，对周围生态环境的影响。

8.3.5 基于PSR模型的响应指标

（1）资源再利用

工业废弃物综合利用

应充分利用沿线的工业废弃物，如粉煤灰、钢渣、煤矸石、尾矿料等进行路基填筑。

建筑垃圾综合利用

公路路基施工垃圾有施工过程产生的工业垃圾和生活垃圾，对建筑垃圾实行垃圾再利用的管理制度，可以提高建筑垃圾的综合利用率。

（2）环保技术的使用

施工机械配置组合

由于施工机械在作业时会产生大量的废气、废渣，甚至带来噪声等，这些对环境而言都会造成一定程度的污染。施工阶段合理配置符合绿色施工要求的先进适用、低能耗、低噪声、环境友好型运输及施工机械，提高设备的使用率和完好率，有利于降低施工过程中的环境污染。

绿色施工新技术

在路基工程项目施工技术的选择中，采用先进的绿色施工技术可以有效节约能源和保护环境，减少污染。施工技术应与项目所处环境相结合，只有适应客观环境的施工技术才能充分发挥其作用，不适应的技术选择势必会增加对资源的浪费和破坏程度。

（3）绿色施工环境管理

① 施工企业 ISO 认证。

ISO 14000 环境管理系列标准是国际标准化组织推出的环境体系认证，是对各个国家在环境保护方面的约束和规定，目的是规范企业和社会团体等所有组织的环境行为，以达到节省资源、减少环境污染、改善环境质量、促进经济持续健康发展的目的。它标志着企业已建立和实施环境管理体系，并通过了 ISO 14000 认证。对于绿色施工评价来说，承担主体施工任务的施工单位是否取得 ISO 14000 认证，建立并良好运行施工企业环境管理体系（EMS），也是衡量企业对于运用绿色施工工艺的重视程度的重要指标之一。在满足质量和安全的前提条件下，施工单位应完善绿色建设体系以及相关的监管机构，注重对周边环境的保护。指定专业人员对绿色施工进行监督。大力宣传绿色施工概念，对员工进行定期培训，树立绿色意识。

② 环境管理制度。

公路建设单位在招投标文件中说明绿色施工的范围和预计采取的措施，制定相应的环保防治措施和绿色施工计划，在施工过程中使用 ISO 14000 环境管理体系，建立相应的环境和人员管理制度。

③ 人员安全与健康。

公路路基项目需要耗费大量的人力，公路建设应保证所有参与人员的职业健康、安全、心理和生理上的健康。人员安全还包括现场施工作业人员所处环境的安全状态。职工安全与健康可从参与人员的职业健康和卫生防疫、生活环境、现场安全管理达标情况三方面进行分析。

④ 人员培训与环保意识。

人员培训与环保意识是保障绿色施工效果的基础，绿色施工效果的好坏关键在于工程项目实施过程中人的行为。在具备制度措施保障的基础上，保障施工人员落到实处，才能更好地实现绿色施工。因此，要抓好绿色施工，首先都要做好人员培训工程，在全员中树立良好的环保意识，才能在工程项目实施过程中将绿色施工真正落到实处。

⑤ 施工现场管理技术。

施工现场管理是公路路基施工的重要内容，科学的管理就是有组织、有计划、有秩序地进行施工。

⑥ 生态环境恢复。

生态环境恢复是指在公路路基施工过程中，会对沿线植被造成一定程度的破坏，为保护原有生态环境，施工结束后必须及时对沿线植被进行恢复，尽量将施工现场恢复到未施工前的水平。

8.3.6 公路路基绿色施工评价指标体系

基于 PSR 模型中压力指标、状态指标和响应指标的确立，提出了 1 个一级指标、4 个二级指标、17 个三级指标的公路路基绿色施工评价指标体系，见表 8-2。

表 8-2 路基绿色施工评价指标体系

一级指标	二级指标	三级指标
公路路基绿色施工评价指标体系	资源消耗	材料消耗量
		能源消耗量
		水资源消耗量
		临时用地量
	环境污染	大气污染
		噪声污染
		水污染
		固体废弃物污染
		生态环境影响
	环保技术	施工机械配置组合
		绿色施工新技术
	绿色施工环境管理	施工企业 ISO 认证
		环境管理制度
		人员安全与健康
		人员培训与环保意识
		施工现场管理技术
		生态环境恢复

8.4 本章小结

① 高速公路路基绿色施工评价能科学合理地指导施工过程，提升绿色施工的效果，推进高速公路路基绿色施工的可持续发展。开展高速公路路基绿色施工评价有利于促进绿色施工规范化，提高绿色施工效果；有利于提高施工管理人员

绿色意识，提升施工企业整体水平；有利于提高绿色公路标准，促进绿色公路发展。

② 公路路基绿色施工评价体系的构建应坚持科学性、合理性、简洁性、代表性、系统性、整体性、可量化性、可操作性以及动态导向性的原则。

③ 构建了基于 PSR 模型的公路路基绿色施工评价指标框架，明确了公路路基绿色施工评价的压力指标、状态指标和响应指标内容，建立了 1 个一级指标、4 个二级指标、17 个三级指标的公路路基绿色施工评价指标体系。

9 研究结论

交通运输部办公厅印发的《关于实施绿色公路建设的指导意见》明确了绿色公路的发展思路、建设目标和主要任务。绿色公路建设以质量优良为前提，以资源节约、生态环保、节能高效、服务提升为特征，坚持可持续发展、统筹协调、创新驱动、因地制宜的基本原则。结合华北平原津石高速公路保定段绿色路基建设，对绿色高速公路节约用地、降低路基高度措施、路基边坡绿色防护技术、生态优先的高速公路互通区绿化技术、路基施工能耗与碳排放分析技术、路基绿色施工技术及绿色施工评价指标体系等进行了系统研究。主要研究结论如下：

① 提出了包含规划立项、可行性研究、设计和施工等多阶段的基于全生命周期的高速公路节约用地方法。设计阶段应从线路平纵断面、路基横断面、路堤高度、控制桥梁比例、互通式立交、沿线设施的优化设计等多方面进行节地设计。施工建设阶段的节地措施应加强路基填筑材料比选和优化，土源土场、弃土渣场、临时用地的合理选择等。

② 高速公路最小高度与所在地区气候特征、水文地质、土质特性及汽车荷载等有关，应综合考虑地表水、地下水、毛细水、盐分、温度等对路基性能的影响，结合设计洪水位、中湿状态路基临界高度、路基工作区深度、道路冻结深度的影响合理确定路基最小高度。道路总体线形（平、纵、竖），路基、桥涵、交叉工程相互影响与协调设计技术等内部因素以及地方道路网，农田水利，地形地貌，水文、气候与地质条件，被交道路状况，周围村镇建设与规划等外部因素均对路基高度有重要影响。降低路基高度应统筹考虑高速公路与地方道路网的总体设计、优化路线平纵面线形设计、与被交道路合理交叉、选用能降低桥梁建筑高度的桥型方案、设置路基垫层等。

③ 揭示了高速公路路基边坡绿色植被防护机制及植物根系与土相互作用机理，定量分析了土体中根系含量对其抗剪强度的影响，建立了基于加筋效应的根系复合土微观力学模型。提出了高速公路边坡绿色防护中植草（喷播植草）防护、铺草皮防护、草灌乔结合防护、土工合成材料植被防护、骨架植被防护的特

点及适应性，制定了河北省高速公路边坡综合防护设计原则、设计方案及植物种类。结合津石高速公路保定段的工程特点，提出了不同路基高度下路基边坡植草（灌木）防护、网格绿化防护、拱形绿化防护、桥头路基防护以及挖防路基防护的设计技术方法以及路侧行道树绿化方案。

④ 高速公路互通区绿化设计应从生态优先、生态美学、交通安全和地域标识等方面结合自然发展的规律进行设计，对地形进行塑造和植物配置。基于生态优先的高速公路互通区绿化设计应通过微地形处理、植物选择与配置、雨水的收集和利用等以“自然、乡土、保护、恢复”为目标，结合不同地形在不同立地条件下创造出不同的生态环境，形成耐贫瘠管理、自我恢复能力强的稳定植物群落。互通区内绿化及景观设计以恢复自然生态、改善互通区行车视线为主要目的，通过地形整理和种植设计，营造与周边环境相协调的互通区景观。互通区绿化应以自然组团式的种植方式为主，由中心向外一次种植乔、灌、草，从多角度呈现出高、中、低三个层次的植物景观效果。

⑤ 建立了全生命周期公路路基碳评价方法，提出了公路路基建设过程原材料生产、原材料运输与机械施工等三阶段的能源消耗和碳排放分析技术和计算模型。确定了燃料碳排放因子、路基材料碳排放因子以及路基建设中各施工机械能耗及碳排放量。计算了津石高速公路保定段路基建设期能耗及碳排放，提出了碳排放约束下既满足工程质量、资源合理配置、减少成本费用，又可降低路基工程施工过程中产生碳排放量的路基工程施工机械合理配置技术。

⑥ 高速公路路基绿色施工应在保证工程安全、质量、进度的基础上，改进传统的路基施工工艺、推行绿色施工新技术、提升施工管理水平、树立绿色施工理念，淘汰高污染、高能耗的运输车辆和机械设备、引进环保节能的新式装备，减少土地资源、水资源、能源和材料消耗以及由此产生的废弃物产量。提出了包括施工管理、环境保护、节材与材料资源利用、节水与水资源利用、节能与能源利用、节地与施工用地保护等六个方面的绿色施工总体框架。从材料供应、施工、机械设备等方面总结了水泥搅拌桩、CFG 桩复合地基绿色施工技术。从施工机械进场、路基清表、表土剥离再利用、施工机械合理配置、统筹调配土石方、路基施工临时排水、取弃土场环保、施工噪声污染控制、洒水降尘、加强水土保持、合理复耕等十一个方面对公路路基绿色施工要点进行了总结。提出了高速公路路基边坡植物防护、骨架防护以及路侧绿化行道树种植的施工技术方法。

⑦ 公路路基绿色施工评价体系的构建应坚持科学性、合理性、简洁性、代表性、系统性、整体性、可量化性、可操作性以及动态导向性的原则。构建了基于 PSR 模型的公路路基绿色施工评价指标框架，明确了公路路基绿色施工评价的压力指标、状态指标和响应指标内容，建立了 1 个一级指标、4 个二级指标、17 个三级指标的公路路基绿色施工评价指标体系。

参考文献

[1] 张琴．基于可持续发展理念的绿色公路评价研究［D］．重庆：重庆交通大学，2011.

[2] 弓成．华北平原区高等级公路路体绿化评价研究［D］．北京：北京林业大学，2015.

[3] 许琳．高速公路节地方法研究——以开洛高速公路为例［D］．北京：中国地质大学（北京），2008.

[4] 吕坤城．基于 PSR 模型的绿色公路生态评价研究［D］．哈尔滨：东北林业大学，2021.

[5] 黄锦秋．高速公路设计与土地集约节约利用关系的研究［D］．西安：长安大学，2011.

[6] 赵新生．高速公路建设工程节约用地研究［D］．北京：中国地质大学（北京），2009.

[7] 汤怀志．公路建设用地集约利用研究［D］．北京：中国地质大学（北京），2011.

[8] 韩延丰．山区高速公路建设用地控制研究［D］．重庆：重庆交通大学，2011.

[9] 郝华玺．平原区高速公路路基高度研究［D］．西安：长安大学，2008.

[10] 郭梅．公路土质边坡损坏的水力冲刷机理研究［D］．长春：吉林大学，2007.

[11] 武红娟．气候变化对甘肃黄土地区公路边坡侵蚀影响及防治技术研究［D］．西安：长安大学，2010.

[12] 王维．低路堤在江苏省高速公路工程中的适用性研究［D］．南京：南京林业大学，2012.

[13] 苏鹏辉．土工格室绿色防护体系在路基边坡中的应用研究［D］．石家庄：石家庄铁道大学，2021.

[14] 张飞．高速公路边坡生态防护与加固研究分析［D］．武汉：武汉理工大学，2005.

[15] 石明强．高速公路边坡生态防护与植物固坡的力学分析［D］．武汉：武汉理工大学，2007.

[16] 兰明雄．植被护坡技术及工程绿色机理研究［D］．福州：华侨大学，2008.

[17] 刘玉静．内蒙古黄土干旱地区路基综合防护［D］．西安：长安大学，2000.

[18] 姜仁安．土工合成材料在吉林省公路边坡防护中的实用技术研究［D］．长春：吉林大学，2007.

[19] 安淑红．公路土质边坡稳定可靠性分析及综合防护体系研究［D］．福州：福建农林大学，2003.

[20] 解建军．客运专线草灌联合骨架防护与工程应用［D］．成都：西南交通大学，2010.

[21] 柴艳．河北省太行山区泥石流灾害的分类及预测模型的研究［D］．石家庄：石家庄经济学院，2011.

[22] 刘娜．建筑全生命周期碳排放计算与减排策略研究［D］．石家庄：石家庄铁道大学，2014.

[23] 潘美萍．基于 LCA 的高速公路能耗与碳排放计算方法研究及应用［D］．广州：华南理工大学，2011.

[24] 高放．基于 LCA 的沥青路面建设期能耗和排放量化分析研究［D］．重庆：重庆交通大学，2016.

[25] 刘鑫森．基于 QPSO 算法的碳排放约束下路基工程施工机械优化配置模型研究［D］．兰州：兰州交通大学，2019.

[26] 许斌．广州南二环项目土建工程绿色施工研究［D］．长沙：中南大学，2014.

[27] 赵雨霞．寒区植被边坡冻融特性试验分析研究［D］．焦作：河南理工大学，2011.

[28] 何禾．基于多级模糊评价的景区公路绿色建设（施工）效果研究［D］．重庆：重庆交通大学，2016.

[29] 夏宇．基于生态优先的湖南高速公路互通绿地设计研究［D］．长沙：湖南农业大学，2013.

[30] 朱振祥．高速公路互通式立交绿化及经济研究［D］．济南：山东大学，2008.

[31] 杨庆．铁路绿色施工评价指标体系及评价方法研究［D］．石家庄：石家庄铁道大学，2017.

[32] 张丽君．铁路工程绿色施工综合评价研究［D］．石家庄：石家庄铁道大学，2019.